计算机文化基础

主　审　张　岩
主　编　周俊华　李春飞　刘方毅
副主编　唐　涛　马　敏

经济管理出版社

图书在版编目(CIP)数据

计算机文化基础/周俊华等主编．—北京：经济管理
出版社,2008.12
ISBN 978－7－5096－0458－8

Ⅰ．计… Ⅱ．周… Ⅲ．电子计算机－基本知识
Ⅳ．TP3

中国版本图书馆 CIP 数据核字(2008)第 188183 号

出版发行：**经 济 管 理 出 版 社**

北京市海淀区北蜂窝 8 号中雅大厦 11 层
电话：(010)51915602 邮编：100038
印刷：北京交通印务实业公司 经销：新华书店

选题策划：房宪鹏 何颂锋	责任编辑：刘 宏
技术编辑：杨国强	责任校对：郭 佳

787mm×1092mm/16 19.25 印张 418 千字
2009 年 2 月第 1 版 2009 年 8 月第 2 次印刷

定价：35.00 元

书号：ISBN 978－7－5096－0458－8

内容介绍

　　本书是一本讲述计算机文化基础的通用教材，主要内容包括计算机操作系统 Windows XP、文字处理软件 Word 2003、电子表格软件 Excel 2003 和演示文稿软件 PowerPoint 2003 等常用办公软件的应用，同时还介绍了计算机基础知识、计算机多媒体技术基础和计算机网络的应用基础，以及一些实用工具软件的应用。

　　本书内容全面、新颖，图文并茂，易学易用。

　　本书可作为高等院校、高职高专计算机基础课程的教材，也可作为全国计算机等级考试的参考用书和其他各类计算机基础教学的培训教材和自学参考书。本书另配有计算机文化基础上机指导以及教师专用的电子教案。

前　言

计算机的应用已经渗透到社会的各个领域，改变了人们的生活、工作和学习方式，计算机基础教育成为高校素质教育不可缺少的重要组成部分。具备基本的计算机知识和实际应用能力已成为对大学生的基本要求。因此，《计算机文化基础》成为高等教育的必修课。编者在结合多年教学经验的基础上，以加强基础教育，提高学生理论和实操能力为原则编写本书。

本书共分 8 章，主要内容如下：

第 1 章：计算机基础知识。主要介绍了计算机的发展过程，计算机信息的表示形式、计算机系统的组成、病毒的有关知识等内容。

第 2 章：中文 Windows XP 操作系统。主要介绍了 Windows XP 操作系统的桌面、窗口、对话框、资源管理器、文件和文件夹的管理、Windows XP 的常用工具等内容。

第 3 章：文字处理软件 Word 2003。主要介绍了 Word 2003 的启动和退出、Word 2003 的视图方式、Word 2003 文档基本操作、表格的制作、图形处理、目录和邮件合并等内容。

第 4 章：电子表格软件 Excel 2003。主要介绍了 Excel 2003 的数据输入、工作表的格式化、公式和函数、数据管理、图表操作等内容。

第 5 章：演示文稿软件 PowerPoint 2003。主要介绍了 PowerPoint 2003 幻灯片的制作、幻灯片的设置、幻灯片的放映等内容。

第 6 章：计算机网络应用基础。主要介绍了计算机网络的基本组成、网络的拓扑结构和网络的分类、Internet 的基础、Internet 的基本应用等内容。

第 7 章：多媒体技术基础。主要介绍了多媒体的概念、多媒体的元素以及常用的多媒体软件的应用等内容。

第 8 章：常用工具软件。主要介绍了文件压缩软件 WinRAR 的应用、数据备份与恢复软件 Ghost 的应用、瑞星杀毒软件的应用以及瑞星卡卡上网安全助手的应用、电子邮件 Outlook 2003 的应用等内容。

参加本书编写的作者是多年从事一线教学工作的教师，具有较丰富的教学经验，注重实践，重视能力的培养和综合的应用等。参加本书编写的主要人员有：张岩、周俊华、李春飞、刘方毅、唐涛、马敏、叶开珍、曹邦兴、沈兰、王刚、严宇、林星、邢军等。同时，本书得到广州市道锋图书发行有限公司大力支持，在此表示感谢。

我们将向使用本书进行教学的老师免费赠送电子教案，下载地址为：http：//www.dofvan.com/jiaoan/jsj。

编　者

2008 年 8 月

目　录

第1章 计算机基础知识

学习目标

本章主要介绍计算机的基础知识。通过本章的学习，应掌握：

1. 计算机的发展、特点及应用领域
2. 计算机硬件系统的组成和作用、各组成部分的功能和简单的工作原理
3. 计算机软件系统的组成和功能、系统软件和应用软件的概念和作用
4. 计算机中使用的数制和各数制之间的转换
5. 多媒体计算机、计算机病毒等基础知识

1.1　计算机概述

1.1.1　计算机的发展

1946 年 2 月 14 日，世界上第一台电子计算机在美国宾夕法尼亚大学研制成功，取名 ENIAC（Electronic Numerical Integrator And Computer，电子数字积分计算机）。自第一台电子计算机 ENIAC 诞生以来，在半个多世纪的时间里，计算机的发展取得了令人瞩目的成就。在这期间，计算机的系统结构不断升级，所使用的软件也不断丰富和发展，电子计算机的产生和迅速发展是当代科学技术最伟大的成就之一，计算机已经融入到我们日常工作和生活之中。

1. 计算机发展阶段

电子计算机的发展阶段常以构成计算机的电子器件来划分，至今已经历了四代。每一个发展阶段在技术上是一次新的突破，在性能上是一次质的飞跃。

（1）第一代（1946～1958 年）

第一代计算机是电子管计算机。其基本元件是电子管，也称电子管时代。内存储器采用水银延迟线，外存储器采用纸带、卡片、磁鼓和磁芯等。软件方面，计算机程序设计语言还处于最低阶段，用一串 0 和 1 表示的机器语言进行编程，直到 20 世纪 50 年代中期才出现了汇编语言。但无操作系统，操作极其困难。

（2）第二代（1959～1964 年）

第二代计算机是晶体管计算机。其使用的主要逻辑元件是晶体管，也称晶体管时代。内存储器使用磁性材料制成的磁芯，外存储器使用磁带和磁盘。软件方面开始使

用管理程序，后期使用操作系统并出现了 BASIC、FORTRAN 和 COBOL 等一系列高级程序设计语言，使编写程序的工作变得更加方便，大大提高了计算机的工作效率。

（3）第三代（1965～1970 年）

第三代计算机是集成电路计算机。这个时期的计算机用中小规模集成电路代替了分立元件，用半导体存储器代替了磁芯存储器，外存储器使用磁盘。软件方面，操作系统进一步完善，通过分时操作系统，用户可以共享计算机上的资源，高级语言 Pascal 采用结构化、模块化的程序设计思想，由此产生了并行处理、多处理机、虚拟存储系统以及面向用户的应用软件。

（4）第四代（1971 年以后）

第四代计算机是大规模和超大规模集成电路计算机。其元件是大规模和超大规模集成电路，一般称大规模集成电路时代。内存储器采用半导体存储器，外存储器采用大容量的软、硬磁盘，并开始引入光盘。软件方面，操作系统不断发展和完善，同时产生了数据库管理系统、通信软件等。计算机的发展进入了以计算机网络为特征的时代。

自 1982 年以来，发达国家开始研制第五代计算机，其特点是以人工智能原理为基础，突破原有的计算机体系结构模式，用大规模集成电路或其他新器件作为电子逻辑部件。这时的计算机不仅可以进行数值计算，还可进行声音、图像、文字等多媒体信息的处理。随着第五代计算机的研究，人们又先后提出了神经网络计算机、生物计算机等新概念。

2. 计算机发展趋势

近年来，随着超大规模集成电路技术的不断发展以及计算机应用领域的不断扩展，计算机的性能获得了惊人的提高。计算机的发展趋势表现为巨型化、微型化、网络化和智能化。

（1）巨型化

目前，许多技术部门要求计算机比现代的巨型机具有更高的速度（如万亿次）和更大的存储容量，用它可以研究现在无法研究的问题。如更先进的国防尖端技术、进行更长时间的天气预报、更详尽地分析地震数据等。这种计算机具有像人脑那样的学习和推理功能。1983 年 12 月 22 日，我国国防科技大学研制成"银河"巨型计算机，每秒钟运算达 1 亿次以上。

（2）微型化

今后的计算机除了把运算器、控制器集成到一个芯片之外，还要逐步发展到对存储器、通道处理器、高速运算部件的集成，使计算机的体积更小、重量更轻、价格更便宜，进入更广阔的领域。例如，目前市场上已经出现的笔记本、掌上电脑等个人便携式计算机。

（3）网络化

把计算机连成网络，可以实现机间通信和网上资源共享，使计算机具有更强大的系统功能。在信息化社会里，计算机网络将是不可缺少的社会环境。目前公共数据网和环球网络已经形成规模，可以突破空间障碍，实现大范围内的资源共享、网上购物、无纸贸易等，今后继续向着更大范围发展。

（4）智能化

智能化是新一代计算机追求的目标，即让计算机模拟人的感觉、行为、思维过程的机理，使计算机具有视觉、听觉、语言、行为、思维、逻辑推理、学习、证明等能力，形成智能型计算机。人工智能的研究，会使计算机突破"计算"这一初级含义，从本质上扩充计算机的能力，可能越来越多地代替或超越人的脑力劳动的某些方面。

1.1.2　计算机的分类

计算机种类繁多，分类方法也各不相同，常用的分类方法是按性能分类，所依据的性能主要包括：字长、存储容量、运算速度、外部设备和用户数量等。根据这些性能可将计算机分为巨型计算机、大型计算机、小型计算机、微型计算机和工作站。

1. 巨型计算机

巨型计算机的特点是功能最强、运算速度最快、存储容量大，但价格最贵。主要用于核武器、空间技术、大范围天气预报和石油勘探等领域。研究巨型计算机是现代科学技术，尤其是国防尖端技术发展的需要，是一个国家综合国力的体现，目前世界上只有少数几个国家能生产巨型计算机。我国自主研发的银河 I 型亿次机和银河 II 型十亿次机都是巨型计算机。

2. 大型计算机

大型计算机的特点是运算速度和存储容量都很大，具有很强的通用性和综合处理能力，通常运用于大型企业、银行和大型数据库管理系统中。

3. 小型计算机

小型计算机规模小，成本低，维护方便，结构简单，设计周期短，可靠性高，对运行环境要求低，易于操作且便于维护。小型计算机符合部门性的要求，为中小型企事业单位所常用。

4. 微型计算机

微型计算机又称个人计算机（Personal Computer，即 PC），它是日常生活中使用最多、最普遍的计算机，具有价格低廉、性能强、体积小、功耗低等特点。除台式机外，还有体积更小的微型计算机如笔记本电脑、掌上型微机和 PDA 等。

1.1.3　计算机的特点

计算机作为一种通用的信息处理工具，具有以下主要特性：

1. 运算速度快

通常以每秒钟完成基本加法指令的数目表示计算机的运算速度（MIPS 百万条指令/秒）。当今计算机系统的运算速度已达到每秒万亿次，微机也可达每秒亿次以上，使大量复杂的科学计算问题得以解决。例如，卫星轨道、天气预报的计算等，过去人工计算需要几年、几十年，而现在用计算机能在几小时或更短时间内得到结果。

2. 计算精确度高

计算机采用二进制数进行运算，计算机精度由表示数据的字长决定。由于字长的增长，加上先进的计算技术，计算机的精度不断得到提高。一般计算机可以有十几位甚至几十位（二进制）有效数字，计算精度可由千分之几到百万分之几。例如，计算机控制的导弹之所以能准确地击中预定的目标，是与计算机的精确计算分不开的。

3. 具有记忆和逻辑判断能力

随着计算机存储容量的不断增大，可存储记忆的信息越来越多。计算机不仅能进行计算，而且能把参加运算的数据、程序以及中间结果和最后结果保存起来，以供用户随时调用；还可以对各种信息（如语言、文字、图形、图像和音乐等）通过编码技术进行算术运算和逻辑运算，甚至进行推理和证明。

4. 具有自动控制能力

计算机内部操作是根据人们事先编好的程序而运行的。用户根据问题的需要，事先设计好程序，计算机十分严格地按程序规定的步骤操作，整个过程不需人工干预，从而达到自动控制的目的。

5. 可靠性高

随着微电子技术和计算机技术的发展，现代电子计算机连续无故障运行时间可达到几十万小时以上，具有极高的可靠性。一般计算机的错误，通常是由于软件的错误造成的，由计算机硬件引起的错误越来越少了。

1.1.4 计算机的应用

计算机已广泛应用于各种学科领域，并迅速渗透到社会的各个方面，改变了人们的工作、学习和生活方式，提高了人们的生活质量。一般来说，计算机的应用可分为以下几个方面：

1. 科学计算（数值计算）

科学计算也称数值计算。目前，科学计算在计算机应用中所占的比重虽然不断地下降，但在天文、地质、生物、数学等基础科学研究以及空间技术、新材料研究、原子能研究等尖端科学领域中，仍占重要地位。这主要是利用计算机的高速度、高精度、大存储量和连续运算的能力，来实现人工无法实现的科学计算。例如，可以用计算机模拟原子弹的爆炸，避免更多的实弹试验。

2. 数据处理（信息处理）

数据处理是目前计算机应用最广泛的领域之一。在科学研究和工程技术中，会得到大量的原始数据，其中包括大量图片、文字、声音等数据，信息处理就是对数据进行收集、分类、排序、存储、计算、传输和制表等操作。例如：人事管理、库存管理、财务管理、图书资料管理、商业数据交流、情报检索和经济管理等。

3. 自动控制

自动控制是指通过计算机对某一过程进行自动操作，不需人工干预，能按事先预定的目标和预定的状态进行的过程控制。而过程控制是用计算机对生产和其他过程中实时采集的数据进行检测、处理和判断，按最佳值进行调节的过程。自动控制是生产自动化的重要技术和手段，目前被广泛用于操作复杂的钢铁企业、石油化工业、医药工业等生产中。使用计算机进行自动控制可大大提高控制的实时性和准确性，提高生产效率，降低生产成本，缩短生产周期，确保产品质量的稳定。

4. 计算机辅助设计和辅助制造

计算机辅助设计（Computer Aided Design，简称 CAD）是指借助计算机的帮助，人们可以自动或半自动地完成各类工程设计工作。目前 CAD 技术已应用于飞机设计、船舶设计、建筑设计、机械设计和大规模集成电路设计等。CAD 可以代替人工绘图，可以修改和设计图纸，也可以利用计算机的快速计算能力，改变产品的设计参数，计算出产品的重要性能指标，供设计人员比较并且选择最佳的设计方案，从而使设计周期大大缩短、提高设计精度、降低成本。

计算机辅助制造（Computer Aided Manufacturing，简称 CAM）。数控机床是 CAM 早期的应用实例，它是用一台专用计算机控制机床对工件的加工。随着数控机床的进一步发展，便出现了"柔性制造系统"，这种系统可在一次加工中完成包含多道工序的复杂零件的加工。

计算机辅助系统包括计算机辅助设计、计算机辅助制造和计算机辅助教育等内容。这些技术都是靠计算机的功能来实现的，它不仅提高了生产的自动化水平，而且使传统的生产发生了革命性的变化。

5. 人工智能方面的研究和应用

人工智能（Artificial Intelligence，简称 AI）。人工智能是指计算机模拟人类某些智力行为的理论、技术和应用。人工智能是计算机应用的一个新的领域，这方面的研究和应用正处于发展阶段，在医疗诊断、定理证明、语言翻译、机器人等方面，已有了显著的成效。例如，用计算机模拟人脑的部分功能进行思维学习、推理、联想和决策，使计算机具有一定"思维能力"。

6. 多媒体技术应用

随着电子技术特别是通信和计算机技术的发展，人们把文本、音频、视频、动画、图形和图像等各种媒体综合起来，构成一种全新的概念——"多媒体"（Multimedia）。在医疗、教育、商业、银行、保险、行政管理、军事、工业、广播和出版等领域中，多媒体技术得到了快速的发展。

7. 计算机网络

把计算机技术与通信技术结合起来就形成了计算机网络。人们熟悉的全球信息查询、电子邮件、电子商务等都是依靠计算机网络来实现的。计算机网络已融入到人们的生活之中，给人们的生活带来全新的视野。

1.2　计算机系统的组成和工作原理

计算机系统由硬件系统和软件系统两大部分组成。计算机系统组成框架如图 1—1 所示。

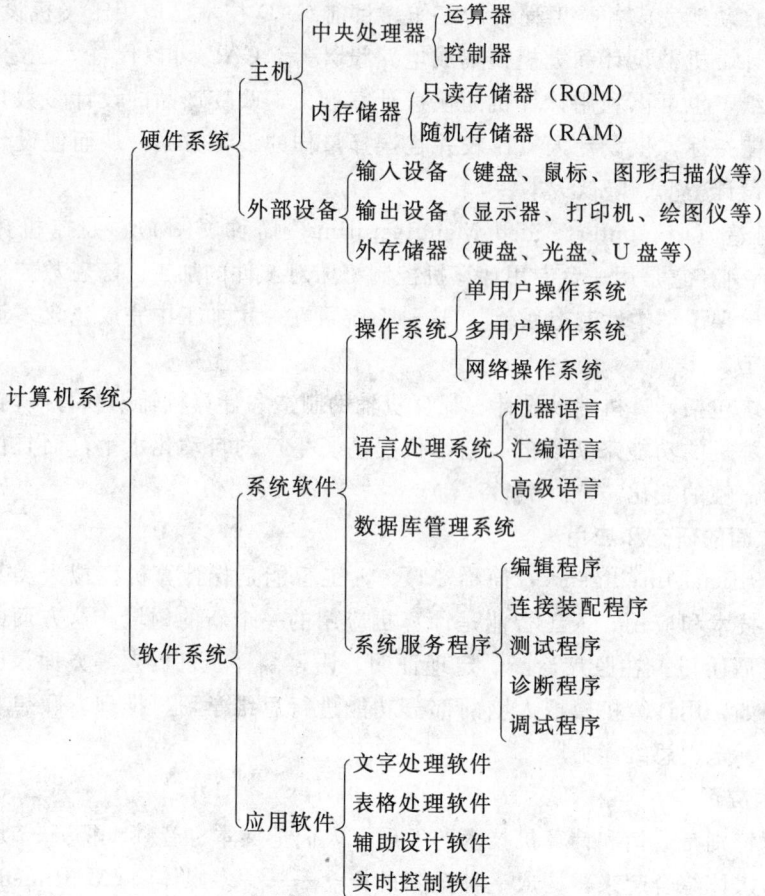

计算机系统
- 硬件系统
  - 主机
    - 中央处理器
      - 运算器
      - 控制器
    - 内存储器
      - 只读存储器（ROM）
      - 随机存储器（RAM）
  - 外部设备
    - 输入设备（键盘、鼠标、图形扫描仪等）
    - 输出设备（显示器、打印机、绘图仪等）
    - 外存储器（硬盘、光盘、U 盘等）
- 软件系统
  - 系统软件
    - 操作系统
      - 单用户操作系统
      - 多用户操作系统
      - 网络操作系统
    - 语言处理系统
      - 机器语言
      - 汇编语言
      - 高级语言
    - 数据库管理系统
    - 系统服务程序
      - 编辑程序
      - 连接装配程序
      - 测试程序
      - 诊断程序
      - 调试程序
  - 应用软件
    - 文字处理软件
    - 表格处理软件
    - 辅助设计软件
    - 实时控制软件

图 1—1　计算机系统组成示意图

硬件是指物理上存在的各种设备，如 CPU、主板、内存条、硬盘、光驱、显示器、鼠标、键盘和打印机等，这些都是计算机工作的物理基础。

软件是指为了运行、管理、维护和使用计算机所编制的各种程序。程序就是根据解决问题的具体步骤编制而成的指令序列。当运行程序时，它的每条指令依次指挥计算机硬件完成相应的操作，通过这一系列操作的集合，最终完成指定的任务。

软件无硬件支持，无法实现其功能；硬件脱离软件也不能工作。软件在很大程度上决定计算机整体功能的发挥。计算机运行时，软、硬件协同工作，缺一不可。

1.2.1　计算机基本工作原理

著名应用数学家冯·诺依曼（Von Neumann）与其他专家于 1945 年为改进
ENIAC，提出了一个全新的存储程序的通用电子计算机方案。方案中，他总结并提出
了如下三点：

1. 计算机的五个基本部件

计算机硬件系统由运算器、控制器、存储器、输入设备和输出设备五大部分组成，
每个部件不仅具有一定的功能，且在处理数据时又有机地结合在一起。其结构如图 1－
2 所示。

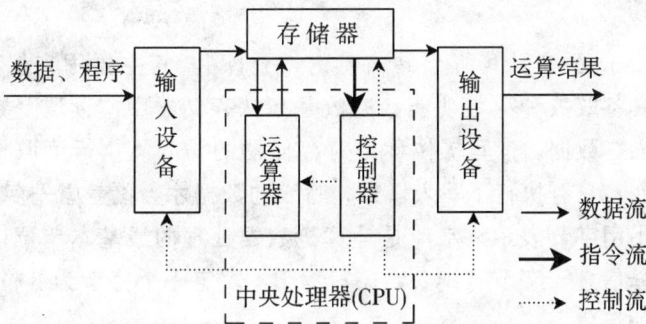

图 1－2　计算机的组成框架

2. 采用二进制

以二进制的形式表示数据和指令。二进制是计算机的基本语言。二进制只有"0"
和"1"两个数码，既便于硬件的物理实现，又有简单的运算规则，可简化计算机结
构，提高计算机系统的可靠性和运算速度。

3. 存储程序控制

程序预先存入存储器中，使计算机在工作中能自动地从存储器中取出程序指令并
加以执行。

"存储程序"的设计思想，即用记忆数据的同一装置存储执行运算的命令，使程序
的执行可自动地从一条指令进入到下一条指令。这个概念被誉为计算机史上的一个里
程碑。计算机的存储程序和程序控制原理被称为冯·诺依曼原理，按照上述原理设计
制造的计算机称为冯·诺依曼机。从 1946 年第一台计算机诞生至今，虽然计算机的设
计和制造技术都有了很大的发展，但仍没有脱离冯·诺依曼提出的"存储程序控制"
的基本原理。

1.2.2　计算机硬件系统

计算机的硬件由主机和外设组成。主机由 CPU、内存储器构成，外部设备由输入
设备（如键盘、鼠标等）、外存储器（如光盘、硬盘、U 盘等）、输出设备（如显示器、
打印机等）组成。

1. 运算器

运算器又称算术逻辑部件（Arithmetical Logic Unit，简称 ALU），主要功能是对二进制数码进行算术运算和逻辑运算。在控制器的统一指挥下，参加运算的数（即操作数）从内存储器中取到运算器中实现运算，运算的结果又送到内存储器中。

2. 控制器

控制器（Control Unit，简称 CU）是整个计算机的指挥中心，根据事先给定的命令，发出各种控制信号，指挥计算机各部分工作。它的工作过程是负责从内存储器中取出指令并对指令进行分析与判断，并根据指令发出控制信号，使计算机的有关设备有条不紊地协调工作，在程序的作用下，保证计算机能自动、连续地工作。

3. 存储器

存储器（Memory）是计算机存储信息的"仓库"。其主要用来保存程序和数据，所以存储器应该具备取数和存数功能。取数是指从存储器中"读取"数据，存数是指往存储器中"写入"数据。读写操作称为对存储器的访问。执行读取操作后，原来取放的数据并不改变，只有执行了写入操作，写入的数据才会覆盖原先存入的数据。

存储器的大小用字节表示。字节是计算机数据处理的最基本单位，计算机主要以字节为单位来解释信息。字节（Byte）简写为 B，规定一个字节为 8 位 bit，即每个字节由 8 个二进制位组成。

此外还有千字节（KB）、兆字节（MB）、十亿字节（GB）表示。换算关系如下：

1B＝8bit

$1KB = 2^{10}B = 1024B$

$1MB = 2^{20}B = 1024KB = 1024 \times 1024B$

$1GB = 2^{30}B = 1024MB = 1024 \times 1024 \times 1024B$

存储器可分为两大类：内存储器和外存储器。

内存储器简称内存，这种存储器允许按任意指定地址的存储单元进行随机地读取或写入数据。内存储器的特点是存取速度快，CPU 可直接访问，但价格较贵，能存储的信息量较少。

外存储器简称外存，主要用于保存暂时不用但又需长期保留的程序或数据。例如，硬盘、U 盘和 DVD 盘等都叫外存储器。存放在外存中的程序必须调入内存才能运行，外存的存取速度相对来说较慢，但外存价格比较便宜，可保存的信息量大。

4. 输入设备

输入设备是将外界的各种信息（如程序、数据、命令、文本、图形、图像、音频、视频等）传送到计算机内部的设备。其主要作用是把人们可读取的信息转换为计算机能识别的二进制代码，并输入计算机，以便计算机处理。常用的输入设备有键盘、鼠标、扫描仪、条形码读入器等。

5. 输出设备

输出设备的主要功能是将计算机处理后的内部格式的信息以人们能够识别的形式（如文字、图形、数值、声音等）进行显示和输出。常用的输出设备有显示器、打印机、绘图仪和音箱等。

1.2.3　计算机软件系统

计算机软件由程序和相关的文档所组成。程序是一系列的指令的集合，文档是软件开发过程中建立的技术资料。程序是软件的主体，一般保存在存储介质（如硬盘、光盘）中，以便安装在计算机上运行。文档对于软件的使用和维护极其重要，文档中最重要的是软件的使用手册，软件的使用手册主要包括软件的功能介绍、运行环境的要求、安装方法、操作说明以及售后服务等信息。

现在计算机软件产品越来越丰富，功能越来越强，使用越来越方便。计算机软件按用途可分为系统软件和应用软件两大类。

1. 系统软件

系统软件是由管理、监控和维护计算机资源的程序组成。其主要功能包括：启动计算机、存储、加载和执行应用程序，对文件进行排序、检索，并将程序语言翻译成机器语言等。任何用户都要用到系统软件，是用户与计算机的接口；其他程序都要在系统软件支持下才能运行。系统软件分为四类：操作系统、语言处理系统、数据库管理系统和服务程序。

（1）操作系统

操作系统是系统软件中最基本、最核心的部分。它为用户提供一个良好环境，是用户与计算机的接口，用户通过操作系统可以最大限度地利用计算机的功能，对计算机的运行提供有效的管理，合理地调配计算机的软硬件资源，使计算机各部分协调有效地工作。

常用的操作系统有 DOS、UNIX、Linux 和 Windows。下面简单介绍这些操作系统的功能特点。

① DOS 操作系统。

DOS 操作系统是单用户、单任务、字符界面的 16 位操作系统，用户通过输入操作命令实现对计算机的操作。用户要操作计算机需要记忆一些命令，如命令 DIR、CD、MD 等。DOS 操作系统对硬件的要求很低，在 640KB 内存、40MB 硬盘、80286 微处理器的环境下能正常运行。DOS 的主要品牌有：Microsoft 公司的 MS-DOS 和 IBM 公司的 PC-DOS。

为了在 Windows 环境下运行 DOS 程序，在 Windows 操作系统下虚拟 DOS 环境，在"运行"对话框中输入 cmd 即可启动。其界面如图 1-3 所示。

② UNIX 操作系统。

UNIX 是一种通用的、多用户交互式分时操作系统。UNIX 系统的特点是：结构简单、功能较强大、系统开销较小、运行速度较快；而且移植性好、兼容性强。是一个较经典的操作系统。

③ Linux 操作系统。

Linux 是与 UNIX 同类的操作系统，只是 UNIX 是商品化软件，而 Linux 则是一

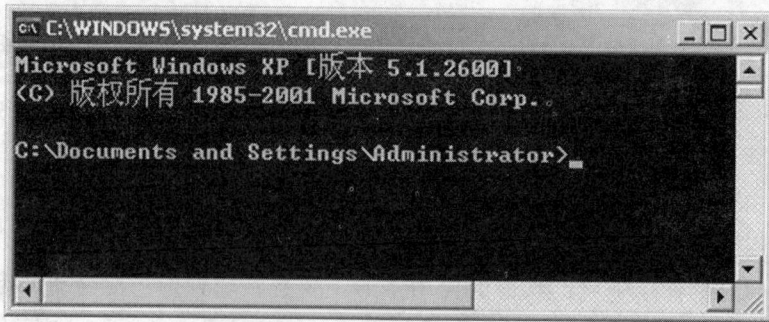

图 1－3　Windows 下的虚拟 DOS 环境

种自由软件，源代码可免费下载。

④ Windows 操作系统。

Windows 是微软公司开发的多任务、图形化界面的一系列操作系统，也是当前主流的操作系统，主要有 Windows 95、Windows 98、Windows 2000、Windows XP、Windows Vista 等。

（2）语言处理系统

人们使用计算机就是通过某种语言与其交流，随着计算机技术的发展，计算机经历了由低级向高级发展的历程，同时不同风格的计算机语言也不断出现，逐步形成了计算机语言体系。用计算机解决问题时，人们必须首先将解决该问题的方法和步骤按一定序列和规则用计算机语言来表达，形成计算机程序，然后输入计算机，计算机就可按人们事先设定的步骤自动地执行。

语言处理系统分为机器语言、汇编语言、高级语言和面向对象的程序设计语言。

① 机器语言。

计算机中的数据都是用二进制表示的，机器指令是用一串由"0"和"1"不同组合的二进制代码表示的。机器语言是直接用机器指令作为语句与计算机交换信息。

机器语言与硬件密切相关，不同的机器其机器指令互不兼容，即指令的编码不同，指令的条数也不同，机器指令是面向机器的。设计者规定指令的格式和含义，然后根据设计的指令进行处理器的制造，其处理器也只能识别这种对应的二进制指令。例如，下面一条机器指令：

00000100　　00001010

该指令是加法指令，其作用是将寄存器 AX 内容加 10，结果仍保存在寄存器 AX 中。

由此可知，用机器语言编写的程序，虽然机器可以直接识别并运行，但不便记忆和使用，编程又容易出错，已经不再是程序员使用的编程语言。

② 汇编语言。

汇编语言是把机器语言指令用助记符和十进制数表示，助记符与机器语言是一一对应的。汇编语言是一种符号语言，它将难以记忆和辨认的二进制指令码用有意义的英文单词（或缩写）作为助记符，使之比机器语言编程前进了一大步。例如，上面的机器指令可以表示为：

ADD　AX，10

汇编语言程序比机器语言程序简洁直观，容易编写和记忆，但汇编语言大部分与机器语言一一对应，语句的功能不强，程序的编写也很繁琐，而且汇编语言仍需紧密依赖硬件，也是面对机器的语言，使程序的可移植性变差。

用汇编语言编写的程序称为汇编语言源程序，计算机不能直接执行，必须经汇编程序翻译后得到机器语言程序才能运行，这种翻译程序称为汇编程序。

汇编语言现在主要用于一些底层软件的开发中，如硬件接口控制。

③ 高级语言。

高级语言是一种自然语言和数学语言，描述问题与计算公式大体一致，是更易被人们掌握和书写的语言，而且与计算机指令系统无关，是不依赖于计算机硬件的面向过程的语言。

用高级语言编写的程序称为高级语言源程序，经语言处理程序翻译后得到的机器语言程序称为目的程序。高级语言程序必须翻译成机器语言才能执行，因为计算机无法直接执行用高级语言编写的源程序。高级语言转换为机器语言的方式有两种：一种是解释方式；另一种是编译方式。相应的语言处理系统分别称为解释程序和编译程序。

在解释方式下，解释程序对源程序按语句执行的动态顺序进行逐句翻译，翻译一句，执行一句，直到程序结束。如 BASIC 语言。

在编译方式下，源程序的运行分为两个阶段：一是编译阶段，编译程序对源程序实现编译生成目的代码；二是连接运行阶段，目的代码与库文件连接生成可执行程序，实现程序的运行，如 C 语言。

④ 面向对象的程序设计语言。

20 世纪 80 年代初提出的"面向对象"的概念，是相对于"面向过程"的一次革命，是一种全新的程序设计的方法，贯穿于整个程序设计的各个阶段，已主导程序设计语言的发展。它使人们应用计算机解决问题时，不是将主要精力花在如何描述解决问题的过程上，而是花在对要解决问题的分析上。

从面向对象的观点看，所有的面向对象的应用程序都是由对象组合而成的。在设计应用程序时，设计者考虑的是应用程序应由哪些对象组成，对象间的关系是什么，对象间如何进行"消息"的传递，如何利用"消息"的协调和配合，从而完成应用程序的任务和功能。

面向对象的程序设计语言的主要特征是：有"类"和"对象"两个基本概念，在程序设计中，利用类来创建对象，对象具有属性、方法和事件。

面向对象的语言主要有：C++、Java 等。

（3）数据库管理系统

数据库是将具有相互关联的数据以一定的组织方式存储起来，形成相关系列数据的集合。数据库管理系统（Data Base Management System，简称 DBMS）是介于用户与操作系统之间，具有数据定义、管理和操纵功能的软件集合。目前常用的数据库管理系统软件有：Visual Foxpro、Sybase、Oracle、SQL Server 等。

数据库管理系统主要用于档案管理、财务管理、图书管理、仓库管理、人事管理等数据处理。

（4）服务程序

现代计算机系统提供多种服务程序，它们是面向用户的软件，可供用户共享，方便用户使用计算机及管理人员维护和管理计算机。

常用的服务程序有编辑程序、连接装配程序、测试程序、诊断程序、调试程序等。

2. 应用软件

计算机应用软件是为了解决计算机各类问题而编写的程序。其主要包括文字处理软件、表格处理软件、图形图像处理软件和各种设计软件，财务处理软件、网络通信软件等。

（1）文字处理软件

文字处理软件主要用于对输入到计算机中的文字进行各种编辑、排版并能按用户要求格式打印输出。常用的文字处理软件有 Microsoft Word、金山 WPS 等。

（2）表格处理软件

表格处理软件是处理各种表格，并按一定格式打印输出。常用的表格处理软件有 Microsoft Excel、金山表格等。

（3）图形图像处理软件

图形图像处理软件就是利用计算机对图形、图像进行加工、处理和输出，以达到用户的各种要求。常用的图形图像软件有：Adobe Photoshop、CorelDraw 等。

1.3 微型计算机的系统结构

接口是 CPU 与 I/O（输入/输出）设备的桥梁，它在 CPU 与 I/O 设备之间起着信息转换和匹配的作用。接口电路通过总线与 CPU 相连。构成一个分工协作的整体，即计算机的基本框架。微型计算机的系统结构如图 1—4 所示。

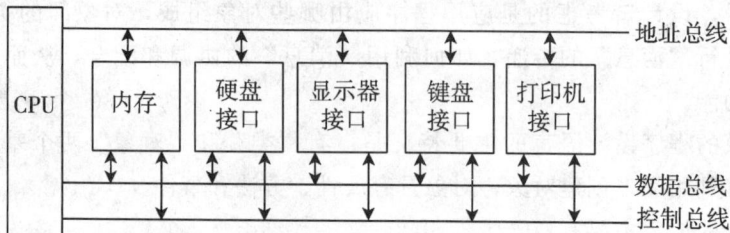

图 1—4 微型计算机的系统结构图

1.3.1　接口与总线

1. 接口

接口就是 CPU 与外部设备的连接部件及电路，也是 CPU 与外部设备进行信息交换的中转站。由于 CPU 同外部设备的工作方式、工作速度、信号类型等都不相同，必须通过接口电路的变换作用，使两者匹配起来。例如，原始数据或源程序要通过接口从输入设备输入计算机，而运算结果要通过接口向输出设备输出，控制命令也是通过接口发出的，这些来往的信息都是通过接口进行交换与传递。只有通过接口电路，用户从键盘输入的信息经计算机处理后才能在显示器中显示或在打印机中打印；只有通过接口电路，计算机才能与硬盘相连，间接读写其中的数据。

2. 总线

总线是连接计算机 CPU、主存储器、辅助存储器、各种输入/输出设备的一组物理信号线及其相关的控制电路，是计算机中各部件之间传输信息的公共通道。

各类外部设备和存储器，都是通过各自的接口电路连接到微机系统总线上的。因此，用户可以根据自己的需要，选用不同类型的外部设备并配置相应的接口电路，再连接到系统总线上，从而构成不同用途、不同规模的系统。这种总线结构的连接方式，结构简单，易于扩充。

总线根据传递内容的不同，可分为数据总线、地址总线和控制总线。

（1）数据总线

数据总线是用来传递数据和指令代码的总线。数据总线是双向的，CPU 既可以向其他部件发送数据，也可以接收来自其他部件的数据。同样，CPU 也是通过读（输入设备）和写（输出设备）的方式来访问外设。

数据总线的位数是计算机的一个重要指标。它体现了传输数据的能力，一般与计算机的字长相等，例如，32 位的 CPU 芯片，其数据总线也是 32 位的。

（2）地址总线

地址总线是用来传递地址信息，如内存地址和某个外设的地址。地址总线一般是单向传递。

地址总线的数目决定了直接寻址的范围，如 32 位 CPU 的地址总线通常也是 32 位的，可以表示 2^{32} 个不同的内存地址，即可以访问的内存容量为 4GB（4×2^{30} B）。

（3）控制总线

控制总线是用于传递控制信息的，包括命令传送、状态传送、中断请求、直接对存储器存取的控制，以及提供系统使用的时钟和复位信号等。

1.3.2　标准接口

微型计算机中一般提供的接口有标准接口和扩展槽接口。一般标准接口，操作系统可以直接识别，插上有关的外部设备，直接可以使用，能真正做到"即插即用"。在微型计算机中，标准接口一般有：鼠标与键盘接口、显示器接口、并行接口、两个串行（COM1、COM2）接口和 USB 接口等。

1. 鼠标与键盘接口

在微型计算机系统中，鼠标与键盘是必不可少的输入设备。微机主板上提供鼠标与键盘的标准接口 PS/2。PS/2 是目前常见的鼠标与键盘接口，俗称"小口"，也是鼠标与键盘的专用接口，是一个 6 针的圆形接口。但鼠标只用了其中的 4 针传输数据和供电，其余 2 针为空。这种接口不支持热插拔，是一种即将被淘汰的接口。为了区分鼠标和键盘接口，一般情况下，鼠标接口为绿色，键盘接口为紫色；也可从位置判断，靠近主板是键盘接口，其上方为鼠标接口。

2. 并行接口

由于现在常用的微机系统均以并行方式处理数据，所以并行接口也是最常用的接口电路。将一个字符的 n 个数位用 n 条线同时传输的机制称为并行通信。例如，一次同时传送 8 位、16 位或 32 位，实现并行通信的接口就是并行接口。在实际应用中，凡在 CPU 与外设之间需要两位以上信息传送时，就要采用并行接口。例如，打印机接口、A/D（Analog To Digit）、D/A（Digit To Analog）转换器接口、控制设备接口等都是并行接口。

并行接口具有传输速度快、效率高等优点，适合于数据传输率要求较高而传输距离较近的场合。

3. 串行接口

许多 I/O 设备与 CPU 交换信息，或计算机与计算机之间交换信息，是通过一对导线或通信通道来传送信息的。这时，每一次只传送一位信息，每一位都占据一个规定长度的时间间隔。因此，数据一位接一位按顺序传送的通信方式称为串行通信，实现串行通信的接口就是串行接口。微机主板上提供了 COM1 和 COM2 两个现成的串行接口。

4. USB 接口

通用串行总线（USB）是一种新型接口标准。随着计算机应用的发展，外设越来越多，使得计算机本身所带的接口不够使用。USB 可以简单地解决这一问题，计算机只需通过一个 USB 接口，即可串接多种外设（如数码相机、扫描仪等）。用户现在经常使用的 U 盘（或称闪盘、优盘）就是连接在 USB 接口上的。

1.4 微型计算机的硬件简介

微型计算机的主要硬件是主机，主机的面板上主要有：指示灯、按键开头、I/O 插座等。主机箱内的主要部件有：系统主板、CPU、内存条、输入/输出接口插槽、电源、硬盘等。

1.4.1　系统主板

系统主板又称为母板，如图 1－5 所示，其原理框图如图 1－6 所示。它是固定在主机箱内的一块密集度较高的集成电路板，是电脑的核心部件。其作用是控制整个电脑的运行。在主板上一般有多个扩充插槽，主要包括 CPU 插座、内存插槽、显卡插槽、总线扩展插槽接口以及各种串行和并行端口等，用于插入各种适配器。适配器是为了驱动某种外设而设计的控制电路。通常，适配器插在主板的扩展槽内，通过总线与 CPU 相连。适配器一般做成电路板的形式，用于扩充计算机的功能。

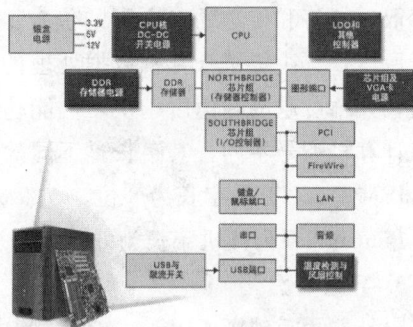

图 1－5　系统主板　　　　　　　　图 1－6　系统主板原理微处理器

对扩展槽接口，操作系统一般不识别，需要安装对应外设的驱动程序。若是同一种外部设备，在不同的操作系统中有时需要安装不同的驱动程序，该外设才能正常工作。在微机中扩展槽接口一般有：显示卡、声卡、网卡、Modem 卡、视频卡、多功能卡等。

- 显示卡适配器：显示卡是用于与显示器的连接，如 VGA 卡、SVGA 卡、AGP 卡等，还有 GetForce2 和 GetForce2 GTS 显示卡。
- 串行通信适配器：它是用于与计算机通信有关的设备的连接，如绘图仪等。
- 其他卡：例如声卡、Modem 卡、网卡、视频卡等。

微型计算机的中央处理器（CPU）由运算器和控制器两部分组成，是计算机的核心部件，它完成计算机的运算和控制功能。随着微电子加工工艺的发展，现在微处理的所有部件都集成在一块半导体芯片上。常用的微处理有：Intel 公司 Pentium（奔腾）系列，Celeron（酷睿）系列和 AMD 速龙系列。CPU 的外形如图 1－7 所示。

CPU 控制着微机的计算、处理、输入输出等计算机的整个工作，也就决定了微机的性能。

CPU 的主要性能指标有：

1. 主频

主频是指 CPU 内部时钟晶体振荡频率，单位是 MHz（兆赫兹，每秒百万次）和 GHz（吉兆赫兹，每秒十亿次）。主频越高，微机的运算速度就越快。

2. 字长

一个字通常由一个或若干个字节组成。字（Word）是计算机进行数据处理时，一

图 1-7　CPU 图

次存取、加工和传送的二进制的位数。由于字长是计算机一次所能处理信息的实际位数，所以，它决定了计算机数据处理的速度，是衡量计算机性能的一个重要指标。字长越长，精度越高，速度越快，性能越好。

计算机型号不同，其字长是不同的，常用的字长有 8、16、32 和 64 位。一般情况下，IBM PC/XT 的字长为 8 位，80286 微机字长为 16 位，80386/80486 微机字长为 32位，Pentium 系列微机字长为 64 位。

3. 寻址能力

寻址能力反映了 CPU 一次可访问内存中数据的总量，由地址总线宽度来决定。宽度越大，寻址能力越强。例如，地址总线宽度为 16 的计算机的寻址范围是 2^{16}，即 64KB；地址总线宽度为 32 的计算机的寻址范围是 2^{32}，即 4GB。

1.4.2　存储器

存储器中主要存储计算机的指令、程序和相应的数据。存储器的容量决定着计算机的处理能力，是计算机非常重要的一个性能指标。常用的存储器主要有如下几类：

1. 内存储器

微机中的内存储器一般由半导体器件构成。内存储器按其工作方式的不同，可分为随机存储器（RAM）和只读存储器（ROM）。RAM 中存放的数据随机的读取或写入，通常用来存放用户输入的程序和数据。但由于数据是通过电信号写入存储器的，因此在计算机断电后，RAM 中的信息就会随之丢失。ROM 中的数据只能读取而不能写入，通常用来存放一些固定不变的程序。计算机断电后，ROM 中的数据保持不变，当计算机重新接通电源后，ROM 中的数据仍可读取。内存储器的容量一般有 512MB、1GB、2GB 等。

为了便于对存储器中存放的数据读写，整个内存被划分为若干存储单元，并给每个存储单元一个编号，称为单元地址。通常计算机按字节进行编号，单元地址与存储单元是一一对应的，是存储单元的唯一标志。存储单元地址、存储单元和存储单元的内容是 3 个不同的概念。单元地址相当于教室的编号，存储单元相当于学校的教室，存储单元的内容则相当于教室内的学生和教师等对象。在存储器中，CPU 对存储器的读写都是通过地址来进行的。

2. 高速缓冲存储器

随着 CPU 频率的不断提高，而 RAM 的读写速度则相对较慢，为了解决 CPU 速度与内存速度不匹配的问题，设计者在 CPU 与内存储器之间设计了一个容量较小，但速度较快的高速缓冲存储器（Cache）。Cache 大都与 CPU 封装在一块芯片上，不能单独拆封。

CPU 访问指令和数据时，先访问 Cache，如果数据在 Cache 中，则 CPU 直接从Cache 中读取，否则从内存中读取，由于 CPU 的速度越来越快，内存的容量也越来越大，Cache 的容量也达到了 512KB 或 2MB。但 Cache 的容量并不是越大越好，过大的容量会降低 CPU 在 Cache 寻址的效率。

3. 外存储器

目前外存储器使用得最多的是磁表面存储器和光存储器两大类。磁表面存储器是将磁性材料沉积在盘片基体上形成记录介质，并在磁头与记录介质的相对运动中存取信息。现代计算机系统中使用的磁表面设备主要设备是硬盘。硬盘结构如图 1—8 所示。

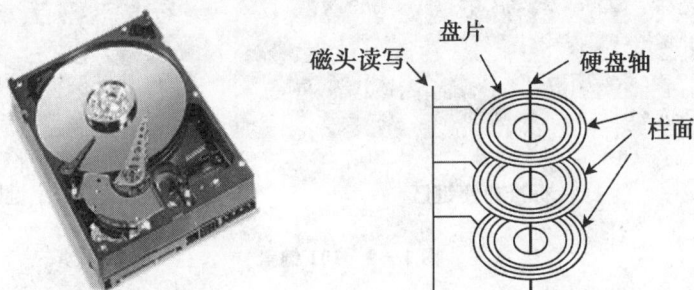

图 1—8　硬盘内部结构图

用于计算机系统的光存储器主要是光盘（Optical Disk），现在通常称为 CD（Compact Disk）。光盘用光学方式读写信息。

所有硬盘与光盘都必须通过机电装置驱动才能读写数据，这些机电装置称为"驱动器"，如硬盘驱动器、光盘驱动器。

CPU 和内存储器构成计算机主机。外存储器通过专门的输入/输出接口与主机相连。外存与其他的输入输出设备统称外部设备。硬盘驱动器、打印机、键盘都属外部设备。

U 盘也是一种常用的便于携带、体积小、容量大、安全可靠，且可移动的大容量存储器。U 盘容量一般有 1GB、2GB、4GB，其接口采用 USB，支持热插拔，即插即用。把 U 盘连接到 USB 接口后，计算机能自动检查，自动识别，并在系统中生成一个"可移动磁盘"的盘符图标。

1.4.3　输入设备

输入设备主要用于把输入的数据转换为计算机所能处理的二进制形式。输入设备主要有：键盘、鼠标、扫描仪等，其中键盘与鼠标是最为常用的两种输入设备。

1. 键盘

键盘是计算机最常用的输入设备之一。其作用是向计算机输入命令、数据和程序。

它由一组按阵列方式排列在一起的按键开关组成，按下一个键，相当于接通一个开关电路，把该键的位置码通过接口电路输入计算机。

键盘根据按键的触点结构分为机械触点式键盘、电容式键盘和薄膜式键盘。键盘由导电橡胶和电路板的触点组成。

机械键盘的工作原理是：按键按下时，导电橡胶与触点接触，开关接通；松开按键时，导电橡胶与触点分开，开关断开。

目前，微机上使用的键盘都是标准键盘 101 或 103 键。键盘分为 4 个区：功能键区、标准打字键区、数字键区和编辑键区，如图 1-9 所示。

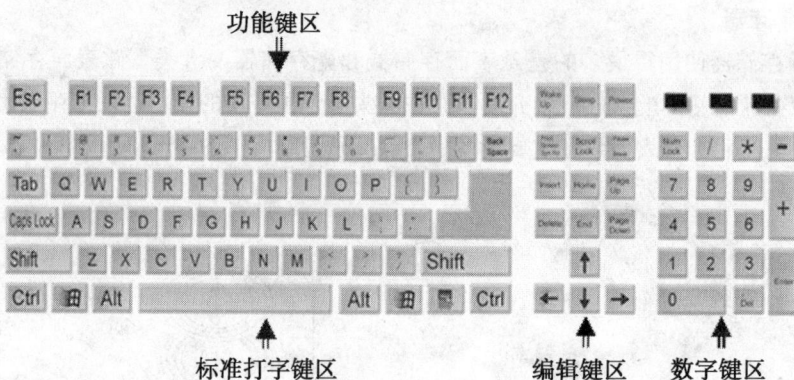

图 1-9　101 键盘

下面列出几个常用键的功能：

• 【Backspace】退格键，按下此键，删除光标左边的一个字符。

• 【Enter】回车键，不论光标处在当前行中什么位置，按此键后光标将移至下行行首。也表示结束一个数据或命令的输入结束。

• 【Caps Lock】大小写字母锁定转换键，当指示灯亮时，处于大写状态；指示灯灭时，处于小写状态。

• 【Space】空格键，按下此键输入一个空格。

• 【Tab】制表定位键。一般按下此键可使光标右移 8 个字符的距离。

• 【Shift】换档键，用来选择某键的上档字符或改变大小写。操作方法是：先按住此键不放，如果输入具有上下档字符的键，则输入该键的上档字符；如果输入的是字母键，则输入与当前大小写状态相反的字母。

• 【Ctrl】控制键，用于与其他键组合成各种复合控制键。

• 【Alt】交替换档键，用于与其他键组合成特殊功能键或控制键。

• 【Esc】强行退出键，按此键可强行退出程序。

• 【Print Screen】屏幕复制键，在 Windows 系统下按此键可以将当前屏幕内容复制到剪贴板。

• 【Num Lock】小键盘锁定转换键，当 Num Lock 指示灯亮时，上档数字键起作用；当指示灯灭时，光标控制键起作用。

- 【Insert】键，用于切换键盘插入状态和改写状态。
- 【Delete】键，用于删除光标右边的字符。

2. 鼠标

鼠标是一种输入设备。由于它使用方便，应用十分广泛。其主要作用是控制显示屏上光标移动的位置。在软件的作用下，通过鼠标上的按钮，向计算机发出输入命令，或完成某种操作。

常见的鼠标有机械式和光电式两种。

机械式鼠标底部有一个小球，当手持鼠标在桌面上移动时，鼠标可把小球滚动的位置转换成计算机可识别的电信号，经计算机处理后，完成光标的同步移动。光电鼠标有一个光电探测器，当鼠标移动时，光电探测器可把鼠标移动的距离和方向转换为电信号，传送给计算机来完成光标的同步移动。由于机械式鼠标的移动精度较差，且又容易损坏，现在用户大都使用光电式鼠标来操作计算机。

3. 扫描仪

扫描仪是计算机的图像输入设备。随着性能的不断提高和价格的大幅度降低，扫描仪越来越多地使用于广告设计、出版印刷、网页设计等领域。按感光模式分可分为滚筒式扫描仪（CIS）和平板扫描仪（CCD）。扫描仪是利用光学扫描原理从纸介质上迅速地将照片、文字或图形等信息输入计算机进行分析处理。

1.4.4　输出设备

输出设备的主要作用是把计算机的数据和运行结果显示在屏幕上或打印到纸上。常见的输出设备有：屏幕显示器、打印机和音响设备等。

1. 显示器

显示器是微型计算机必不可少的输出设备。用户可以通过显示器一目了然地观察输入和输出的信息。

显示器按输出的色彩可分为单色显示器和彩色显示器两大类；按其显示器件可分为阴极射线管（CRT）显示器（见图1—10）和液晶（LCD）显示器（见图1—11）和等离子（PDP）显示器三种类型。

图1—10　阴极射线管显示器　　　　　　图1—11　液晶显示器

显示器的主要参数有：分辨率、彩色数目、屏幕尺寸等。

2. 打印机

打印机是各种计算机的主要输出设备。它能将计算机的信息以单色或彩色字符、汉字、表格、图像等形式打印在纸上。

打印机的种类很多，目前常见的有点阵击打式（见图1－12）和点阵非击打式两种。非击打式又分为喷墨打印机（见图1－13）和激光打印机（见图1－14）。

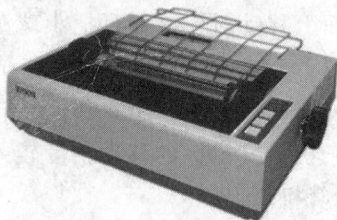

图 1－12　针式打印机

图 1－13　喷墨打印机

图 1－14　激光打印机

1.5　计算机中信息的表示

人类用文字、图表、数字表达和记录着世界上各种各样的信息，用来处理和交流。现在可以把这些信息转换为二进制编码输入到计算机中，用计算机处理数据。

数据是指能够输入计算机并被计算机接受并加以处理的数字、字母和符号的集合。通俗地说，只要计算机能够接受的信息都可叫数据。

计算机中使用的数据有数值型数据和非数值型数据两大类。数值数据用于表示数量意义，非数值数据包括字母、各种符号、图形图像、声音等。计算机除处理数值数据外，大量处理的是非数值型数据。

1.5.1　计算机采用二进制编码

在计算机内部，无论什么数据都是以二进制的形式存储和运算的。一个二进制位只能表示 0 或 1 两种状态，是二进制数据中的一个位（bit，比特），简写为 b，也是计算机存储数据的最小单位。要表示更多的信息，就要把多个位组合成一个整体，一般以 8 位二进制组成一个基本单位。

在计算机内部采用二进制表示信息，其主要原因有如下四点：

1. 电路简单

在计算机中，若采用十进制，则要求处理 10 种电路状态，相对于两种状态的电路来说，是很复杂的。而用二进制表示，则只有两个状态，而具有两种稳定状态的物理器件是很多的，如门电路的导通与截止，电压的高与低等。这两种状态正好用二进制的 0 和 1 来表示。

2. 工作可靠

在计算机中，用两个状态代表两个数据，数字传输和处理，状态分明、结构简单、抗干扰能力强，且不容易出错，因而电路更加可靠。

3. 简化运算

在计算机中，二进制运算法则很简单。例如，相加减的速度快，求和与求积规则也只有 3 种，大大简化了运算器等物理器件的设计。

4. 逻辑性强

二进制只有两个数码，正好代表逻辑代数中的"真"与"假"，而计算机工作原理是建立在逻辑运算基础上的。用二进制计算具有很强的逻辑性，从而简化了计算机在逻辑方面的设计。

1.5.2　计算机中的整数数值

1. 进位计数制

用若干数位（由数码表示）的组合去表示一个数，各个数位之间是什么关系，即逢"几"进位，这就是进位计数制的问题，也就是数制问题。数制，即进位计数制，是人们利用数字符号按进位原则进行数据大小计算的方法。通常是以十进制来进行计算的。另外，还有二进制、八进制和十六进制等。

在进位计数中有基数、数位和位权三个要素。基数是指在某种进位计数制中，每个数位上所能使用的数码的个数。例如：十进制的基数是 10，二进制的基数是 2。数位是指数码在一个数中所处的位置。一个数字在数的不同位置出现代表的数值不同。对于多位数，处在某一位上的"1"所表示的数值的大小，称为该位的位权。一般情况下，对于 N 进制数，整数部分第 i 位的位权为 N^{i-1}，而小数部分第 j 位的位权为 N^{-j}。

用任何一种数制表示的数 M 都可以按权展开为一个多项式的和。即：

$$D = a_{i-1} \times N^{i-1} + a_{i-2} \times N^{i-2} + \cdots + a_0 \times N^0 + a_{-1} \times N^{-1} + \cdots + a_{-j} \times N^{-j}$$

不同进制数的基本特点：

二进制：基数为 2；基本符号为 0，1。

八进制：基数为 8；基本符号为 0，1，2，3，4，5，6，7。

十进制：基数为 10；基本符号为 0，1，2，3，4，5，6，7，8，9。

十六进制：基数为 16；基本符号为 0，1，2，3，4，5，6，7，8，9，A，B，C，D，E，F。

其中，十六进制的数符 A~F 分别对应十进制的 10~15。

数制的表示方法：

脚标法：如 $(100.11)_2$，$(11.37)_8$，$(4F.B6)_{16}$。

字母法：如 100.11B，11.37O，4F.B6H。

2. 二、八、十六进制转换为十进制

转换的方法是：把二、八、十六进制表示的数按权展开，然后按十进制运算规律相加进行计算，其和就是所对应的十进制数。

例如：

$(101.101)_2 = 1 \times 2^2 + 0 \times 2^1 + 1 \times 2^0 + 1 \times 2^{-1} + 0 \times 2^{-2} + 1 \times 2^{-3} = 5.625$

$(101.101)_8 = 1 \times 8^2 + 0 \times 8^1 + 1 \times 8^0 + 1 \times 8^{-1} + 0 \times 8^{-2} + 1 \times 8^{-3}$
$= 65.126953$

$(101.101)_{16} = 1 \times 16^2 + 0 \times 16^1 + 1 \times 16^0 + 1 \times 16^{-1} + 0 \times 16^{-2} + 1 \times 16^{-3}$
$= 257.062744$

3. 十进制转换为二、八、十六进制

将十进制数转换为二（或八、十六）进制数的等效表示时，可将此数分成整数与小数两部分，分别转换，然后再组合起来。

整数部分的转换采用的是除 2（或 8、16）取余法。其转换原则是：将该十进制数除以 2，得到一个商和余数（K_0），再将商除以 2（或 8、16），又得到一个新商和余数（K_1），如此反复，得到的商是 0 时得到余数（K_{n-1}），然后将所得到的各位余数，以最后余数为最高位，最初余数为最低位依次排列，即 $K_{n-1}K_{n-2}\cdots K_1K_0$，这就是该十进制数对应的二（或八、十六）进制数。这种方法又称为"倒序法"。

小数部分的转换采用乘 2（或 8、16）取整法。其转换原则是：将十进制数的小数乘以 2（或 8、16），取乘积中的整数部分作为相应二进制数小数点后最高位 K_{-1}，反复乘 2（或 8、16），逐次得到 K_{-2}、K_{-3}、$\cdots$、K_{-m}，直到乘积的小数部分为 0 或达到所要求的精确度为止。然后把每次乘积的整数部分由上而下依次排列起来（$K_{-1}K_{-2}\cdots K_{-m}$），即是所求的二（或八、十六）进制数。这种方法又称为"顺序法"。

例：将 124.532 转换成二进制数，小数部分精确到 5 位。

整数部分的转换

小数部分的转换

$124 = (1111100)_2$　　　　　　　　　　$0.532 = (0.10001)_2$

组合的结果为：$124.532 = (1111100.10001)_2$

要注意的是，十进制小数常常不能准确地换算为二（或八、十六）进制数，存在换算误差，这时只能取一定的精度。

4. 二、八、十六进制之间的相互转换

二、八、十六进制之间相互转换是精确的，且非常容易，因为 $2^3 = 8$，$2^4 = 16$，即每位八进制相当于 3 位二进制数，每位十六进制相当于 4 位二进制数。

在进行转换时，位的划分是以小数点为中心左右两边延伸，中间的 0 不能省略，两头不够时可以补 0。

例如：

将二进制数 $(1101010100.10111)_2$ 转换为八进制数：

$$\underline{001}\quad\underline{101}\quad\underline{010}\quad\underline{100}\;.\;\underline{101}\quad\underline{110}$$
$$1\qquad5\qquad2\qquad4\qquad\;5\qquad6\qquad (1101010100.10111)_2 = (1524.56)_8$$

将二进制数 $(1101010100.10111)_2$ 转换为十六进制数：

$$\underline{0011}\quad\underline{0101}\quad\underline{0100}\;.\;\underline{1011}\quad\underline{1000}$$
$$3\qquad5\qquad4\qquad\;\;B\qquad8\qquad (1101010100.10111)_2 = (354.B8)_{16}$$

将八进制数 $(423.45)_8$ 转换为二进制数：

$$4\qquad2\qquad3\;.\;4\qquad5$$
$$100\quad010\quad011\quad100\quad101\qquad (423.45)_8 = (100010011.100101)_2$$

将十六进制数 $(C82.D5)_{16}$ 转换为二进制数：

$$C\qquad8\qquad2\;.\;D\qquad5$$
$$1100\quad1000\quad0010\quad1101\quad0101\qquad (C82.D5)_{16} = (110010000010.11010101)_2$$

5. 计算机中整数的表示

计算机采用二进制表示数据，只有 0 和 1 两种值。由于数值带有符号，所以在计算机中必须把数值的符号数字化，一般用规定长度的字节的最高位作为符号位，仅用来表示数符。若该位为 0，则表示正数；若该位为 1，则表示负数。这就是数值的数字化处理。

一个数在计算机中的表示形式，称为机器数。机器数所对应的原来的数值称为真值。

假设用 8 位二进制数表示一个数，下面分别给出了个正数和一个负数的机器数。

真值　　　　　　 1001100　　　　　　　　　　 – 1001100

机器数　| 0 | 1 | 0 | 0 | 1 | 1 | 0 | 0 |　　　| 1 | 1 | 0 | 0 | 1 | 1 | 0 | 0 |

机器数也有不同的编码，常用的有 3 种：原码、反码和补码。

（1）原码

一个真值 X 的原码表示方法为：符号位用 0 表示正，用 1 表示负；数值部分为 X 的绝对值的二进制形式。记 X 的原码为 $[X]_原$。

例如：$X = +100110$　　　$[X]_原 = 00100110$

$$X=-100110 \qquad [X]_原=10100110$$

采用原码表示，编码简单直观，机器数与真值的转换方便，但"0"的表示不是唯一的，有两种表示方法。

$$[+0]_原=00000000 \qquad [-0]_原=10000000$$

（2）反码

一个真值 X 的反码表示方法为：若 X 为正数，则其反码与原码相同；若 X 为负数，在原码的基础上，符号位保持不变（仍是 1），数值位各位取反（0 变 1，1 变为 0）。记 X 的反码为 $[X]_反$。

例如：$X=+100110 \qquad [X]_原=00100110 \qquad [X]_反=00100110$

$\qquad\qquad X=-100110 \qquad [X]_原=10100110 \qquad [X]_反=11011001$

反码在计算机中很少使用，只作为求补码的中间码。但反码中"0"的表示也不是唯一的，也有两种表示方法。

$$[+0]_反=00000000 \qquad [-0]_反=11111111$$

（3）补码

一个真值 X 的补码表示方法为：若 X 为正数，则其补码与原码相同；若 X 为负数，则其补码由该数的反码加 1。记 X 的补码为 $[X]_补$。

例如：$X=+100110 \quad [X]_原=00100110 \quad [X]_反=00100110 \quad [X]_补=00100110$

$\qquad\qquad X=-100110 \quad [X]_原=10100110 \quad [X]_反=11011001 \quad [X]_补=11011010$

在补码中"0"的表示是唯一的。

$$[+0]_补=00000000 \qquad [-0]_补=100000000（原）\rightarrow11111111（反）\rightarrow00000000（补）$$

1.5.3 计算机中非数值型数据

在计算机中，非数值型数据也是采用二进制编码来表示的，由于字符是常用的非数值型数据，在计算机信息处理中占有极其重要的地位，它是用户和计算机之间的桥梁。用户使用计算机的输入设备，通过键盘上的字符键向计算机内输入命令和数据，计算机把处理后的结果也以字符的形式输出到屏幕或打印机等输出设备。这就需要对字符进行编码，建立字符数据与二进制串之间的对应关系，以便于计算机识别、存储和处理。这里只介绍中西文两种编码方案。

1. 西文字符的表示

字符的编码方案有很多种，但使用最广泛的是 ASCII 码（American Standard Code for Information Interchange）。ASCII 码是"美国国家信息交换标准代码"，是国际上最盛行的字符信息编码方案。表 1—1 所示为 7 位 ASCII 字符编码表。

表 1—1　ASCII 字符编码表

$d_3 d_2 d_1 d_0$ ＼ $d_6 d_5 d_4$	000	001	010	011	100	101	110	111
0000	NUL	DEL	SP	0	@	P	、	p
0001	SOH	DC1	!	1	A	Q	a	q
0010	STX	DC2	”	2	B	R	b	r
0011	EXT	DC3	#	3	C	S	c	s
0100	EOT	DC4	$	4	D	T	d	t
0101	ENQ	NAK	%	5	E	U	e	u
0110	ACK	SYN	&	6	F	V	f	v
0111	BEL	ETB	'	7	G	W	g	w
1000	BS	CAN	(	8	H	X	h	x
1001	HT	EM	)	9	I	Y	i	y
1010	LF	SUB	*	:	J	Z	j	z
1011	VT	ESC	+	;	K	[	k	{
1100	FF	FS	,	<	L	\	l	⊥
1101	CR	GS	—	=	M	]	m	}
1110	SD	RS	.	>	N	ˆ	n	~
1111	SI	US	/	?	O	_	o	DEL

ASCII 共有 128 个字符，用 7 位二进制编码或 2 位十六进制来表示。任意一个字符的编码都可从表 1—1 中查取，方法是：先查列（高 3 位），再查行（低 4 位）然后连接起来，即为该字符的 7 位 ASCII 编码。例如，J 的 ASCII 编码是：1001010（4AH）。

ASCII 码字符可分为两大类：

（1）打印字符

打印字符即从键盘输入并显示的字符，共 95 个，包括大小写英文字母 52 个，数字 10 个（0～9），专用符号 33 个。其中数字字符的高 3 位编码为 011，低 4 位为 0000～1001，正好是二进制形式的 0～9；英文字符的大小写在同一行，相差 32 位，方便记忆。

（2）不可打印字符

不可打印字符即不对应任何可印刷字符，共 33 个，其编码为 0000000～0011111 和 1111111。不可打印字符通常为控制符，用于计算机通信中的通信控制或对设备的功能控制。如编码值为 127（1111111），是删除控制 DEL 码，它用于删除光标之后的字符。

由于 ASCII 码采用 7 位编码，没有用到一个字节中的最高位，很多计算机系统中把这一位补 0，作为校验码，用来加强字符的识别能力。

2. 汉字的存储与编码

汉字是一种象形文字，无法直接用标准西文键盘输入，这就给汉字在计算机内部的存储、汉字的传输与交换、汉字的输入、输出等带来一系列的问题。为了能用标准西文键盘输入汉字，必须设计汉字的编码，经过转换间接输入，以适应计算机处理汉字的需要。按照不同的目的和需要，产生了多种汉字编码系统与汉字输入方法。

（1）国标码

国标码主要是用作汉字信息交换的。以国家标准局 1980 年颁布的《信息交换用汉字编码字符集·基本集》（代号为 GB2312－80）规定的汉字交换码作为国家标准汉字编码。GB2312－80 中共有 7445 个字符符号：其中汉字符号 6763 个（一级汉字 3755个，按汉语拼音字母顺序排列；二级汉字 3008 个，按部首笔画顺序排列），非汉字符号 682 个。

GB2312－80 规定，所有的国标码汉字及符号组成一个 94×94 的方阵。在此方阵中，每一行称为一个"区"，每一列称为一个"位"。这个方阵实际上组成一个有 94 个区（编号由 01 到 94），每个区有 94 个位（编号由 01 到 94）的汉字字符集。一个汉字所在的区号和位号的组合就构成了该汉字的"区位码"。

区位码用 4 位十进制数表示，其中，高 2 位为区号，低 2 位为位号。这样区位码可以唯一地确定某一汉字或字符；反之，任何一个汉字或符号都对应一个唯一的区位码，没有重码。表 1－2 列举了"中"、"国"所在的区号和位号。

表 1－2　区位表

区	位				
		48		90	94
	25			国	
	54	中			
	94				

从表 1－2 中可知："中"的区位是：5448，"国"的区位码是：2590。

国标码规定，每个汉字（包括非汉字的一些符号）由 2 字节代码表示。每个字节的最高位为 0，只使用低 7 位，汉字国标码的范围用二进制表示是：00100001 00100001～01111110 01111110。汉字国标码的起始二进制位置选择 00100001 是为了跳过 ASCII 码的 32 个控制字符和空格字符。所以，汉字国标码的高位和低位分别比对应的区位码大（00100000）$_2$。

一般情况下，国标码用十六进制表示，与区位码的转换关系是：先把区位码的区号、位号分别转换为十六进制，再分别加 20H。即：国标码高位 H＝区码 H＋20H，国标码低位 H＝位码 H＋20H。例如，"中"的国标码是：3630H＋2020H 即 5650H；"国"的国标码是：295AH＋2020H 即 497AH。

（2）汉字机内码

汉字机内码又称内码。该编码的作用是统一了各种不同的汉字输入码在计算机内的表示。汉字机内码是计算机系统对汉字进行存储、处理传输统一使用的代码。计算机既要处理汉字，又要处理英文，所以必须能区别汉字字符和英文字符。英文字符的机内码是最高位为 0 的 8 位 ASCII 码。为了区分，把国标码每个字节的最高位由 0 改为 1，其余位不变的编码作为汉字字符的机内码。GB2312－80 的机内码编码范围为：A1A1H～FEFEH。与国标码之间的关系是：内码 H＝国标码 H＋8080H＝区位码 H＋A0A0H。例如，"中"的内码是：5650H＋8080H 即 D6D0；"国"的内码是：497AH＋8080H 即 C9FAH。

（3）汉字输入码

汉字输入码是指直接从键盘输入汉字而设计的一种编码。

对于同一汉字而言，输入法不同，其输入码也是不同的。例如，对于汉字"啊"，在区位码输入法中的输入码是 1601，在拼音输入中的输入码是 a，而在五笔字型输入法中是 KBSK。但汉字的内码却是一样的，在计算机内部存储汉字使用的汉字内码，输入汉字时，计算机自动将各种不同的输入码转换为统一的汉字内码，进行汉字的处理。

汉字的输入码种类繁多，大致有 4 种类型，即音码、形码、数字码和音形码。

（4）汉字字形码

汉字在显示和打印输出时，是以汉字字形信息表示的，即汉字的字形码。计算机显示一个汉字的过程首先是根据其内码找到该汉字字库中的地址，然后将该汉字的字型在屏幕上输出。因而，每一个汉字的字型都必须预先存放在计算机内。GB2312－80 国标汉字字符集的所有字符的形状描述信息集合在一起，形成字形信息库，称为字库。通常有点阵字库和矢量字库。

点阵字库是以点阵的方式形成汉字图形，常用作显示字库使用，根据汉字输出的精度要求，有不同的点阵，主要有 16×16、24×24、32×32 等。在汉字的点阵中每个点的信息用一位二进制码来表示，"1"表示对应的位置处是黑点，"0"表示对应的位置处是空白。字形点阵的信息量很大，所占据的存储空间也很大，例如 16×16 点阵，每个汉字占 32 个字节，存储一、二级汉字及符号共 8836 个，需要 282.5KB 磁盘空间。此外，点阵字库汉字最大的缺点是不能放大，一旦放大后就会发现文字边缘的锯齿。

矢量字库保存的是对每一个汉字的描述信息，比如一个笔画的起始、终止坐标、半径、弧度等。在显示、打印这一类字库时，要经过一系列的数学运算才能输出结果，但是这一类字库保存的汉字理论上可以被无限地放大，笔画轮廓仍然能保持圆滑，目前打印时使用的字库均为此类字库。

Windows 使用的字库也为以上两类，在 FONTS 目录下，如果字体扩展名为 FON，表示该文件为点阵字库，扩展名为 TTF 则表示为矢量字库。点阵字库文件的图标为一个红色的"A"，矢量字库图标是两个"T"。

1.6　计算机病毒

在《中华人民共和国计算机信息系统安全保护条例》中，对病毒的定义如下：计算机病毒，是指编制或者在计算机程序中插入的破坏计算机功能或者毁坏数据，影响计算机使用，并能自我复制的一组计算机指令或者程序代码。

简单地说，计算机病毒是一种特殊的危害计算机系统的程序，它能在计算机系统中驻留、复制和传播，它具有类似于生物学中病毒的某些特征：传染性、潜伏性、破坏性、变种性。

1.6.1　计算机病毒简介

要安全使用计算机，必须对计算机病毒有所了解。现对计算机病毒的特性、危害和结构作简要的介绍。

1. 计算机病毒的特性

计算机病毒是一种特殊的程序，与其他程序一样可以存储和执行，同时又具有其他程序没有的特性。计算机病毒具有以下特性：

（1）传染性

计算机病毒的传染性是指病毒具有把自身复制到其他程序中的特性。病毒可以附着在程序上，通过 U 盘、光盘、计算机网络等载体进行传染，被传染的计算机又成为病毒新的传染源，不断传染其他计算机。

（2）潜伏性

计算机病毒的潜伏性是指计算机病毒具有依附其他媒体而寄生的能力。计算机病毒可能会长时间潜伏在计算机中，病毒的运行是由触发条件来确定的，在触发条件不满足时，系统一般表现正常。

（3）破坏性

计算机系统被计算机病毒感染后，一旦病毒发作条件满足时，就在计算机上表现出一定的症状。其破坏性包括：占用 CPU 时间，占用内存空间，破坏数据和文件，干扰系统的正常运行。病毒破坏的严重程度取决于病毒制造者的目的和技术水平。

（4）变种性

某些病毒可以在传播的过程中自动改变自己的形态，从而衍生出另一种不同于原版病毒的新病毒，这种新病毒称为病毒变种。有变形能力的病毒能更好地在传播过程中隐蔽自己，使之不易被反病毒程序发现及清除。有的病毒能产生几十种变种病毒。

2. 计算机病毒的危害

在使用计算机时，有时会碰到令人心烦的现象，如计算机无缘无故地重新启动，甚至死机，或者计算机运行缓慢，硬盘中的文件或数据丢失等。这些现象有可能是因硬件故障或软件配置不当引起。但多数情况下是计算机病毒引起的。计算机病毒的危害是多方面的，但一般表现在如下几方面：

①破坏硬盘的主引导扇区，使计算机无法启动。

②破坏文件中的数据，删除文件。

③产生垃圾文件，占据磁盘空间，使磁盘空间减少。

④占用 CPU 运行时间，使计算机运行缓慢。

⑤破坏屏幕正常显示，破坏键盘输入程序，干扰用户操作。

⑥破坏计算机网络中的资源，使网络系统瘫痪。

⑦破坏系统设置或对系统信息加密，使用户系统紊乱。

3. 计算机病毒的结构

计算机病毒是一种特殊程序。因此，病毒程序的结构决定了病毒的传染能力和破坏能力。计算机病毒程序主要包括三大模块：一是传染模块，是病毒程序的一个重要组成部分，它负责病毒的传染和扩散；二是表现模块或破坏模块，是病毒程序中最关键的部分，它负责病毒的破坏工作；三是触发模块，病毒的触发条件是预先由病毒编者设置的，触发程序判断触发条件是否满足，并根据判断结果来控制病毒的传染和破坏动作。触发条件一般由日期、时间、某个特定程序、传染次数等多种形式组成。

1.6.2　计算机病毒的传染途径

计算机病毒之所以称为病毒是因为其具有传染性的本质。传染渠道通常有以下几种：

1. 通过 U 盘、移动硬盘

通过使用外界被感染的 U 盘、移动硬盘，例如，来历不明的软件、游戏盘等是最普遍的传染途径。由于使用带有病毒的 U 盘、移动硬盘使机器感染病毒，并成为新的传染源，加快病毒的传播。

2. 通过光盘

因为光盘容量大，存储了大量的可执行文件，所以有些病毒就有可能藏身于光盘。对只读式光盘，不能进行写操作，因此光盘上的病毒不能清除。以谋利为目的非法盗版软件的制作过程中，不可能为病毒防护担负专门责任，也绝不会有真正可靠可行的技术保障避免病毒的传入、传染、流行和扩散。当前，盗版光盘的泛滥给病毒的传播带来了极大的便利。

3. 通过网络

这种传染扩散极快，能在很短时间内传遍网络上的计算机。

随着 Internet 的普及，给病毒的传播又增加了新的途径，它的发展使病毒可能成为灾难，病毒的传播更迅速，反病毒的任务更加艰巨。Internet 带来两种不同的安全威胁：一种威胁来自文件下载，这些被浏览的或是被下载的文件可能存在病毒；另一种威胁来自电子邮件。大多数 Internet 邮件系统提供了在网络间传送附带格式化文档邮件的功能。因此，遭受病毒的文档或文件就可能通过网关和邮件服务器涌入企业网络。网络使用的简易性和开放性使得这种威胁越来越严重。

1.6.3　计算机病毒的预防

计算机病毒与反病毒是两种以软件编程技术为基础的技术，它们的发展是交替进行的。因此，对计算机病毒以预防为主，防止病毒的入侵要比病毒入侵后再去发现和排除的损失少得多，同时，定期做好重要数据的备份。切记：预防与消除病毒是一项长期的工作任务，不是一劳永逸的，应坚持不懈。

预防的主要措施是加强操作系统的免疫功能和阻断传染途径。

1. 操作系统防范

使用正版 Windows，不断及时更新，堵塞操作系统的漏洞。同时关闭不必要的共享资源，留意病毒和安全警告信息。

2. 反病毒软件防范

（1）定期扫描系统

如果是第一次启动反病毒软件，最好让它扫描整个系统。通常，反病毒程序都能够设置成在计算机每次启动时扫描系统或者在定期计划的基础上运行。

（2）定期更新反病毒软件

安装了病毒防护软件，确保及时更新。优秀的反病毒程序具有通过互联网自动更新功能，并且只要软件厂商发现了一种新的威胁病毒，就会将其添加到病毒库中。

3. 电子邮件防范

（1）慎重执行附件中的 $*.exe$ 和 $*.com$ 等可执行文件

这些附件文件有可能带有计算机病毒或黑客程序，运行后很可能带来不可预测的结果。对于认识的朋友和陌生人发来的电子邮件中的可执行程序附件必须仔细检查，确定无病毒后方可使用。

（2）慎重打开附件中的文档文件

对方发送过来的电子邮件中的附件文档，首先保存到本地硬盘，用反病毒软件检查无病毒后才可以打开使用。如果未经检查就直接用鼠标双击 $*.doc$、 $*.xls$ 等附件文档，会自动启动 Word 或 Excel，到时如果附件中有计算机病毒则会立刻传染；打开文档时如有"是否启用宏"的提示，不要轻易打开，否则极有可能传染上宏病毒。

（3）不直接运行特殊附件

对于文件扩展名比较特殊的附件，或者是带有脚本文件如 $*.vbs$、 $*.shs$ 等附件，不要直接打开，一般可以删除包含这些附件的电子邮件，以保证计算机系统不受计算机病毒的侵害。

（4）对收发邮件的设置

如果使用 Outlook 作为收发电子邮件客户软件，应当进行一些必要的设置。执行"工具"→"选项"命令，在"安全"中设置"附件的安全性"为"高"；在"其他"中按"高级选项"按钮，按"加载项管理器"按钮，不选中"服务器脚本运行"。最后按"确定"按钮保存设置。

4. U 盘病毒防范

U 盘病毒又称 Autorun 病毒,是通过 AutoRun.inf 文件使对方所有的硬盘完全共享或中木马病毒。随着 U 盘、移动硬盘和存储卡等移动存储设备的普及,U 盘病毒也随之泛滥起来。最近国家计算机病毒处理中心发布公告称 U 盘已成为病毒和恶意木马程序传播的主要途径。防范措施主要是尽量不要在情况未明的计算机上使用上述移动存储设备,使用写保护或安装 U 盘病毒专杀工具,如 USBCleaner。

小　结

本章主要介绍了计算机的发展、特点、用途、计算机系统的组成、工作原理、计算机中信息的表示,数制转换和计算机病毒的有关知识。通过本章内容的学习,可以了解计算机的相关基础知识。

本章重点是掌握计算机中信息的表示形式、计算机系统的组成。难点是不同进制之间的转换方法以及计算机的基本工作原理。

习　题

1. 计算机的发展经历了哪几个阶段?各阶段有什么特点?
2. 计算机硬件是由哪几部分组成的?
3. 计算机内部的信息为什么要采用二进制编码?
4. 简述冯·诺依曼型计算机的组成与工作原理。
5. 总线的定义是什么?总线根据传递内容的不同,分为哪几种?
6. 计算机的主要技术性能指标有哪些?它们的含义是什么?
7. 简述操作系统的概念。写出常用的几种操作系统。
8. 简述计算机存储器的分类。各有什么特点?
9. 计算机中是如何表示整数的?
10. 什么是计算机病毒?如何预防计算机病毒?

第2章 中文 Windows XP 操作系统

学习目标

本章主要介绍 Windows XP 操作系统的功能和基本操作方法。通过本章的学习，掌握以下技能：

1. 启动和退出 Windows XP
2. 窗口操作
3. 系统资源管理
4. 系统管理与设置
5. 用户账号管理

2.1 Windows XP 的启动与退出

1. 登录

按下计算机的电源，计算机进行检测之后，进入 Windows XP 操作系统的登录界面，如图 2—1 所示。

图 2—1 登录界面

在登录界面，系统要求使用者选择用户，并输入密码。如果输入的密码正确，即可以登录到 Windows XP 了。

2. 关机

关闭计算机，必须经过正确的 Windows XP 退出才能关闭电源，否则会造成计算机硬件的损害或者文件数据的丢失。

采用鼠标单击任务栏的"开始"→"关闭计算机"菜单命令，即出现"关闭计算机"对话框，如图 2—2 所示。单击"关闭"按钮，Windows XP 进行保存设置后再关闭计算机。

图 2—2　"关闭计算机"对话框

3. 重新启动

要进行重新启动，单击任务栏"开始"→"关闭计算机"菜单命令，然后在出现的"关闭计算机"对话框中选择"重新启动"按钮。计算机就会自动进行关闭操作，然后重新启动计算机，再一次出现登录界面。

4. 待机与休眠

如果用户短时间内不使用计算机，可进入待机方式。在待机方式下，计算机处于低耗电状态。要进入待机方式，单击任务栏"开始"→"关闭计算机"菜单命令，然后在出现的"关闭计算机"对话框中选择"待机"按钮。如果用户要重新使用计算机，采用下列方式之一重新登录后可以恢复到待机前的状态：移动鼠标或按任意键或按电源按钮。

计算机处于待机时，数据还是保存在内存中，因此不可以关闭电源。如果想关闭电源，并在登录后能快速恢复到计算机上一次的状态，可以采用休眠方式。计算机休眠时，内存中的数据将保存到硬盘中。在单击"待机"按钮时按住"Shift"键则可以使得计算机进入休眠状态。

要想使用休眠状态，必须进行电源选项的设置。方法是：点击"开始"→"控制面板"→"电源选项"，单击"休眠"选项卡，选中"启用休眠"，单击"确定"关闭"电源选项　属性"对话框。如图 2—3 所示。如果休眠选项卡不可用，则说明你的硬件设备无法支持该特性。

5. 注销用户

Windows XP 是一个支持多用户的操作系统，可以让多个用户使用同一台计算机，并且使得各个用户拥有自身的一些系统设置以及个人文档。当需要在不同用户间进行切换时，Windows XP 提供了两种方式：切换用户和注销。

要进行注销，单击任务栏"开始"→"注销"，在弹出的"注销 Windows"对话框

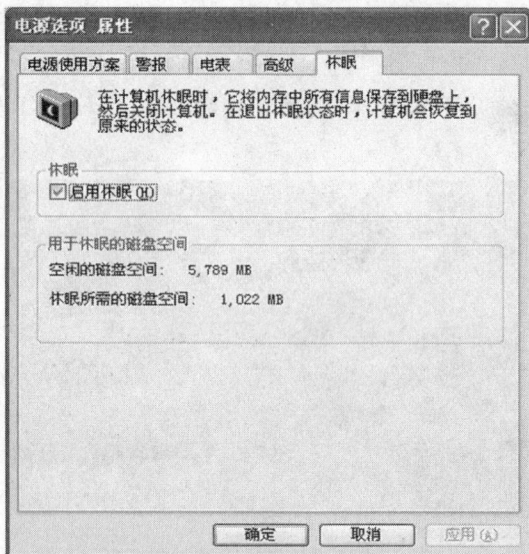

图 2—3　"电源选项　属性"对话框

中选择"注销"按钮。当要进行切换用户时，选择注销对话框中的"切换用户"按钮。如图 2—4 所示。注销与切换用户的主要区别在于进行注销操作将终止当前用户的所有程序，而切换用户可以不中止当前用户所运行的程序。

图 2—4　"注销 Windows"对话框

2.2　窗口操作

2.2.1　鼠标键盘操作

1. 鼠标指针形状

使用鼠标来操作计算机，主要是通过控制计算机屏幕上的鼠标指针来完成。鼠标指针也称为光标。在通常的情况下，鼠标指针是一个小箭头，当进行不同的操作时，它的形状会发生变化。不同的鼠标指针形状将代表不同的含义，用户可通过"控制面板"中的"鼠标"工具来了解 Window XP 标准鼠标指针的外观，如图 2—5 所示。

↖	标准选择	↕	调整垂直大小
↖?	帮助选择	↔	调整水平大小
↖⧗	后台操作	⤡	对角线调整1
⧗	忙	⤢	对角线调整2
+	精度选择	✥	移动
I	文字选择	↑	其他选择
✎	手写	☝	链接选择
⊘	不可用		

图 2-5　鼠标指针形状及含义

2. 鼠标的基本操作

使用鼠标，一般有下面几种基本操作：

①移动：握住鼠标进行移动，屏幕上的指针也跟着移动。这是一个基本的操作，通过移动来控制指针的位置，使之接近要操作的对象。

②指向：移动鼠标指针到要操作的对象上，例如，文件、文件夹、按钮等。鼠标指针指向的对象不同，其形状随之发生改变，有时还可能在鼠标的下方出现该对象的提示信息。

③单击：快速按下鼠标左键并立即释放。这个操作用于选择某个对象或启动某个对象。当鼠标单击某对象后，该对象的颜色一般会加深。

④右击：快速按下鼠标右键并立即释放。这个操作常用于弹出某对象的快捷菜单。

⑤双击：鼠标左键快速两次单击，双击一般表示选中并执行的意思。这个操作一般用于打开某对象或运行某程序。

⑥拖动或拖拽：即单击某对象，并按住左键不放移动鼠标，在另一个位置松开鼠标按键。这个操作一般可以用来移动对象或者选择一定范围的对象。

3. 键盘操作

使用键盘可完成中文 Windows XP 提供的所有操作功能，虽然用户习惯使用鼠标操作，但使用键盘操作可以更快捷，故有快捷键之说。常用的快捷键如表 2-1 所示。组合键的操作方法是：先按住第一个键或第二个键，再按后一个键。

表 2-1　键盘快捷键的作用

命　令	作　用
Ctrl＋Alt＋Delete	打开 Windows "任务管理器" 强制结束当前任务
Esc	取消当前任务
Alt＋Tab	切换窗口

续表

命 令	作 用
Alt＋F4	依次关闭活动项（窗口），直到关闭计算机
Ctrl＋空格	中英文输入法之间切换
Ctrl＋Shift	各种输入法之间切换
Ctrl＋＞	中文输入法状态下中文/西文标点切换
Shift＋空格	中文输入法状态下全角/半角切换
Print Screen	复制当前屏幕图像到剪贴板
Alt＋ Print Screen	复制当前窗口、对话框等到剪贴板

2.2.2 桌面操作

1. 桌面的组成

桌面就是启动计算机进入 Windows XP 操作系统后屏幕显示的操作界面，如图 2—6 所示。通过桌面，我们可以与计算机进行交互。在桌面上，我们可以看到桌面背景、桌面图标和任务栏。

图 2—6 桌面

2. 定制个性化桌面

在 Windows XP 中，我们可以有较大的自由度和灵活性来调整桌面的设置。我们可以改变屏幕的背景、屏幕的分辨率、显示颜色和刷新频率等。通过这些设置，使得计算机更具有个性化以及实用性。

（1）定制系统图标

在 Windows XP 中，桌面上的系统图标包括"我的文档"、"我的电脑"、"网上邻居"、"Internet Explorer"等。如果桌面上没有显示，则可以通过下面的操作完成桌面上系统图标的显示：

① 用鼠标右击桌面的任意空白处，在弹出的快捷菜单中选择"属性"菜单命令。

② 选择"显示　属性"对话框中的"桌面"选项卡。

③ 单击"自定义桌面"按钮，将出现如图 2－7 所示的"桌面项目"对话框。

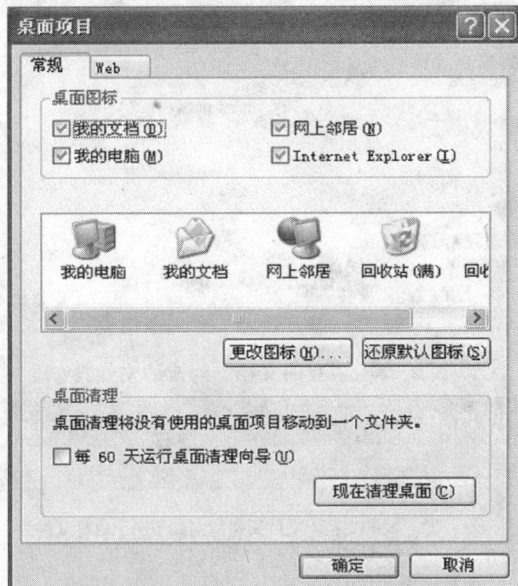

图 2－7　"桌面项目"对话框

④ 在"桌面图标"栏中，选择所要显示在桌面的系统图标，然后单击"确定"按钮，再单击前面对话框的"确定"按钮，完成系统图标在桌面的显示设置。

通过设置，桌面上就有"我的文档"、"我的电脑"、"网上邻居"、"Internet Explorer"的图标了，这些图标是系统定义的图标，它跟我们添加的快捷方式图标有着一定的区别。下面介绍这些图标的作用。

· 我的电脑

它管理本计算机的资源工具，存放着整个计算机的所有文件。通过它，我们可以在其中进行磁盘、文件、文件夹的操作。

· 我的文档

它是一个系统文件夹，存放着用户个人的文件或文件夹。由于 Windows XP 是一个多用户的操作系统，当添加一个用户时，计算机系统自动在系统盘下的"Documents and Settings"文件夹中为用户建立一个以用户名命名的文件夹，如图 2－8 所示。用户登录后，"我的文档"自动与对应文件夹关联。

当然用户也可以改变"我的文档"放置的位置。方法是：在"我的文档"上按右键，在弹出的快捷菜单中选择"属性"，弹出"我的文档　属性"对话框，如图 2－9 所示。点击"移动"，在弹出的"选择一个目标"对话框中，选择要移动到的位置，如"我的电脑"下的"E 盘"，即可完成"我的文档"位置的改变。

· 网上邻居

通过它，可以查找局域网上其他计算机，也可以通过它来管理网络资源和进行网

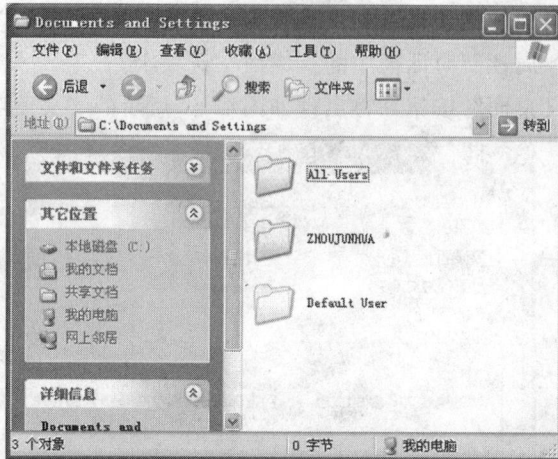

图 2－8　"我的文档"对应的文件夹

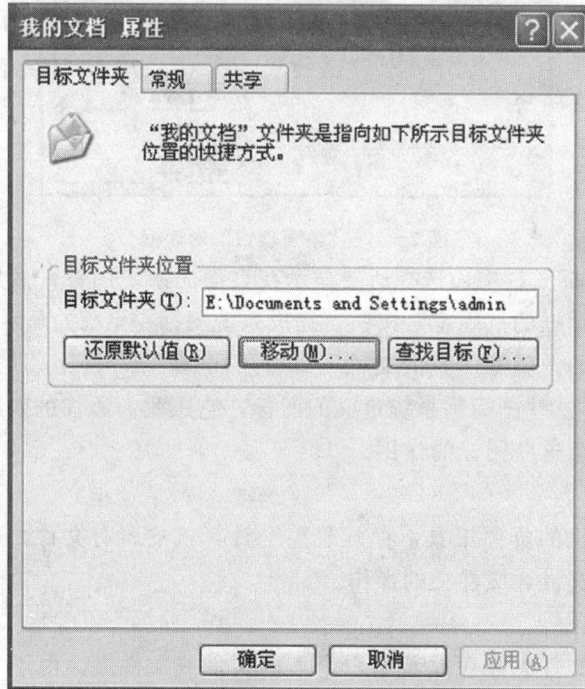

图 2－9　"我的文档　属性"对话框

络设备的设置。

　　• 回收站

　　回收站也是一个系统文件夹，计算机系统为每个硬盘的盘符建立了一个对应的
"回收站"文件夹，用来存放被删除的资源。如果"回收站"没有被清空，则可进行还
原操作。对回收站的设置可通过"回收站"的属性对话框来完成，在"回收站"图标
上单击右键，在弹出的快捷菜单中选择"属性"，弹出"回收站　属性"对话框。如图
2－10 所示。

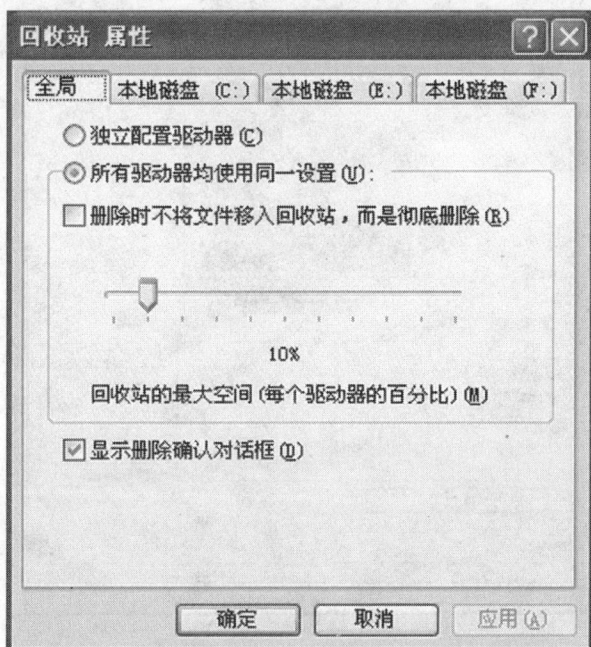

图 2—10　"回收站　属性"对话框

● Internet Explorer

它是一个上网浏览器，通过它，可以进行网上冲浪。

（2）更改桌面背景

安装 Windows XP 之后，其桌面的背景图片一般为"草原蓝天"图。用户可以根据自己的爱好，重新选择桌面的背景图片。具体操作如下：

① 右击桌面的空白处，在弹出的快捷菜单中选择"属性"菜单命令，打开"显示　属性"对话框。

② 选择对话框中的"桌面"选项卡，在"背景"列表中，选择自己喜欢的图片，也可以通过单击"浏览"按钮来查找其他位置的图片。如图 2—11 所示。

③ 通过"位置"列表来设置背景图片的显示方式，其中选择"拉伸"可以使整张图片伸展到整个桌面，"居中"可以使图片显示在桌面的中间，而"平铺"则以重复图片铺满整个桌面。

④ 通过"颜色"列表，可以使得桌面上没有显示背景图片的地方显示指定的颜色。

（3）设置显示分辨率、颜色数和刷新频率

对于显示器，其分辨率、显示的颜色数以及刷新频率直接影响显示的效果。分辨率越高，能显示的内容越多；颜色的数目越多，显示的效果越接近于自然色彩；刷新频率越高，屏幕的显示就更平稳，更能保护眼睛。

在 Windows XP 中可以对显示的分辨率、颜色数和刷新频率进行设置，具体步骤如下：

① 右击桌面的空白处，在弹出的快捷菜单中选择"属性"菜单命令，打开"显

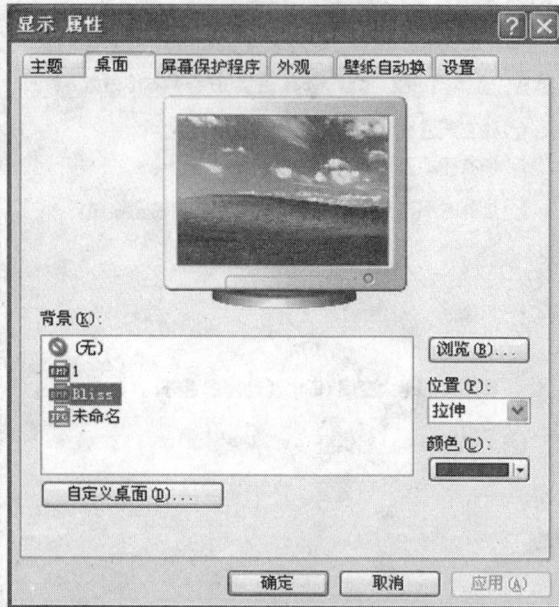

图 2－11　设置"桌面"对话框

示　属性"对话框。

②　选择对话框的"设置"选项卡。如图 2－12 所示。

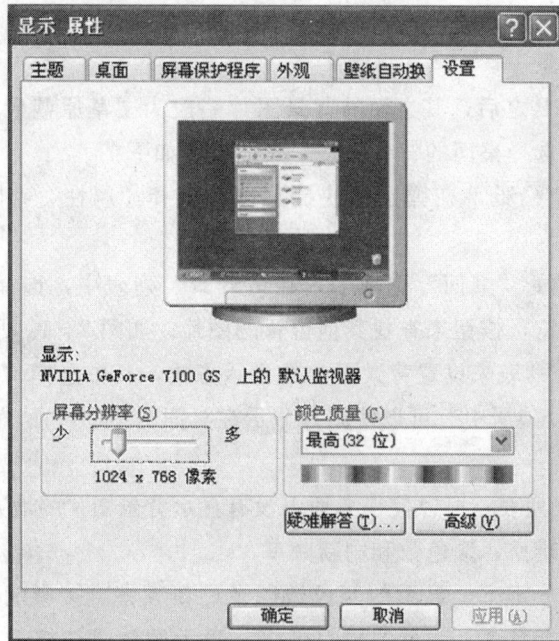

图 2－12　"设置"对话框

③　在"屏幕分辨率"选项中，通过拖动游标来设置分辨率的多少，分辨率的范围由计算机的硬件决定。

④　在"颜色质量"选项下拉列表中，我们可以选择该计算机所能显示的颜色数。

　　⑤ 单击"高级"按钮，可打开如图 2－13 所示的当前监视器和适配器的"属性"对话框，进行如下设置：选择"监视器"选项卡，在"屏幕刷新频率"下拉列表框中，可为监视器选择适当的刷新频率。然后单击"确定"按钮，返回"显示　属性"对话框"设置"选项卡，并且单击"确定"按钮完成设置。

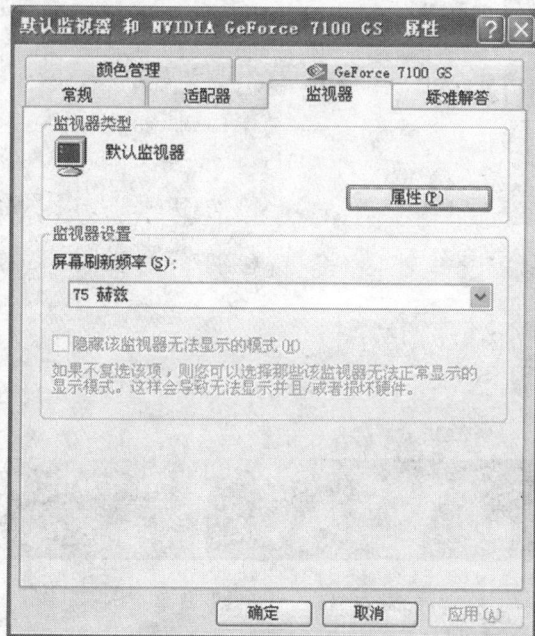

图 2－13　"监视器"对话框

　　当设置的刷新频率高过监视器所能承受的范围时，显示器会出现黑屏，我们只要等待十几秒，不进行任何操作，Windows XP 将会自动恢复到以前的状态。

2.2.3　任务栏

1. 任务栏的组成

　　任务栏是位于桌面最下方的条形区域，它主要包括"开始"菜单、"快速启动栏"、"窗口图标按钮列表"、"通知区域"四部分组成。

　　(1)"开始"菜单

　　在任务栏的最左边为"开始"按钮，通过单击该按钮即可以打开"开始"菜单。或通过按微软专用键"⊞"打开"开始"菜单。任何任务都可以通过"开始"菜单来完成，比如运行程序、设置系统、打开文件、获取帮助信息、查找文件或计算机、关闭计算机等。如图 2－14 所示。

　　"开始"菜单由六个部分组成，下面分别加以介绍。

　　① 用户名区。

　　位于"开始"菜单最上部，显示当前用户的名称、标识等信息。

　　② 程序列表区。

　　包括固定程序列表、高频使用程序列表和所有程序列表。在打开的程序列表中，

图 2—14　"开始"菜单

可点击运行所需的应用程序。

　　固定程序列表是永久保留在列表中的两个程序，分别是"Internet"和"电子邮件"。

　　高频使用程序列表用于显示用户最近打开次数较多的程序，系统根据用户使用程序的次数自动进行排列显示。

　　所有程序列表用于显示本机安装的所有应用程序。单击"所有程序"弹出所有程序列表。如图 2—15 所示。

　　③"注销"和"关闭计算机"栏。

　　位于"开始"菜单的底部，点击相应的命令，即可打开"注销"或"关闭计算机"对话框。

　　④"系统文件夹"区。

　　主要显示的是"我的文档"、"图片收藏"、"我的音乐"、"我的电脑"等系统文件夹。点击相应的文件夹，可打开对应的文件夹窗口。

　　⑤ 系统设置区。

　　主要有"控制面板"、"设定程序访问和默认值"、"连接到"等。点击相应的命令，即可打开对应的对话框，在该对话框中，对系统进行设置。

　　⑥ 帮助、搜索和运行栏。

　　点击"帮助和支持"，打开"帮助和支持中心"窗口，选择所需的主题，找到对应

图 2—15　"所有程序"菜单

的解决方案，以帮助用户提高计算机操作技能。

点击"搜索"命令，可打开"搜索"窗口，用来查找所需的对象。

点击"运行"命令，可打开"运行"对话框，输入相应程序名称，即可运行该程序。

（2）快速启动栏

在"开始"菜单的右边为快速启动栏，存放一些经常运行的程序的图标，以方便用户快速启动应用程序。当我们的桌面被窗口所覆盖时，如果我们要启动的程序存放在快速启动栏中，我们就可以单击快捷图标打开程序。快速启动栏默认排列了媒体播放器、Internet Explorer 浏览器与显示桌面图标。通过单击显示桌面图标，我们可以快速地最小化所有的窗口达到显示桌面目的，采用"■＋D"组合键也可以实现同样的操作。

把要经常启动的程序图标拖放到快速启动栏内，就可以添加该程序的图标到快速启动栏了。也可以通过删除快速启动栏中的图标来删除不再使用的图标。

（3）窗口图标按钮列表

当我们每打开一个窗口时，代表该窗口图标的按钮就会出现在任务栏的中间区域，通过单击这些按钮，可以方便地进行窗口之间的切换。当关闭窗口后，对应的图标按钮就会消失。

在 Windows XP 中，提供了一种任务栏按钮组合的功能，以帮助用户管理大量打开的窗口，使得任务栏能保持整洁，方便用户查找。它把相同类型或者同一个程序所打开的窗口组合在一起，比如我们采用 Internet Explorer 上网时，打开的文件达到一定数目时，自动组合成一个按钮，当我们打开多个文件夹时，自动组合成一个文件夹图标按钮。我们单击这些组合按钮时，就弹出该类型的窗口的图标列表，供我们进行选择。利用任务栏的组合按钮，我们可以一次关闭该组的所有窗口，这需要通过右击组合按钮，在弹出的快捷菜单中选择"关闭组"命令即可以关闭该组的所有窗口。

（4）通知区域

在任务栏的最右边排列着一些小图标，一般包括时间图标、音量调节器图标、输入法图标以及一些在后台运行的程序图标。

当我们把鼠标指向时间图标时，则显示当前的日期。我们可以双击该图标将打开"日期和时间属性"对话框，进行时间或者日期的设置。

双击音量调节器图标，打开音量控制器，可以调节音量的大小或者设置静音。

单击输入法图标，显示输入法的列表，可以选择所需要的输入法。右击输入法图标，在弹出的快捷菜单中选择"设置"菜单命令，可以弹出"文件服务和输入语言"对话框，进行输入法的添加与删除操作。

2. 定制任务栏

（1）设置任务栏中的工具栏

在 Windows XP 中，我们可以设置任务栏中的工具栏，具体操作如下：

采用鼠标右击任务栏的任意空白处，在弹出的快捷菜单中选择"工具栏"，弹出可以设置的工具栏的列表。如图 2—16 所示。

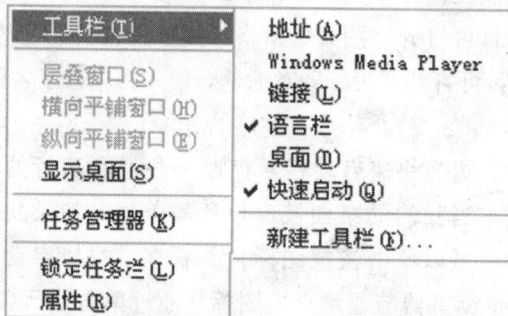

图 2—16 工具栏设置快捷菜单

在要显示的工具栏的前面单击，使其前面打钩，如果不需显示在任务栏中的工具栏，可以取消该打钩。

（2）设置任务栏的大小、位置

任务栏一般位于桌面的最下方，当任务栏没有锁定时，我们可以改变其默认的位置，具体操作如下：

① 采用鼠标指向任务栏上任何空白处,按下鼠标左键不放。

② 拖动鼠标到桌面的其他边上,比如右边上,释放鼠标左键,即可以把任务栏移动到桌面的右边上。

当任务栏没有处于锁定的状态时,我们也可以调整任务栏的高度,具体操作如下:

移动鼠标到任务栏的上边线(任务栏位于底部时),当鼠标变成双向箭头"↕"时拖拽至合适的高度。

(3) 设置任务栏外观

我们可以设置任务栏的外观,以满足用户使用习惯。在任务栏的空白区域上右击,并在弹出的快捷菜单上选择"属性"命令,将打开如图 2—17 所示的"任务栏和「开始」菜单属性"对话框,下面介绍"任务栏"选项卡中各选项的作用。

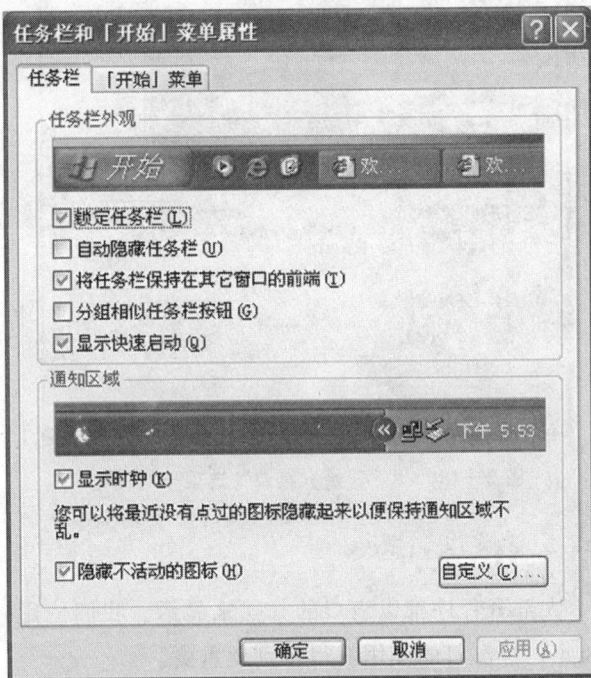

图 2—17　"任务栏"选项卡对话框

① 锁定任务栏:通过该选项,任务栏将锁定在桌面的当前位置上,不可以移动,也不可以改变大小。

② 自动隐藏任务栏:通过该选项,当我们不使用任务栏时会自动隐藏,当鼠标指向任务栏的位置上,再次显示任务栏。

③ 将任务栏保持在其他窗口的前端:确保任务栏总是在桌面的最上面,保持可见,方便操作。

④ 分组相似任务栏按钮:设置窗口图标按钮在任务栏上采用组合排列。

⑤ 显示快速启动:在任务栏上是否显示"快速启动"栏。

⑥ 显示时钟:在任务栏上是否显示数字时钟。

⑦ 隐藏不活动的图标:设置在通知区域中是否显示不活动的项目,通过旁边的

"自定义"按钮，可以进一步设置。

（4）设置开始菜单

在"任务栏和「开始」菜单属性"对话框中，单击"「开始」菜单"选项卡，就可以对开始菜单进行设置。如图 2－18 所示。如果习惯经典的"开始"菜单显示方式，可以选"经典「开始」菜单"单项按钮。通过"自定义"按钮，可以进一步设置开始菜单中其他内容。

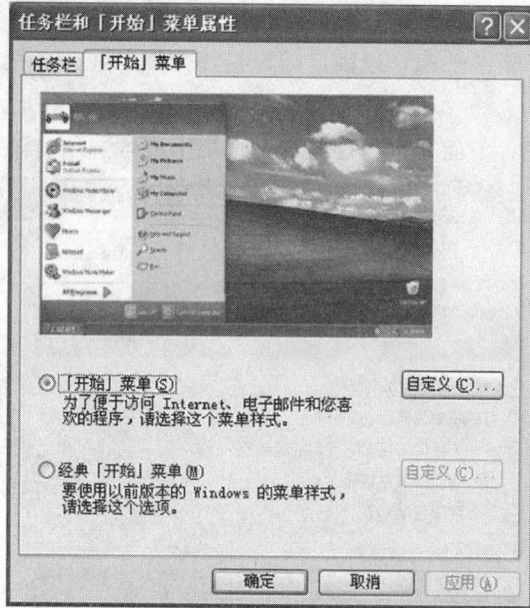

图 2－18　"「开始」菜单"选项卡对话框

2.2.4　窗口组成与操作

在 Windows 中，大部分程序都以窗口的方式来显示。我们使用一个程序时，就是对窗口进行操作。因此，对窗口的使用显得特别地重要。

1. 窗口的组成

"窗口"一般由标题栏、菜单栏、工具栏、工作区、状态栏、滚动条、窗口边框等组成。如图 2－19 所示。

①标题栏：窗口的最上面为标题栏。在标题栏的左边为控制图标和应用程序的名称、窗口的名称或者文件名。标题栏的右边为控制窗口的窗口按钮。

②菜单栏：菜单栏一般位于标题栏的下方，菜单栏提供了操作窗口的命令，比如"文件"菜单、"编辑"菜单、"查看"菜单以及"工具"菜单等。

③工具栏：以按钮图标的方式来显示操作命令，工具栏中按钮对应菜单中常用命令，通过单击即可执行。

④工作区：窗口的主要操作区域为工作区，显示当前窗口包含的对象。

⑤滚动条：当要显示的内容超过窗口当前范围时，出现窗口的滚动条。通过移动

图 2—19　窗口组成

滚动条就可以显示被隐去的内容。滚动条有垂直滚动条和水平滚动条两种，分别用于对上下和左右进行滚动。

⑥状态栏：位于窗口的最下面，用于显示当前窗口的信息。

⑦窗口边框：非最大化窗口四周可见的边线，决定窗口的大小，通过拖动边框线可以调整窗口的大小。

2. 窗口的操作

窗口的基本操作包括打开窗口、改变窗口大小、移动窗口、关闭窗口、窗口切换等。下面详细介绍窗口的这些基本操作。

（1）打开窗口

要显示一个窗口，比如显示一个文件、文件夹或者一个应用程序窗口，就必须先打开它，可以采用下面两种操作打开窗口：

① 双击要打开的程序图标，即可以打开该窗口。

② 右击图标，在弹出的快捷菜单中选择"打开"命令。

（2）改变窗口大小

当打开的窗口的大小不符合我们的需要时，我们可以调整它的大小。改变窗口的大小包括窗口的最大化、窗口的最小化、还原窗口以及自由调整。

① 窗口的最大化。

单击窗口右上角的"最大化"按钮或者右击窗口标题栏，在弹出的快捷菜单中选择"最大化"命令，也可以通过快捷键"Alt＋空格＋X"。窗口的最大化可以使窗口充满整个屏幕，方便用户操作。

② 窗口的最小化。

单击窗口右上角的"最小化"按钮或者右击窗口的标题栏，在弹出的快捷菜单中选择"最小化"命令，也可以通过快捷键"Alt＋空格＋N"。窗口的最小化可以使窗口缩小成一个图标显示在任务栏上，以方便用户操作其他窗口。

③ 还原窗口。

单击窗口右上角的"还原"按钮或者右击窗口标题栏，在弹出的快捷菜单中选择"还原"命令，也可以通过快捷键"Alt＋空格＋R"。窗口的还原可以使其还原到它最大化前的大小。

④ 自由调整。

按用户个人的爱好，自由决定窗口的大小。

窗口自由调整操作：可把鼠标放在窗口的垂直边框上，当鼠标指针变成水平双向的箭头"↔"时，按下鼠标左键拖动到合适位置。要改变窗口的高度时，可以把鼠标放在水平边框上，当指针变成垂直双向箭头"↕"时按下鼠标左键进行拖动。当需要对窗口进行等比缩放时，可以把鼠标放在边角上，当指针变成斜箭头"↗"或"↘"时按下鼠标左键进行拖动。当窗口的大小满足我们的要求后，释放鼠标的左键。

（3）移动窗口

当窗口不处于最大化或最小化的时候，我们可以移动窗口到特定的位置。要移动窗口，其步骤如下：

① 移动鼠标到窗口标题栏上。

② 按住鼠标左键不放，拖动窗口到所需的位置。

③ 释放鼠标左键，完成移动窗口操作。

（4）关闭窗口

当我们不使用该应用程序时，可以采用关闭该窗口来退出。要关闭一个窗口，可以采用下面几种方法：

① 单击标题栏的"关闭"按钮。

② 使用快捷键"Alt＋F4"。

③ 双击标题栏的控制图标。

④ 单击菜单栏的"文件"→"关闭"命令。

（5）窗口切换

Windows XP 是一个多任务的操作系统，它可以同时运行多个程序，比如我们可以一边听着 mp3，一边编辑文档。用户当前进行操作的窗口称为活动窗口，当一个窗口处于活动窗口时，它的标题栏的颜色为深蓝色，而不活动的窗口的标题栏则为灰色。处于活动的窗口只能有一个，而不活动的窗口可以有多个。用户不能直接对不活动的窗口进行操作，只有激活它才可以进行操作。因此，我们经常需要进行窗口的切换操作。窗口切换的方法有下面两种：

① 用鼠标单击要激活的窗口，该窗口就变成活动窗口。

② 用快捷键"Alt＋Tab"或"Alt＋Esc"选择所要激活的窗口。

（6）多窗口显示

当桌面同时打开多个窗口时，我们可以按一定的排列来显示这些窗口，比如采用层叠式、横向平铺或者纵向平铺方式来显示这些窗口。

层叠式排列可使窗口一层层地叠加在一起，每个窗口的标题栏都可见，方便使用鼠标进行切换。

横（纵）向平铺可以使窗口按横（纵）向进行排列，采用这种方式可以方便我们看着一个窗口而对另一个窗口进行编辑。

设置窗口的排列方式的操作是：用鼠标右击任务栏空白的地方，在弹出的快捷菜单中选择"层叠窗口"、"横向平铺窗口"或者"纵向平铺窗口"。

2.2.5　对话框及其操作

Windows 操作系统为了完成某项任务，需要从用户那里得到有关操作信息时，通常以一个对话框的形式来与用户进行交互。对话框是指系统与用户对话、交互的场所。

对话框可以看成一种特殊类型的窗口，大小不能改变，但其位置可以移动。在 Windows XP 中，对话框分为模式对话框和非模式对话框。当弹出模式对话框时，它处于屏幕的最上面，只有处理完该对话框后才能对其他窗口进行操作，比如"格式"对话框。非模式对话框与模式对话框最大的区别就是，可以在显示非模式对话框的情况下，操作其他窗口，比如"查找"对话框。对话框通常可以包括文本框、列表框、选择框、命令按钮等。如图 2－20 所示。

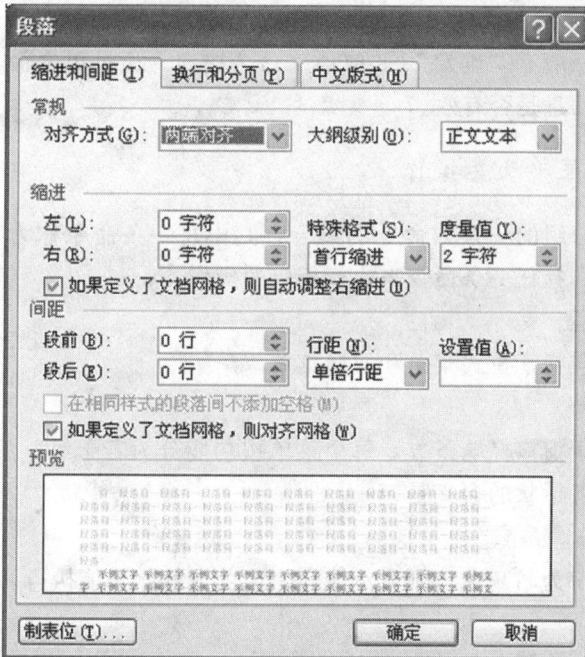

图 2－20　对话框的组成

1. 文本框

文本框是用来输入文本信息的一个矩形区域。

2. 单选按钮

单选按钮是一组不相容的按钮，每次只能选择其中一项，选定一项同时取消其他项的选定。它由小圆圈按钮及名称构成。被单击选时，其圆钮中间出现黑点。

3. 复选框

复选框一般用于多项选择，由方框和名称组成。某项被选定时，其方框中会出现"×"或"√"，未选中时方框中为空。采用鼠标单击即可选中需要的项，再次单击"取消"选中。

4. 列表框

通过一个矩形区域排列一组可用的选项，用户可以从中选择一项或者几项。

5. 下拉式列表框

下拉式列表框用于对话框空间狭窄的情况。单击下拉式列表框右边的下三角"▾"时，就会弹出一系列选项，供用户选择。

6. 数字按钮

在对话框中，当数字变化范围较小时，可以通过数字按钮进行数字的设置，它有一个减小和增加按钮。

7. 选项卡

采用选项卡可以把内容按一定的类型进行分类，节约对话框个数，也便于用户记忆操作内容。单击某选项卡，就可以显示该选项卡的内容。

8. 命令按钮

在对话框中，一般有"确定"、"取消"命令按钮。通过单击命令按钮，用户可以确定或取消设置的信息是否有效。

2.2.6　窗口菜单及其操作

菜单是按类型分组的一系列命令的集合，其中每一条命令称为菜单项。用户可以使用鼠标或键盘来选择任一条命令来执行相应的操作。

1. 窗口菜单类型

窗口菜单主要包括下拉式菜单和快捷菜单。

（1）下拉式菜单

下拉式菜单位于窗口标题下方，每个菜单按功能分为若干组，且具有不同的形态。如图 2—21 所示。各形状的含义是：

① 暗的菜单项。

若菜单项的文字为暗灰色，则表示该命令当前无效，不能执行。

② 层叠菜单项。

名字右边带有一个黑色箭头的菜单项，表示该选项为层叠菜单，其下还有下一级菜单。

③ 含有对话框的菜单项。

名字右边带有"…"的菜单项，执行该命令时，系统将弹出一个对话框，要求用户输入进行对话操作。

④ 具有快捷键的菜单项。

名字右边带有一组合键名，该组合键称为该命令的快捷键。采用快捷键可以方便

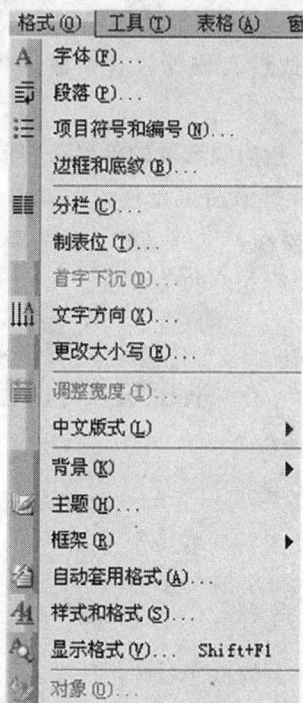

图 2—21　下拉式菜单

地执行该菜单项。

⑤ 选中标记。

菜单项左侧带有标记"√"，表示此选项当前有效。

（2）快捷菜单

用鼠标的右键单击对象，就可以弹出该对象的快捷菜单。通过快捷菜单的命令，可以快速地对对象进行操作，例如，显示对象的属性，重命名对象等。如图 2—22 所示。鼠标指向的对象不同，快捷菜单的形式也不同，操作对象时，尽量使用快捷菜单。

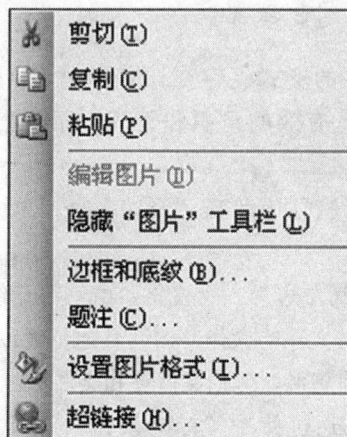

图 2—22　快捷菜单

2. 窗口菜单的基本操作

菜单的使用主要是用鼠标或键盘操作。其中鼠标操作最为常用、简便，是用户首选。

①鼠标操作：单击菜单名，指向要选取的菜单项并单击鼠标即可执行相应的操作。

②键盘操作：按 Alt 或 F10 键激活菜单栏，用方向键选择菜单名和菜单项，然后按"Enter"键即可执行相应的操作。也可以按 Alt 和菜单名中的下划线字母快速打开菜单，然后直接按快捷键快速执行相应的菜单项。

2.3　系统资源管理

计算机系统资源是以文件的形式保存的，操作系统的基本功能是对文件的操作。本节主要介绍对文件管理工具及各种基本操作方法。

2.3.1　图标

Windows XP 是一种图形界面的操作系统，所有系统资源都采用了图标来表示。通过对图标的操作，就可以轻松地管理存储在计算机内的信息。Windows XP 中各种类型的图标主要有下面几种：

- 磁（光）盘图标：代表计算机上的磁盘、光盘或者移动设备。
- 文件夹图标：采用一个可以打开的夹子来表示文件夹。
- 程序图标：一般采用跟该程序相关的图标来表示。
- 文件图标：一般采用卷角的纸页图标来表示。
- 控制图标：控制图标是出现在窗口左上角的图标。
- 快捷方式图标：快捷方式图标一般在左下角带有一个小箭头。

2.3.2　我的电脑和资源管理器

计算机中，数据是以文件的形式保存在计算机中，且文件数量巨大，操作系统的功能之一就是对这些文件进行有效的组织和管理。而"资源管理器"或"我的电脑"就是管理文件的重要工具。

通过双击桌面的"我的电脑"或单击"开始"→"我的电脑"，打开"我的电脑"窗口。如图 2—23 所示。

在"我的电脑"窗口中，其左边为一个窗格，由三部分组成：系统任务、其他位置和详细信息，其作用是方便用户对文件的操作，访问其他位置以及查看选择对象的详细信息。其右边显示是当前文件下的所有资源，包括文件夹和文件。

在"我的电脑"窗口中，通过使用"标准按钮"工具栏，用户可以快捷地对文件进行管理和操作。其"标准按钮"中各按钮的功能如表 2—2 所示。

图 2—23　"我的电脑"窗口

表 2—2　"标准按钮"中各按钮的功能

按　钮	功能说明
后退	退到刚浏览过的上一个位置
前进	前进到当前位置的下一个浏览位置
向上	移动到上一级文件夹或磁盘
搜索	通过该按钮，可以进行文件搜索功能
文件夹	在"资源管理器"和"我的电脑"之间进行切换
查看	可以选择窗口中视图的显示方式

在"我的电脑"窗口中，单击"标准按钮"工具栏上的"文件夹"可切换到"资源管理器"。如图 2—24 所示。"资源管理器"和"我的电脑"是同一个管理程序的两种不同的显示方式。

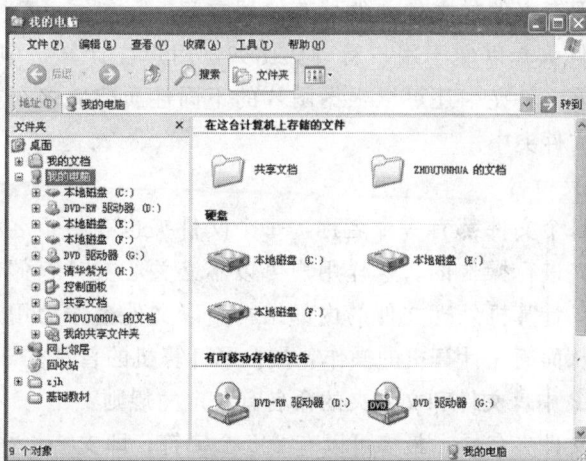

图 2—24　"资源管理器"窗口

此外还可以通过下列方式直接启动"资源管理器"：

• 使用鼠标右击"开始"菜单→"资源管理器"。

• 使用鼠标右击桌面上的"我的电脑"图标或者任一个文件夹，在快捷菜单中选择"资源管理器"。

• 按下"Shift"，再双击"我的电脑"。

"资源管理器"窗口也由两部分构成：左侧窗格以树型结构显示文件夹，右侧窗格显示当前打开的文件夹（或驱动器、桌面、桌面部件）的内容。

资源管理器采用折叠与展开的形式来管理文件夹，用户可以根据需要展开部分文件夹，把不需要的文件夹折叠起来。

（1）折叠文件夹

单击要折叠的文件夹前面方框中的"－"号，该文件夹的下属子文件夹即被折叠起来，其前面方框中的"－"号就变为"＋"号。

（2）展开文件夹

单击要展开的文件夹前面方框中的"＋"号，该文件夹的下属子文件夹便显示出来，其前面方框中的"＋"号就变为"－"号。

虽然用户选择使用"我的电脑"或"资源管理器"依个人操作习惯而定，但由于"资源管理器"可在同一窗口中浏览和管理系统所有的驱动器和文件夹，本书推荐尽量使用"资源管理器"管理系统资源。

2.3.3　文件与文件夹的基本知识

文件是操作系统中一个重要的概念，是指按一定格式存储在计算机外存储器中的一组相关信息的集合。在计算机中，任何程序和数据都是以文件形式存在外存储器中，文件是计算机操作系统用来存储和管理信息的基本单位。

在计算机中，文件的种类繁多，数量巨大，为了方便管理这些文件，引入了文件夹。文件夹是用来保存文件或文件夹的外存储器空间。一般同一个文件夹中存储着有着共性的文件或文件夹，以便于用户管理。比如，用户在计算机中建立一个文件夹，专门存放图片，在该文件夹中还可以根据图片的不同性质建立多个文件夹，并把相关的图片放到对应的文件夹中。

1. 文件和文件夹命名

在计算机中，每个文件都有一个名称，每个文件夹也有一个名称。系统正是通过名称对文件和文件夹进行操作的。这样用户可以不必关心文件存储方法、物理位置以及访问方式。封装了计算机处理文件的内部结构，以文件名作为用户与管理文件的接口，"按名存取"，从而简化计算机的操作，加快了计算机的普及。

在 Windows XP 中，文件和文件夹的命名有一定的规则：

①文件名或者文件夹名中，最多可以有 255 个字符，即支持长文件名。

②文件名或者文件夹名可以由汉字、字母、数字和部分特殊符号构成，但不能包括下面 9 个符号：

$$/ \ \backslash \ : | \ * \ ? " < >$$

文件名由主文件名和扩展名两部分组成，中间用"."作分隔。格式为：

主文件名 . 扩展名

比如，文件"myfile. txt"，myfile 为主文件名，而 txt 为扩展名，表示文本文件。

文件名和文件夹名中的英文字母不区分大小写，比如，"myfile. txt"和"MyFile. TXT"被认为是同名文件。

在同一文件夹下，不可以存在文件或者文件夹同名的情况；而在不同的文件夹下，可以有相同的命名。

2. 文件类型

在计算机中，不同类型的文件，有着不同的扩展名。文件的扩展名与特定的应用程序有着紧密的关联。通过双击文件，系统根据扩展名就可以知道需要调用哪个应用程序来打开该文件。表 2—3 列出了常用的文件类型与文件扩展名的对应关系。

表 2—3　常用文件扩展名和文件类型对应表

文件扩展名	文件类型	文件扩展名	文件类型
txt	文本文件	wav	声音文件
doc	微软 Word 文件	exe	可执行文件
xls	微软 Excel 工作表文件	pdf	Adobe Acrobat 文档
xlc	微软 Excel 图表文件	swf	Flash 动画发布文件
ppt	微软 PowerPoint 文件	htm（l）	网页文档
bmp	位图文件	zip（rar）	压缩格式文件

需要查看文件的扩展名，可以在"我的电脑"中，选择菜单栏的"工具"→"文件夹选项"，如图 2—25 所示，在弹出的对话框中选中"查看"选项卡，在"高级设置"中找到"隐藏已知文件类型的扩展名"，取消该选项，然后单击"确定"按钮，就可以显示文件的扩展名了。

3. 驱动器和文件路径

驱动器是已格式化并带有一个驱动器号的外存储区域。根据不同的硬件，可以分为硬盘驱动器、光盘驱动器、映射网络驱动器以及可移动存储的设备。驱动器一般采用单字母和"："来标识，如："D："。打开我的电脑，我们就可以看到本机上的所有驱动器。在计算机中，所有的文件和文件夹都存放到各驱动器中，驱动器可以看成是最高层的文件夹。

为了表示一个文件在计算机中的位置，我们需要采用路径来表示。文件的路径是指到达目标文件所经过的途径，一直到所要找的文件，是途径的各个子文件夹连接而形成。两个子文件夹之间的分隔符是"\"，以树型结构显示文件层次关系。比如，D：\ Program Files \ Microsoft Office \ Office \ winword. exe，如要找到 winword. exe 文件，需要先打开"D："盘，再打开下面的 Program Files 文件夹，再到 Microsoft Office 文件夹，找到 Office 文件夹，最后找到 winword. exe 文件。即从驱动器出发，一层一层地查找，直到找到该文件。

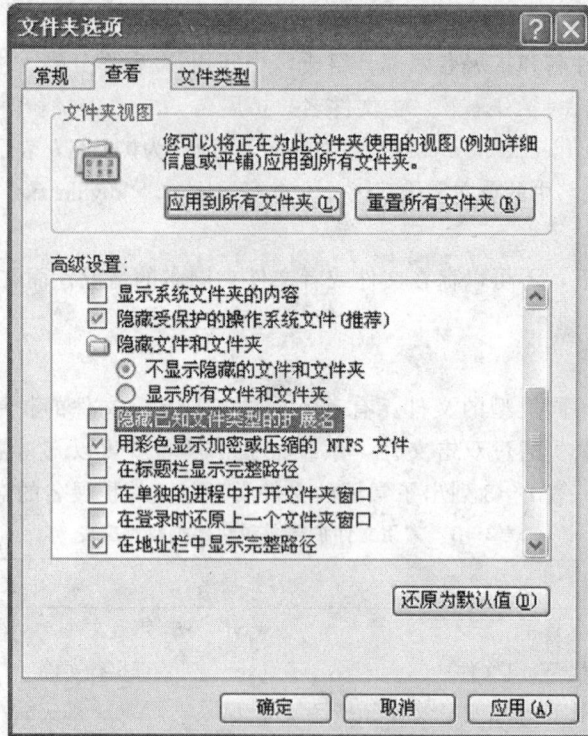

图 2—25 "文件夹选项"对话框

2.3.4 文件夹与文件的基本操作

1. 打开文件或文件夹

要实现对文件的操作，必须先打开该文件，也就是将该文件的数据装入内存。要打开文件，必须知道文件保存的路径。

对于已经建立关联的文件或者可执行文件，双击鼠标操作，或用鼠标右击文件，在快捷菜单中选择"打开"，可打开对应的文件。

对于程序文件，用户双击可直接运行；对于数据文件，则必须存在有操作该数据文件的程序文件，一般程序文件与相关的数据文件之间存在有一定的关联，这种关联是在安装程序文件时自动建立的。当用户双击数据文件时，实际上是先打开操作该数据文件的程序，再由程序文件打开数据文件。数据文件信赖于程序文件，没有程序文件，则不可能打开相关的数据文件。

有时用户会选择先打开程序文件，然后再通过程序文件的"打开"命令再打开相应的数据文件。

对于没有与应用程序建立关联的数据文件，如果知道运行它的程序，用户可以自己选择。操作方法是：右击数据文件，在快捷菜单中选择"打开方式"，在"打开方式"对话框中选择所需的应用程序，通过应用程序来打开数据文件。如图 2—26 所示。

打开一个文件夹，用鼠标双击该文件夹即可，也可以采用右击该文件夹，在快捷

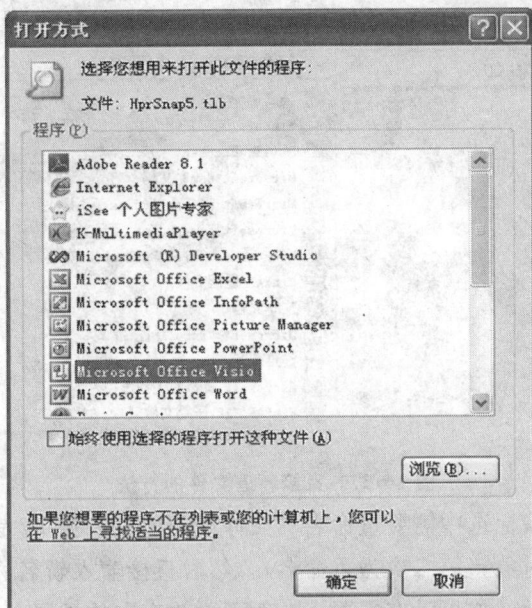

图 2-26　"打开方式"对话框

菜单中选择"打开"。打开文件夹实际上是打开"我的电脑"，在"我的电脑"中显示该文件夹中的内容。

2. 新建文件或文件夹

（1）新建文件

新建文件，必须知道创建该文件的应用程序，由应用程序来新建文件。用户可采用下面两种方法来新建文件：

① 通过"资源管理器"或者"我的电脑"，确定存放文件的文件夹，单击鼠标右键，在弹出的快捷菜单中选择"新建"命令，弹出文件类型列表框，如图 2-27 所示，选择新建文件的应用程序，以默认的文件名或修改后的文件名确定文件的建立。在这种情况下，不打开对应的应用程序，建立的文件为空文档，如果要编辑此文件，可双击打开。

② 先打开新建文件的应用程序，再选择"文件"→"新建"，打开文档窗口，输入相应数据后，选择"文件"→"另存为"命令，选择指定的路径并输入文件名后存盘。

（2）新建文件夹

新建文件夹最便捷的方法是：通过"资源管理器"或者"我的电脑"，确定存放文件夹的位置。在空白处单击鼠标右键，在弹出的快捷菜单中选择"新建"→"文件夹"。如图 2-27 所示。以默认的"新建文件夹"名或修改后的文件夹名作为文件夹的名字，用鼠标在空白的地方点击来完成文件夹的建立。

3. 重命名文件或文件夹

文件或文件夹的名字应尽量与其内容相一致，做到"望文生义"。改变文件或文件夹的名字方法是：用鼠标右击需要重命名的文件或文件夹，在弹出的快捷菜单中选择

| 新建(W) | ▶ | 📁 文件夹(F) |
| 属性(R) | | ⊡ 快捷方式(S) |

📁 公文包
··· Windows 位图文件
▦ DataEx Document
⊞ Microsoft Word 文档
⊞ Microsoft Office Access 应用程序
⊞ Microsoft PowerPoint 演示文稿
⊞ Microsoft Office Publisher 文档
▦ WinRAR 压缩文件
▢ 文本文档
⊞ Microsoft Visio 绘图
⊞ 波形声音
⊞ Microsoft Excel 工作表
▦ WinRAR ZIP 压缩文件

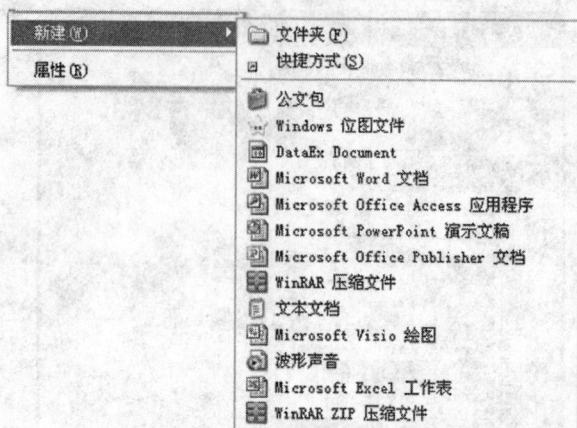

图 2—27　直接新建文件的方法

"重命名"；或者通过鼠标选中需要重命名的文件或文件夹，按 F2 键；或者两次单击文件名（第一次为选中对象，第二次为重命名），然后直接输入新名称并按 Enter 键即可。在对文件进行重命名时，如果没有需要，一般不要改变它的扩展名。

4. 选择文件或文件夹

（1）选择一个文件或文件夹

直接单击要选中的文件或文件夹。

（2）选择连续的多个文件或文件夹

先选择第一项，然后按住 Shift 键的同时用鼠标单击最后一项。

（3）选择不连续的多个文件或文件夹

单击所要选择的第一个文件或文件夹，按住 Ctrl 键，用鼠标依次单击剩下的文件或文件夹。如果需要选择的文件比较多，可以先选择不需要的文件或文件夹，然后利用"编辑"→"反向选择"来进行选定。

（4）选择所有文件或文件夹

选择菜单中的"编辑"→"全部选定"命令，或者使用快捷键"Ctrl+A"。

（5）取消选择

用鼠标单击窗口的空白处，即可取消所作的选择。

5. 复制/移动文件或文件夹

复制对象是指制作一个该对象的一个副本。通过复制，可以产生多个相同内容的对象。移动是把对象从一个位置移动到另一个位置。与复制操作不同，移动不制作副本。复制/移动常用的操作方法有应用"剪贴板"实现和直接拖动实现。

（1）应用"剪贴板"实现复制/移动

"剪贴板"是在数据和交换过程中，用于保存交换数据的内存区域。以此作为连接，实现数据的复制或移动，操作过程如下：

① 选择要复制的文件或文件夹。

② 单击"编辑"→"复制"（快捷键"Ctrl+C"）/"移动"（快捷键"Ctrl+X"），

对象送到"剪贴板",同时覆盖"剪贴板"中原有的内容。

③ 打开要存放对象的文件夹。

④ 单击"编辑"→"粘贴"(快捷键"Ctrl＋V"),将对象从"剪贴板"中提取。只要不清空"剪贴板",用户可以多次提取。

(2) 使用直接拖动进行复制/移动

① 打开要进行复制的文件或文件夹,并在新的窗口打开存放副本的目标文件夹。

② 选择要复制/移动的文件或文件夹,如果原文件夹与目标文件夹不在同一个驱动器下,按 Ctrl/Shift 键,若在同一个驱动器下,则不用按 Ctrl/Shift 键。这时鼠标的右下角有个"＋"表示复制,没有的表示移动。把文件或文件夹拖动到目的文件夹的窗口中释放,完成复制/移动操作。

6. 发送文件或文件夹

在 Windows XP 中,可以把文件发送到许多位置。比如,可以把文件发送到 U 盘、Web 服务器、我的文档、共享文档等。发送可以看成是一种简单的复制操作。

发送文件或文件夹的方法:选择要发送的文件或文件夹,选择菜单栏中的"文件"→"发送到"命令,或者右击选择的文件或文件夹,在弹出的快捷菜单中选择"发送到"命令,如图 2-28 所示,然后再选择所要发送的目的地。

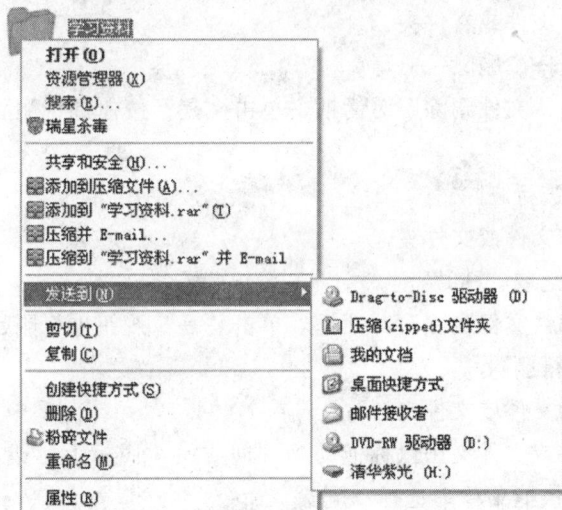

图 2-28　"发送到"命令

其实"发送到"的对象是一个特定的系统隐藏文件夹,名为"SendTo",其位置在:系统盘下的"Documents and Settings \ 登录用户名"中。如图 2-29 所示。用户可以通过改变文件的显示方式来查看,也可在此文件夹中添加或删除快捷对象,来达到改变"发送到"菜单的目的。

7. 删除和还原文件或文件夹

当我们不需要一个文件或者整个文件夹内容时,我们可以通过删除操作来把文件从计算机中删除。要进行删除之前,必须先找到要删除的文件或者文件夹。

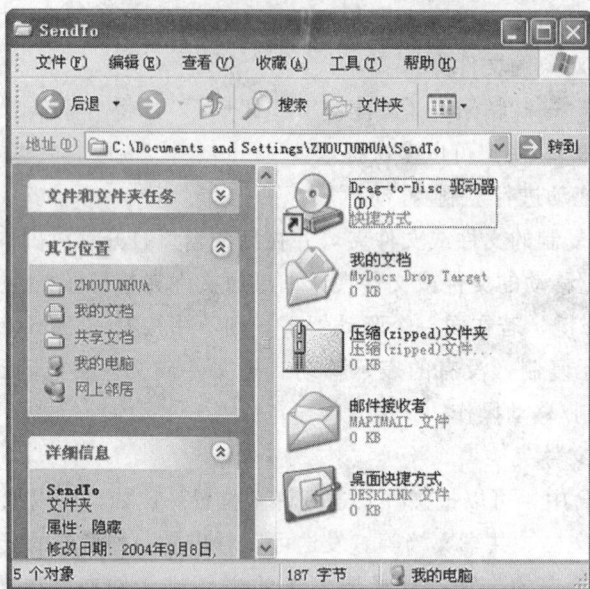

图 2-29　"发送到"文件夹

（1）使用菜单命令进行删除

① 选择要删除的文件或文件夹。

② 单击"文件"→"删除"。

③ 在弹出的"确认文件删除"对话框，单击"是"按钮进行删除。如果不想删除，可以单击"否"。

（2）使用快捷键进行删除

① 选择要删除的文件或文件夹。

② 按"Delete"键或"Del"键。

③ 在弹出的"确认文件删除"对话框，单击"是"按钮进行删除。

（3）使用鼠标进行删除

① 选择要删除的文件或文件夹。

② 将选择的文件或文件夹用鼠标拖动到"回收站"图标上，或右击所选择的文件或文件夹，在弹出的快捷菜单中选择"删除"命令。

③ 在弹出的"确认文件删除"对话框，单击"是"按钮进行删除。

对文件或文件夹进行删除操作，都是把文件或文件夹放到回收站中，同样占用计算机的存储空间，这种删除称为"逻辑删除"。在这种情况下，被删除的对象并没有真正的删除，用户可进行还原操作。要从回收站中还原被删除的文件或文件夹，其操作如下：

① 双击桌面"回收站"图标。

② 在窗口中选择想还原的文件或文件夹，右击并在弹出的快捷菜单中选择"还原"。

对文件或文件夹进行彻底的删除，不可还原，这种删除称为"物理删除"。物理删除的方法有：

① 在文件或文件夹进行删除的时候，按下"Shift"键不放，再按 Delete 键。

② 再次删除"回收站"中被删除的对象，或通过"清空回收站"命令，把所有文件从回收站中删除。

特别要注意的是：

① 对文件夹删除时，该文件夹所包含的文件也一起被删除，因此对文件夹进行删除时要特别地小心。

② 对 U 盘中文件或文件夹的删除是物理删除。

③ 对物理删除的文件或文件夹，如果对相应的磁盘空间没有进行写操作，还可通过"数据恢复工具"软件挽救，例如，EasyRecovery 数据恢复软件，程序界面如图2—30 所示。

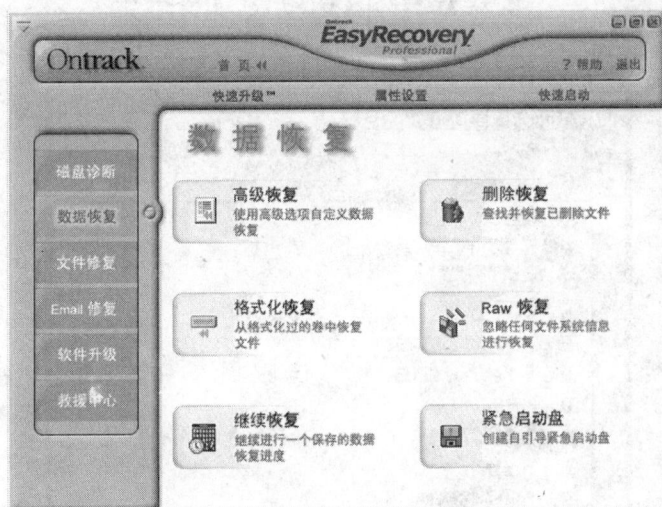

图 2—30　"EasyRecovery"操作界面

8. 创建文件或文件夹的快捷方式

创建"快捷方式"就是建立一个快捷方式的特殊文件，文件的扩展名为 .lnk，它不表示程序或文档的本身，而是指向对象的指针。对快捷方式的改名、移动等操作只影响快捷方式文件，而快捷方式所对应的程序、文档或文件夹不会改变。

快捷方式图标与所指对象的图标相似，但快捷方式图标左下角有一个特殊的斜上箭头。

（1）利用向导创建快捷方式

① 选择需要创建快捷方式对象的位置，比如桌面、我的文档。在空白处单击右键，在弹出的快捷菜单中选择"新建"→"快捷方式"，将弹出"创建快捷方式"对话框。如图 2—31 所示。单击"浏览"按钮弹出浏览文件对话框，选择快捷方式指向的文件。如图 2—32 所示。

② 单击图 2—32 中所示的"确定"按钮，单击"下一步"按钮。在"选择程序标题"对话框中输入快捷方式的名称，并单击"完成"按钮，见图 2—33 所示，完成快

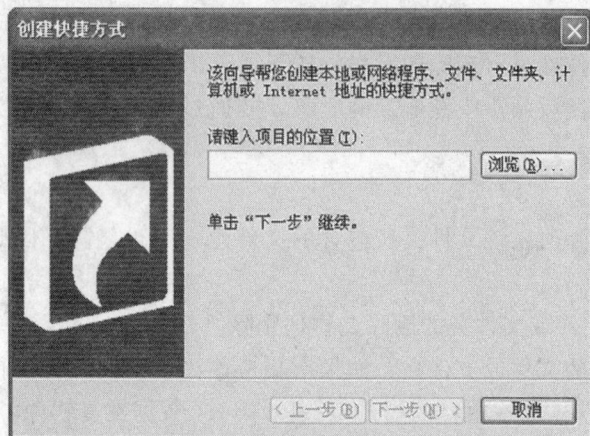

图 2—31　"创建快捷方式"对话框

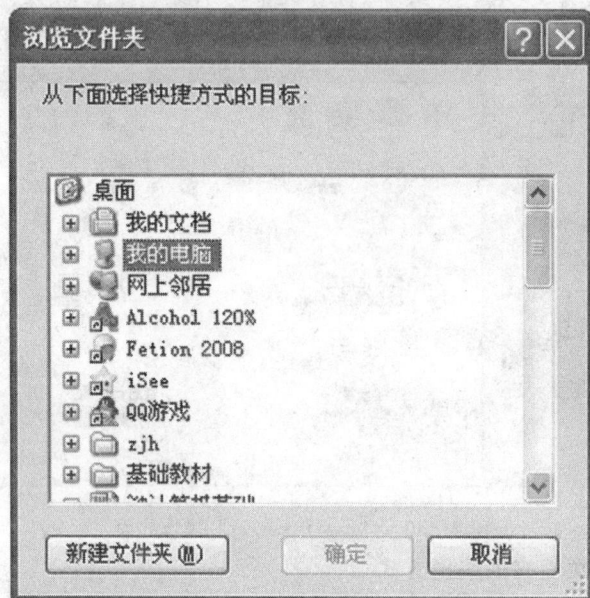

图 2—32　"浏览文件夹"对话框

捷方式的建立。

（2）利用鼠标创建快捷方式

① 选择需要创建快捷方式的文件或文件夹。

② 采用鼠标右击，在弹出的快捷菜单中选择"创建快捷方式"。

③ 把创建的快捷方式图标移动到所需的位置。

（3）创建桌面快捷方式

选择需要创建快捷方式的文件或文件夹，采用鼠标右击，在弹出的快捷菜单中选择"发送到"→"桌面快捷方式"。

9. 查看、设置文件或文件夹属性

通过查看文件或文件夹属性，我们可以知道文件或文件夹的名称、大小、位置、

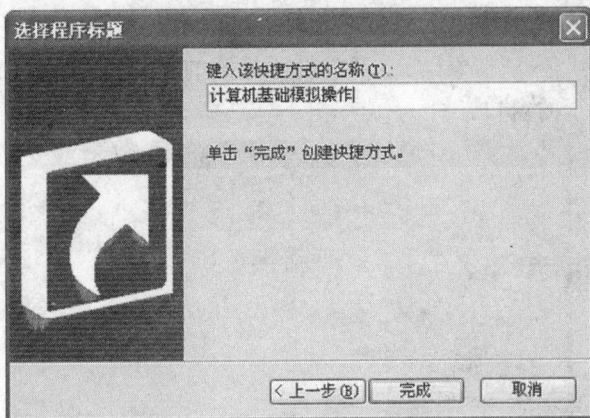

图 2—33　"选择程序标题"对话框

创建日期，以及是否是只读、隐藏等属性。通过右击文件或者文件夹，在弹出来的快捷菜单中选择"属性"，弹出属性对话框。如图 2—34 所示。

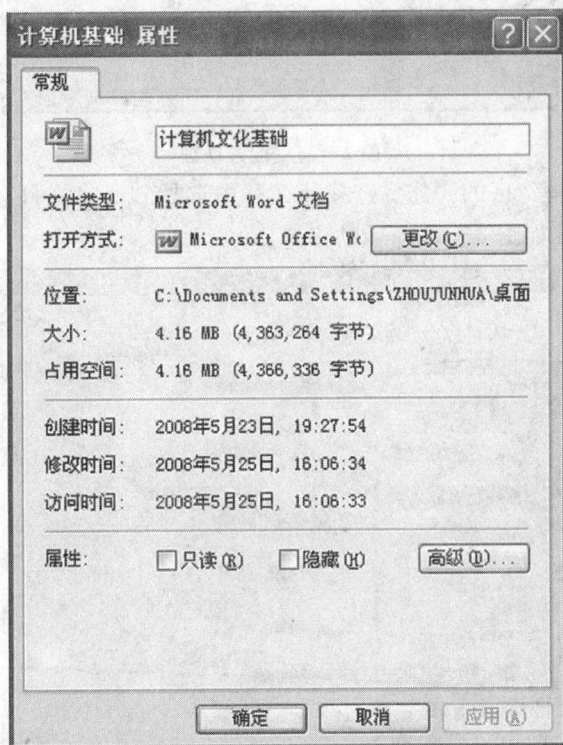

图 2—34　"文件属性"对话框

打开文件或者文件夹的属性对话框，可以设置文件或者文件夹的只读、隐藏属性。

只读：为只读属性打钩，那么就只能浏览而不能修改其内容。

隐藏：为隐藏属性打钩，那么该文件或文件夹就被隐藏起来。

10. 搜索文件

在 Windows XP 中，可以利用搜索功能来查找文件、文件夹、网络计算机等。

（1）进行简单搜索

① 单击"开始"→"搜索"，或者单击所打开的窗口的工具栏中的"搜索"按钮，出现如图 2—35 所示的窗口。

图 2—35　搜索助理

② 在"搜索助理"区的"您要查找什么"中选择"所有文件和文件夹"可以搜索文件或文件夹，出现如图 2—36 所示的窗口。

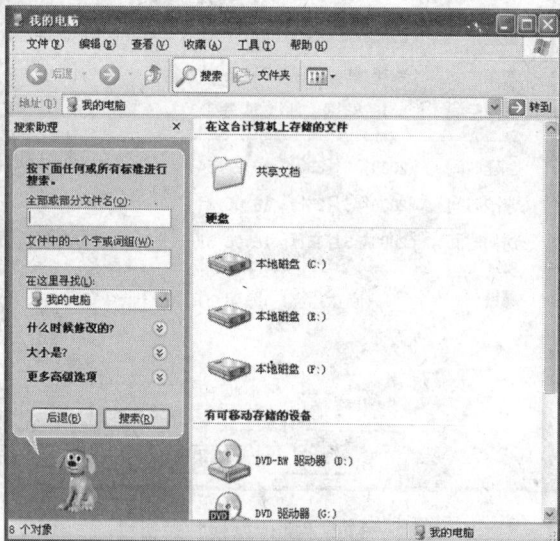

图 2—36　搜索条件

③ 在其"全部或部分文件名"文本框中输入要查找的文件或文件夹的名称。如果要搜索的是文件中的内容，可以在"文件中的一个字或词组"文本框中输入词语或短语。

④ 搜索的范围默认是搜索整个计算机。如果想要改变待搜索的驱动器，可单击

"在这里寻找"下拉列表框，从中选择要搜索的驱动器或路径，以缩小搜索的范围。

⑤ 单击"搜索"命令按钮，系统即开始搜索，然后在窗口中看到查找到的一系列文件的列表，在此窗口中可直接对文件进行各种操作。

（2）使用通配符

通配符是指采用字符"＊"和"？"来表示一个或多个字符的匹配。当我们不知道完整的名称或者不想输入完整名称时，就可以采用通配符来代替一个或多个字符。

字符"＊"可代替零个或多个字符，而字符"？"代替一个字符。例如，＊.txt 表示所有的文本文件；T＊.txt 则表示以 T 开头的所有文本文件；T？.txt，则表示以 T 开头的两个字符为文件名的文本文件。

（3）指定搜索条件

在 Windows XP 中，为了提高搜索的效率以及准确性，提供了用户可以选择的搜索条件，比如，通过"什么时候修改的？"来指定两个日期之间创建或修改的文件，通过"大小是？"来指定一定大小范围的文件，通过"更多高级选项"指定是否搜索系统文件、是否搜索隐藏文件、是否搜索子文件夹、是否区分大小写等。如图 2－37 所示。

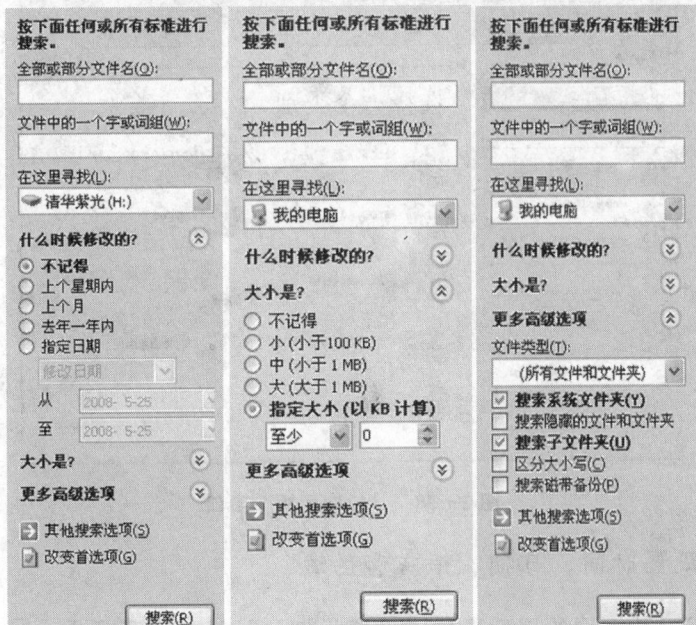

图 2－37　指定高级搜索条件

2.4　系统管理与设置

2.4.1　控制面板

控制面板是调整计算机系统硬件设置和配置系统软件环境的系统工具。通过控制面板，可以对计算机外观、鼠标、日期时间、打印机、网卡等硬软件设备的工作环境和配套的工作参数进行设置和修改，还可添加和删除应用程序。

1. 打开控制面板

打开控制面板的方法为：单击"开始"→"控制面板"，或者在"我的电脑"左窗格的"系统任务"栏中，单击"更改一个设置"命令，或者在资源管理器左窗格中，单击"控制面板"按钮。

2. "控制面板"窗口组成

在控制面板中，见图 2—38，按功能不同，将各种设置分成多个不同的类型，包括"外观和主题"、"打印机和其他硬件"、"网络和 Internet 连接"、"用户账户"、"添加/删除程序"、"日期、时间、语言和区域设置"、"声音、语音和音频设备"、"辅助功能选项"和"性能和维护"等大类。这样可以方便用户进行设置。有些用户比较习惯以前版本的"控制面板"，可以在窗口的左窗格中单击"切换到经典视图"选项进入经典视图模式。

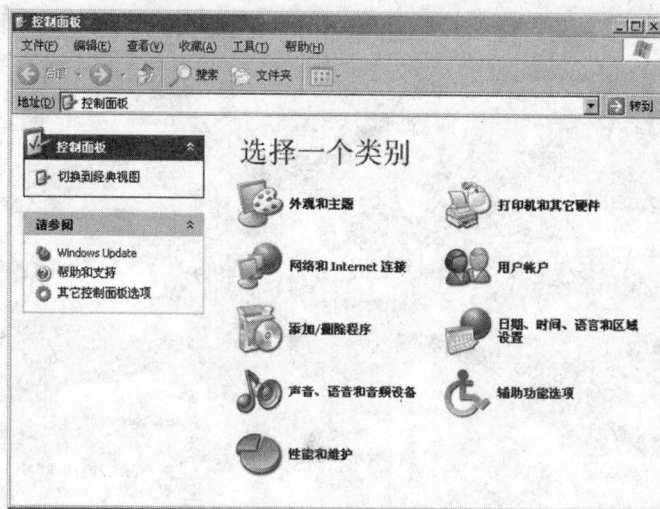

图 2—38　"控制面板"窗口

2.4.2　设置时间、日期、语言和区域

Windows XP 为不同的用户提供了设置日期、时间、语言以及区域的功能。双击"控制面板"窗口中的"日期、时间、语言和区域设置"图标，进入其设置页面，根据实际情况进行各种设置。

1. 设置日期和时间

单击页面中的"日期和时间"图标，弹出如图 2—39 所示的"日期和时间　属性"对话框。

- 在"时间和日期"选项中，我们可以设置系统的时间和日期。
- 在"时区"选项中，我们可以设置当前区域的时区，比如，中国所处的时区为东八区，因此选择"北京，重庆，香港特别行政区，乌鲁木齐"项。

图 2—39　"日期和时间　属性"对话框

- 在"Internet 时间"选项中，我们可以设置从网络时间服务器上获取当前时间。

2. 区域和语言选项设置

Windows XP 提供了区域和语言选项设置来设置时间和日期、数字、货币等格式，单击"区域和语言选项"图标，弹出如图 2—40 所示的"区域和语言选项"对话框。

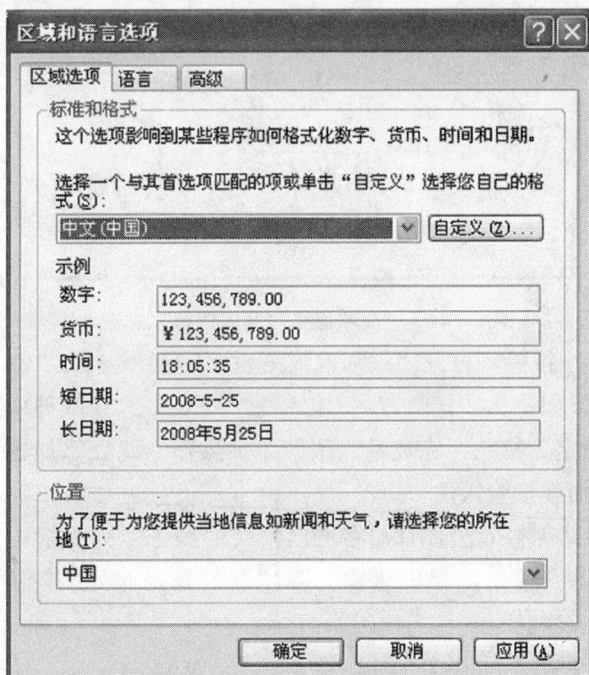

图 2—40　"区域和语言选项"对话框

- 在"区域选项"中，设置数字、货币、时间、日期的格式。
- 在"语言"选项中，可以弹出设置"文字服务和输入语言"对话框。
- 在"高级"选项中，可以设置非 Unicode 编码。

3. 中文输入法的安装与设置

中文 Windows XP 提供了多种中文输入法：微软拼音、全拼、智能 ABC 等。用户可以使用"Ctrl＋空格键"启动或关闭中文输入法，用"Ctrl＋Shift"键在各种输入法之间切换。用户还可以根据自己的需要，安装或删除某种输入法。

通过"控制面板"可以添加或删除输入法，方法如下：

① 安装要添加的输入法，已安装输入法，直接操作第 2 步。

② 在图 2－40 中，选择"语言"选项卡，在"文字服务和输入语言"中，单击"详细资料"按钮，进入"文字服务和输入语言"对话框。如图 2－41 所示。

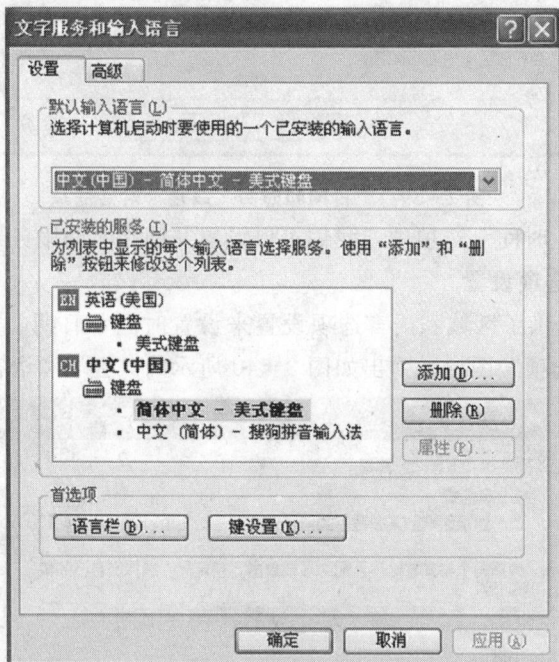

图 2－41 "文字服务和输入语言"对话框

③ 单击"添加"按钮，打开"添加输入语言"对话框，从"输入语言"列表中选择要添加的语言，例如，从"键盘布局/输入法"列表中选择某种中文输入法，如"王码五笔"，单击"确定"按钮，完成输入法的添加操作。此处添加输入法，并不等于安装该输入法，只是加载该输入法。

④ 如果要删除某种输入法，只需在"已安装的服务"列表框中选择要删除的输入法，然后单击"删除"按钮，完成删除。要注意的是，此处删除并非卸载该输入法，只是停止运行该输入法。

2.5 账户管理

Windows XP 作为一个多用户操作系统，通过用户账户管理，它允许多个用户共同使用同一台计算机，每个用户通过各自的用户名和密码登录到计算机上。账户就是用户进入系统的出入证，在 Windows XP 中有两种类型的账户：计算机管理员和受限账户。如果 Guest 来宾账户启用，没有账号的用户可以使用来宾账户登录计算机。表 2—4 列出了各类用户的权限。

表 2—4　Windows XP 各类用户的权限

账户类型	说　明	权　限
计算机管理员	拥有对本机资源管理的最高权限	可以实现账户管理 自动拥有管理计算机资源的一切权限
受限账户	操作者的权限受到限制	不可安装软件或硬件，但可使用已安装的程序 可以对自身账户实现管理
来宾账户	只为没有账户的人设置的	不可安装软件或硬件，但可使用已安装的程序 不可实现对自身账户的管理

Windows XP 系统的用户账户管理，主要包括账户的创建、设置密码、修改账户等操作。通过"控制面板"中的"用户账户"选项，就可以管理本计算机的账户了。

2.5.1　创建账户

要创建系统管理员账户，必须先以管理员的身份登录到计算机，一般在安装系统的时候，会默认创建一个系统管理员账户，比如 Administrator。创建管理员账户的具体操作如下：

①单击"开始"→"控制面板"，打开控制面板对话框，单击"用户账户"图标。

②在"用户账户"对话框中，单击"创建一个新账户"按钮。如图2—42 所示。

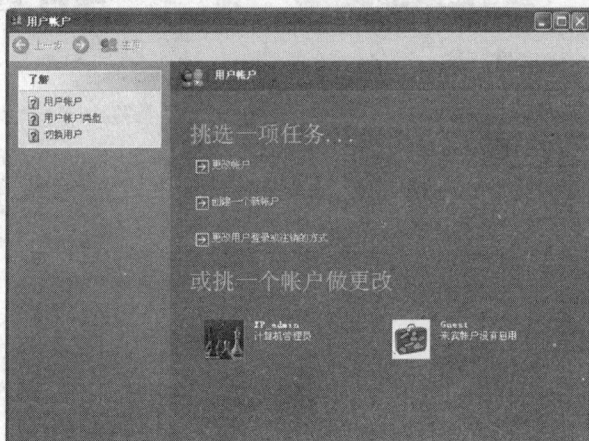

图 2—42　"用户账户"对话框

③在"为新账户起名"对话框中，输入账户名称。单击"下一步"按钮，进入下一个对话框。

④在"挑选一个账户类型"对话框中，单击"计算机管理员"单选按钮，并单击

"创建账户"按钮，如图 2-43 所示，完成账户的创建。

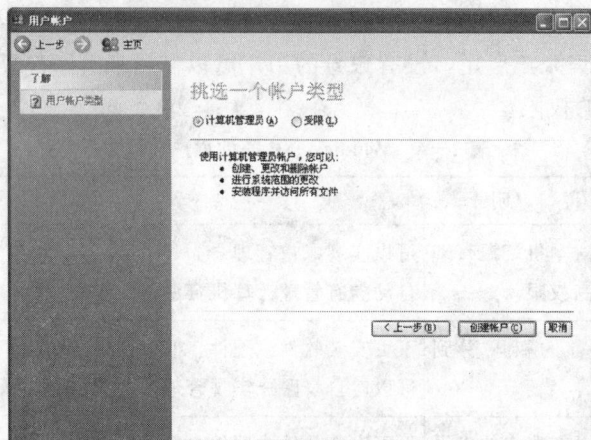

图 2-43　选择账户类型对话框

要创建一个受限的账户，只要在"挑选一个账户类型"对话框中选择"受限"单选按钮，即可完成"受限"账户的创建。

2.5.2　修改账户

当我们创建了账户之后，可以对账户的信息进行修改，比如设置密码、更改图片、重命名、删除账户等。以管理员身份登录计算机，可以对所有的账户进行修改，但受限账户只能修改自己账户信息，具体操作如下：

在"用户账户"对话框中，单击一个需要修改的账户的图标，打开"修改账户"对话框。如图 2-44 所示。

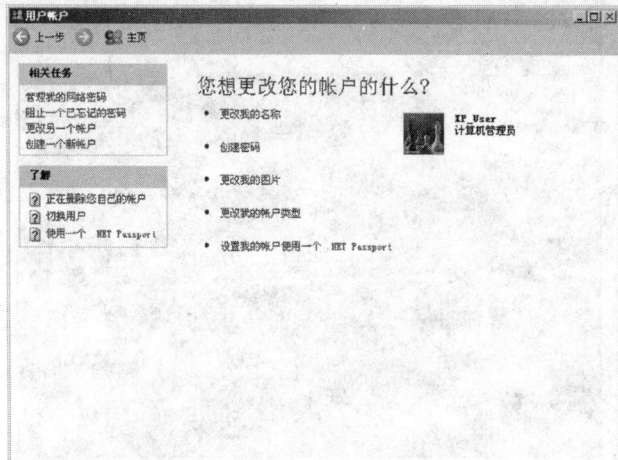

图 2-44　"用户账户"修改对话框

1. 设置账户密码

在创建了账户时，没有设置密码，那么其密码将为空。为了增加安全性，可以为账户创建密码。如果已经设置了密码，则显示为"更改密码"。

通过"修改账户"对话框中的"创建密码"按钮或者"更改密码"按钮，可以打开密码设置对话框。输入两次相同的密码和密码提示即可以设置或者更改密码。如果账户设置了密码，可以在"修改账户"对话框中单击"删除密码"按钮，则打开"删除密码"对话框，进行密码删除。

2. 更改图片

每个账户在登录的时候都显示一个图片。通过"修改账户"对话框中的"更改图片"按钮，打开"挑选图片"对话框，通过图片列表选择账户图片。

3. 更改名称

通过"修改账户"对话框中的"更改名称"按钮，打开"更改名称"对话框，重新输入账户名称即可以更改账户名称。

4. 更改账户类型

通过"修改账户"对话框中的"更改账户类型"按钮，可以打开"更改账户类型"对话框，重新为该账户选择账户类型。要更改账户类型必须以管理员身份登录到计算机。

5. 删除账户

通过"修改账户"对话框中的"删除账户"按钮，打开"删除账户"对话框，设置删除账户时，同时确认是否保留该账户的个人文件夹。

小　结

本章主要介绍了 Windows XP 操作系统的功能和基本操作方法，讲述了操作系统的基本的组成元素，如桌面、窗口、对话框、我的电脑，文件、文件夹等内容。

其中文件和文件夹管理是本章的重点。难点是熟练操作 Windows XP 的各种方法和技巧，这需要通过多操作和多练习才能熟练地掌握。

习　题

1. 什么是文件？文件扩展名的作用是什么？
2. 简述 Windows XP 中，如何进入和退出 MS DOS 环境？
3. 简述 Windows XP 中，应用程序之间的数据交换有哪些形式？各有什么特点？
4. 简述 Windows XP 中，如何建立文件的快捷方式？快捷方式的作用是什么？
5. 简述 Windows XP 中，如何调整对象的显示方式？

第 3 章 文字处理软件 Word 2003

学习目标

本章主要介绍 Word 2003 的常用功能。通过本章的学习，掌握以下技能：

1. 在文档中输入文本
2. 编辑文档操作和文档的格式设置
3. 制作表格操作
4. 插入图形操作
5. 邮件合并操作

3.1 Word 2003 基本操作

3.1.1 启动和退出

1. 启动 Word 2003

和启动其他应用程序一样，启动可以采取以下两种方法：

选择"开始"→"程序"→"Microsoft Office Word 2003"命令，或者如果桌面上有快捷方式图标，双击启动 Word 2003。

2. 退出 Word 2003

单击窗口右上角的"关闭"按钮，如果文档没有编辑，则直接退出；否则会提示是否保存文件，如图 3-1 所示。

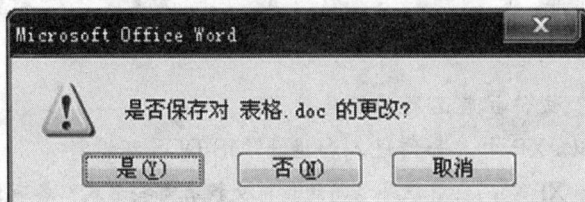

图 3-1 "关闭窗口"对话框

此时，如果需要保存则单击"是"按钮；不需要保存则单击"否"按钮；不关闭则单击"取消"按钮。

3.1.2　界面布局

启动 Word 2003 后，程序的界面如图 3－2 所示。

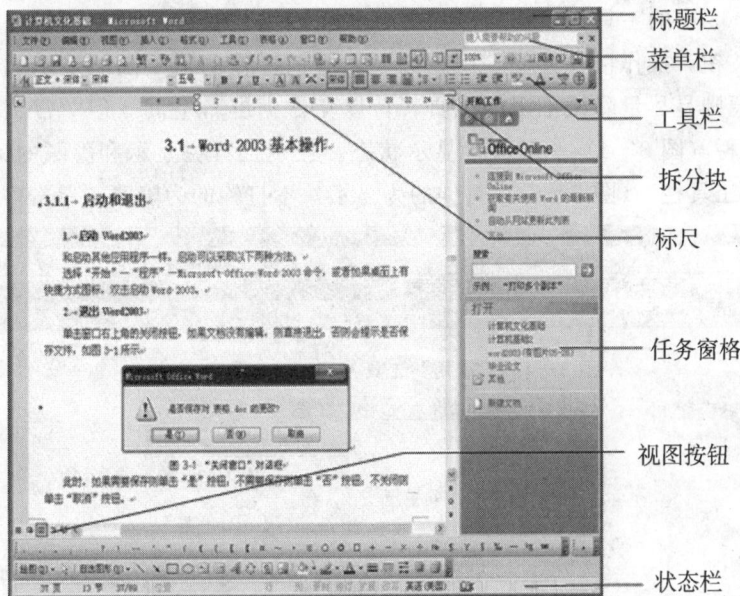

图 3－2　Word 2003 窗口

标题栏
菜单栏
工具栏
拆分块
标尺
任务窗格
视图按钮
状态栏

1. 程序窗口和文档窗口

启动 Word 2003 之后，存在两种窗口，应用程序窗口和文档窗口。利用"文件"→"打开"或"新建"命令，可在一个程序窗口中，同时打开多个文档窗口，以便阅读和编辑两个以上的文档；利用"窗口"→"新建窗口"可以为当前文档窗口再建一个窗口，即实现一个文档两个窗口，用于在不同窗口中显示同一文档的不同位置。

若打开多个文档，可以通过"窗口"菜单中的文档列表，在不同的文档窗口之间进行切换，或重排多个文档窗口，以达到轮流编辑或数据交换的目的。窗口菜单，如图 3－3 所示。

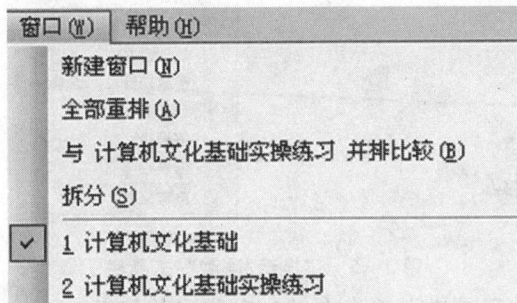

图 3－3　"窗口"菜单

利用"窗口"→"拆分"或拖动程序窗口中的"拆分块"可以把同一文档窗口分成上下两个窗格，每个窗格可以单独操作，以实现在同一窗口中，对文档不同部分进行编辑。拆分后，可利用"窗口"→"取消拆分"或双击"拆分条"来恢复至拆分前的状态。

2. 工具栏操作

（1）显示与隐藏工具栏

Word 2003 中的工具栏根据功能相似性分组归类放置，每种工具栏集合了各种常用命令工具按钮，操作极其方便。用户可根据当前操作的需要随时显示或隐藏相关工具栏，一般原则是尽量隐藏不用的工具栏，以免占据屏幕空间。但"常用"工具栏和"格式"工具栏（图 3—4）一般保持显示状态。控制工具栏显示和隐藏的菜单命令是："视图"→"工具栏"（图 3—5），打钩的为显示，不打钩的为隐藏，单击可进行切换。

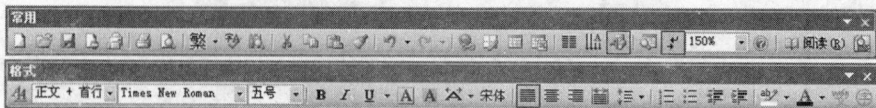

图 3—4　　"常用"工具栏和"格式"工具栏

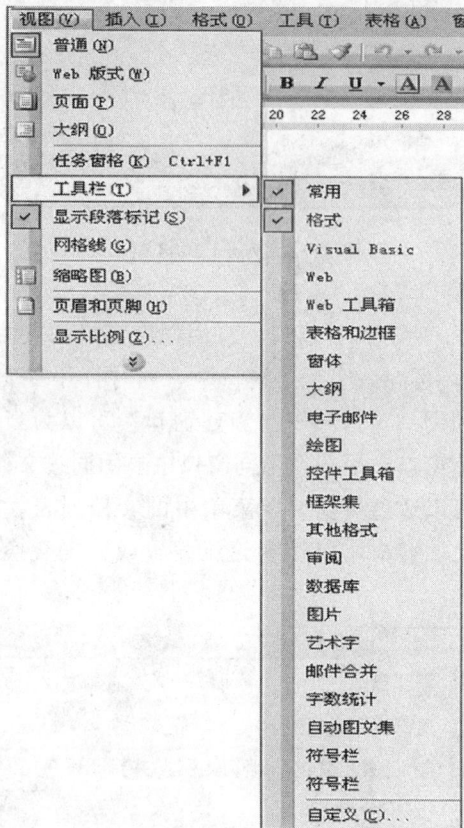

图 3—5　　"显示/隐藏"工具栏

也可以在已打开的工具栏上单击右键，在弹出的快捷菜单中选择所需要的工具进行打开，或关闭已打开的工具栏。

（2）同行或分行显示工具栏

由于屏幕宽度有限，不可能将"常用"工具栏与"格式"工具栏的所有按钮显示出来，这对操作极为不便，常常需要将它们分两行显示。方法为：单击工具栏末端的"工具栏选项"按钮，再单击"分两行显示"按钮。如果想恢复一行显示，在同样的位置单击"在一行内显示"按钮。如图 3-6 所示。

3. 任务窗格的显示与隐藏

Word 2003 窗口右边显示的"任务窗格"能帮助用户提高文档的编辑速度。用户需要时则打开，操作方法是：单击"视图"→"任务窗格"命令或直接按"Ctrl+F1"，如图 3-7 所示；不需要时则关闭，以扩大文档的屏幕空间，方便操作。操作方法是：单击任务窗格右上角的"关闭"按钮。

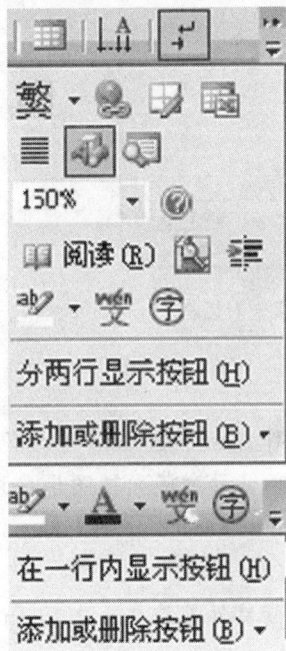

图 3-6　改变工具栏显示方式

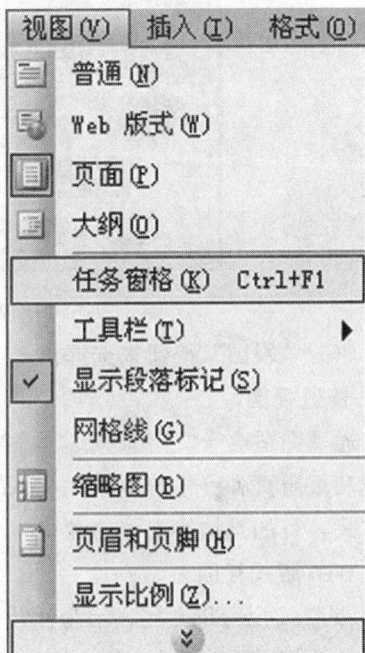

图 3-7　显示/隐藏任务窗格

4. 标尺

Word 2003 提供了水平和垂直两个标尺。如果"视图"菜单中的"标尺"被选中，则水平标尺显示在编辑区的上方，在"页面视图"或"打印预览"中，垂直标尺显示在编辑区的最左边。利用水平标尺可以设置制表位、段落缩进等格式设置，利用水平标尺和垂直标尺还可以设置页边距，表格的行高、列宽。

标尺具有刻度和单位，常用的单位有英寸、厘米、毫米、磅和字符等。可以在"工具"→"选项"→"常规"选项卡中设置合适的单位，包括"使用字符单位"。如图 3-8 所示。

3.1.3　Word 2003 视图方式

在 Word 2003 中，可以以不同的方式显示文档，文档显示方式称为视图。Word 2003 提供了多种视图，用户可以根据需要，通过单击"视图"菜单来选择，或单击窗

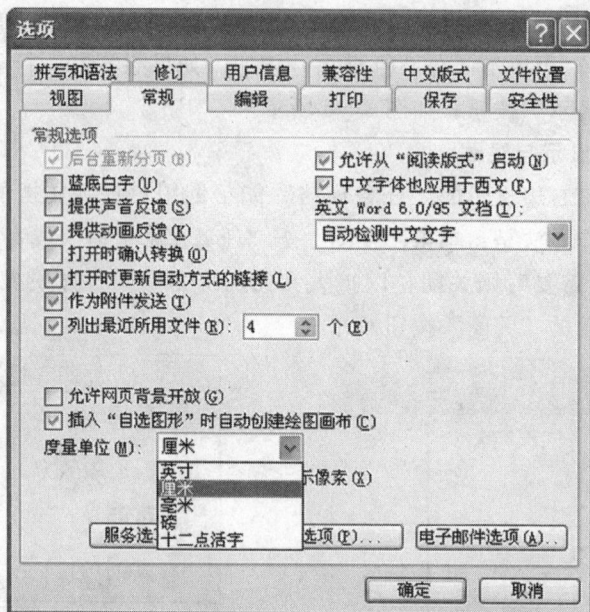

图 3—8   "选项"中的"常规"选项卡对话框

口左下角的"视图"按钮来选择。

1. 普通视图

普通视图适合于文字录入、编辑、格式编排等操作。但不显示浮动式图形对象、文本框和页眉页脚等比较复杂的格式内容，也没有多栏显示。普通视图是一种简化的显示方式，目的是加快文档的浏览。

2. Web 版式视图

Web 版式视图将文档显示为优化了的 Web 页面，使其外观与在 web 或 Internet 上发布时的效果一致。

3. 页面视图

页面视图显示文档所有对象的实际位置，与排版后的实际效果一致，达到"所见即所得"的效果，是编辑文档常用的一种视图。

4. 阅读版式视图

如果只是进行文档的阅读，可切换到"阅读版式"视图。在此视图下，只显示"阅读版式"和"审阅"工具，最大化显示文档。

5. 大纲视图

大纲视图主要用于编辑较长的文档。在此视图下，可以方便地对文档的章节设置大纲级别和标题。

3.1.4   文档缩放

在浏览或编辑文档时可将文档适当缩放，达到方便用户操作的目的。文档缩放的操作步骤如下：

①单击"常用"工具栏上"显示比例"框旁边的箭头，选择合适的缩放比例。如图 3－9 所示。

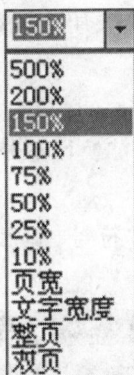

图 3－9　显示比例

②按住"Ctrl"键，同时转动鼠标中滚轮，前滚放大，后滚缩小。

3.1.5　显示或隐藏格式标记

文档中的格式标记只起到控制作用，不会在纸上打印出来，如果不想显示这些格式标记，可设置隐藏它们。方法为：单击"常用"工具栏上的"显示/隐藏编辑标记"按钮。如图 3－10 所示。

图 3－10　显示/隐藏编辑标记

一般来说，在文档编辑时要显示这些标记，让用户清楚看见文档中已有什么格式作用于文档，便于文档的进一步格式化。

3.2　文档编辑

Word 2003 文档中的对象主要有文本、表格、图形等，这些对象的输入或插入与这些对象的格式是两种相互独立内容。用户通常是先在文档中输入或插入有关对象，然后再设置相关对象的格式。

3.2.1　输入文本

1. 输入文本

在当前活动的文档窗口里，有一个闪烁的竖形光标称为"插入点"，它用于定位文字输入的位置，随着文字的不断录入而向右移动，当到达页面的右边距时，"插入点"

会自动移到下一行，称为"自动换行"。

　　若要开始新的段落或产生一空行，则按"回车"键，产生一个段落标记符（↵），称为"强制换行"。如果段落标记符号没有显示，则单击"视图"中的"显示段落标记"命令。

　　如果不想分段，而又要另起一行时，可以按"Shift＋Enter"组合键，产生一个手动换行符（↓），称为"手动换行"，即"换行不分段"。

　　2. 输入符号

　　①选择"视图"→"工具栏"→"符号栏"菜单命令，弹出"符号"工具栏。如图 3－11 所示。

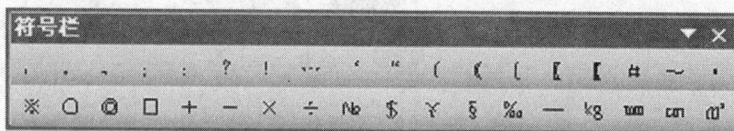

图 3－11　"符号栏"工具栏

　　②在中文输入法状态条的右端软键盘上右击，在弹出的快捷菜单中选择所需的软键盘名称。如图 3－12 所示。然后在软键盘上用鼠标点击或键盘输入所需的字符。

PC键盘	标点符号
希腊字母	数字序号
俄文字母	数学符号
注音符号	单位符号
拼　音	制表符
日文平假名	特殊符号
日文片假名	

图 3－12　软键盘

　　③执行"插入"→"特殊符号"命令，在弹出的"插入特殊符号"对话框中用鼠标选择所需的字符后按"确定"，或直接双击所选择的字符。如图 3－13 所示。

　　执行"插入"→"符号"命令，在弹出的"符号"对话框中点击"符号"选项卡，选择所需的"字体"类别和所需的符号，单击"插入"，或直接双击选择的符号。如图 3－14 所示。

　　3. 插入文档

　　当由多人分工输入一篇长文档，或把其他文档的内容加入到本文档时，可通过插入文档操作来完成。插入文档，或将两个或多个文档合成一个文档，操作步骤如下：

　　①打开一篇文档（待插入的文档无需打开）。

　　②将光标移动到需要插入其他文档的位置。

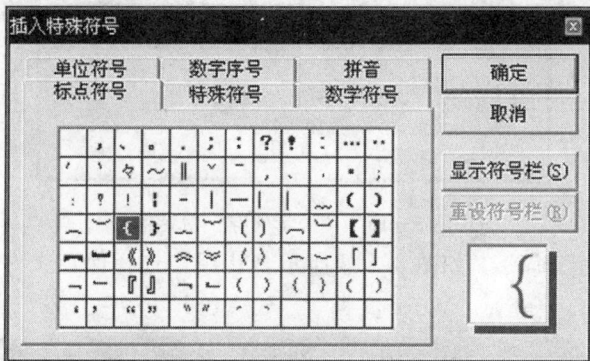

图 3—13　"插入特殊符号"对话框

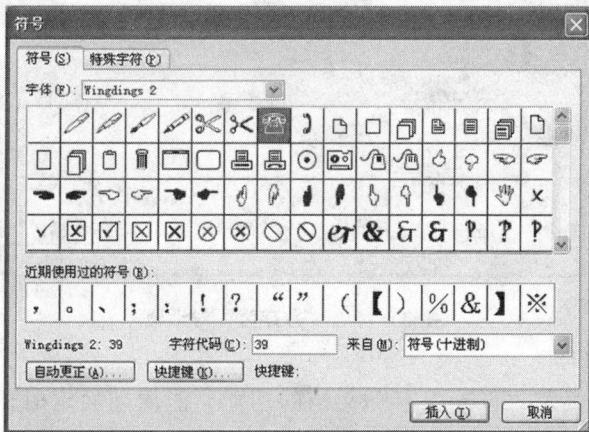

图 3—14　"符号"对话框

　　③执行"插入"→"文件"命令，在出现的"插入文件"对话框中选择要插入的文件，单击"插入"按钮。

3.2.2　保存文档

　　对 Word 2003 文档所做的编辑工作，要即时存盘。因为在前一次存盘之后，下次存盘之前，所做的编辑都针对调入内存中的文档，一旦断电或死机，这期间所做的工作就会丢失。只有保存了的数据，才能下次打开继续编辑。

1. 关闭程序提示保存

　　在关闭程序之前，如果对当前窗口中的文档做了修改，就会弹出一个询问是否保存本次所做的修改的对话框。如图 3—15 所示。

2. 保存文档

　　为了保存对文档编辑的结果，用户应该每隔一段时间保存对文档的修改，操作方法是：单击"常用"工具栏上的"保存"按钮或执行"文件"→"保存"命令。

3. 另存文档

　　如果用户要改变现在文档的名字、路径或文件格式，或是第一次保存，可选择

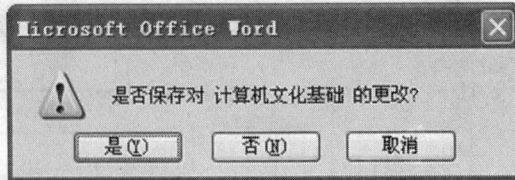

图 3—15   "提示保存"对话框

"文件"→"另存为"命令。如图 3—16 所示。让用户选择保存文件的位置、输入文件名和选择保存类型，一般为"Word 文档"。

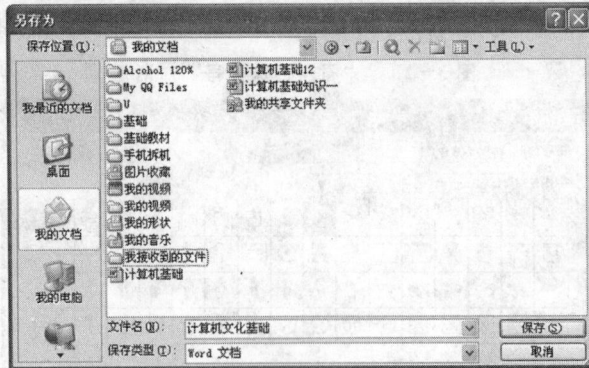

图 3—16   "另存为"对话框

4. 设置自动保存

Word 2003 提供了"自动保存"文档的功能，能周期性定时保存所编辑的文档，以防数据丢失。启动"自动保存"的方法是：

执行"工具"→"选项"命令，然后选择"保存"选项卡。如图 3—17 所示。选中"自动保存时间间隔"复选框。

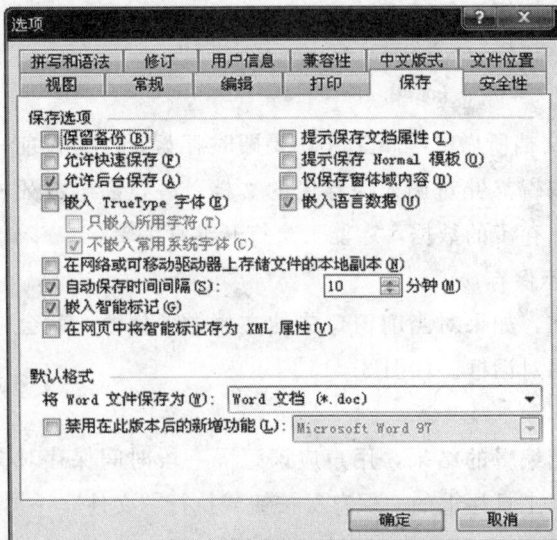

图 3—17   "选项"对话框

在"分钟"框中，输入要保存文件的时间间隔。保存文件越频繁，当文件处于打开状态时，在发生断电或类似情况下，文件可恢复的信息越多。

注意："自动恢复"不能代替正常的文件保存。打开恢复的文件后，如果选择了保存该文件，则恢复文件会被删除，未保存的更改即丢失。如果保存恢复文件，它会覆盖原文件或弹出"另存为"对话框。

3.2.3　定位光标和选定文本

定位光标和选定文本是 Word 2003 最基本的功能，文档的编辑、排版操作基本上以它们为基础，即先定位光标或选定文本，然后才能进行相关操作。

1. 定位光标

（1）鼠标方式

在文档中单击鼠标即可将光标定位到该处，如果要定位的位置不在当前屏幕，可先滚动屏幕直至显示该处。

（2）键盘方式

- 按光标键［↓］、［↑］、［←］、［→］分别向上下左右移动一行一字。
- 按"Home"键光标快速定位到本行首。
- 按"End"键光标快速定位到本行末。
- 按"Ctrl＋Home"组合键光标快速定位到文档首。
- 按"Ctrl＋End"组合键光标快速定位到文档末。

2. 选定

- 连续文本：将鼠标指针移到需要选择文本的第一个字符的左边，按下鼠标左键拖动鼠标到选定文本的最后一个字符右边松开鼠标。此时被选中的文本呈反显状态。
- 不连续文本：先选定第一个区域，按住"Ctrl"键再选定所需的其他区域。
- 一个单词：双击该单词。
- 一个句子：按住"Ctrl"键，然后单击该句中的任何位置。
- 一行文字：将鼠标指针移动到该行的左侧，直到指针变为指向右边的箭头，然后单击。如果拖动鼠标，可选中连续多行。
- 一个段落：将鼠标指针移动到该段落的左侧，直到指针变为指向右边的箭头，然后双击。或者在该段落中的任意位置三击。如果拖动鼠标，可选中多个段落。
- 大块文本：单击要选定内容的起始点处，然后滚动要选定内容的结尾处，在按住"Shift"键的同时单击。
- 整篇文档：将鼠标指针移动到文档中任意正文的左侧，直到指针变为指向右边的箭头，然后三击。或按"Ctrl＋A"组合键。
- 键盘选定文本：按住"Shift"键并按方向键移动，直到选中所需的文本。

3.2.4　删除文本

- 单个字符的删除：定位光标至删除字符的位置，按"Delete"键逐个往后删除，按←键逐个往前删除。

· 文本块的删除，按"Delete"键，或执行"剪切"命令。

3.2.5 插入与改写

在"插入"状态下，输入的字符将光标后的内容向后挤压。在"改写"状态下，输入的字符将覆盖光标后的内容。

"插入"与"改写"二者的切换是通过双击状态栏的"改写"，或按"Insert"键来实现的。状态栏"改写"呈灰色表示当前为插入状态，呈黑色表示当前为改写状态。如图 3-18 所示。一般情况下，应确保 Word 2003 处于插入状态，以免文本被输入的内容所取代。

图 3-18 改写/插入状态的切换

3.2.6 段落合并与拆分

在 Word 2003 中一个段落标记符（↵）就是一个段落的结束，段落的合并与拆分就是删除或插入该段落标记符。

· 合并段落：就是删除前一段的段落标记符，合并后的段落格式与前一段相同。

· 拆分段落：就是在拆分处按下回车键产生段落标记符，新的段落一般继承前一段的段落格式。

3.2.7 移动与复制

在 Word 2003 中，系统专门在内存中开辟了一块区域，作为移动或复制的中转站，称为"剪贴板"。用户可以把文本、图片、表格等数据放在"剪贴板"中，需要的时候再取回来，达到数据交换的目的。"剪贴板"的操作有三种，分别是：

剪切：将文档中所选的对象移动到"剪贴板"中，文档中的原对象被清除。

复制：将文档中所选的对象复制到"剪贴板"中，文档中的原对象仍保留。

粘贴：将"剪贴板"中的内容复制到当前文档的插入点的位置。

通过任务窗格，打开"剪贴板"工具栏，如图 3-19 所示，可实现对"剪贴板"内容的操作，可以全部清空或删除任意一次项目，最多可以粘贴 24 次不同的对象，这是对 Windows 中的"剪贴板"的重大改进。

1. 移动文本

①选定要移动的内容，如果是整个段落一起移动，则应选定段落标记符。

②执行"编辑"→"剪切"命令，或"常用"工具栏中"剪切"按钮，或快捷键"Ctrl+X"。

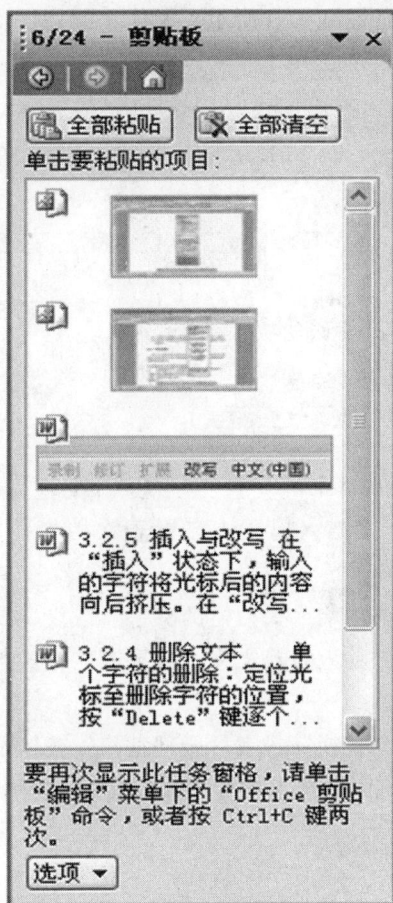

图 3—19　"剪贴板"工具栏

③将光标定位至要移动到的位置。

④执行"编辑"→"粘贴"命令，或"常用"工具栏中的"粘贴"按钮，或快捷键"Ctrl＋V"。

2. 复制文本

①先选定要复制的内容，如果是整个段落一起复制，则应选定段落标志符。

②执行"编辑"→"复制"命令，或"常用"工具栏中的"复制"按钮，或快捷键"Ctrl＋C"。

③将光标定位至要复制到的位置。

④执行"编辑"→"粘贴"命令，或"常用"工具栏中的"粘贴"按钮，或快捷键"Ctrl＋V"。

3.2.8　查找和替换

查找和替换是 Word 2003 中一个非常有效的编辑功能。该功能可以对文档中的内容、格式，以及内容与格式的组合，同时还可以根据文档中的特殊字符和通配符，进行相关的查找和替换操作。如图 3—20 所示。操作步骤如下：

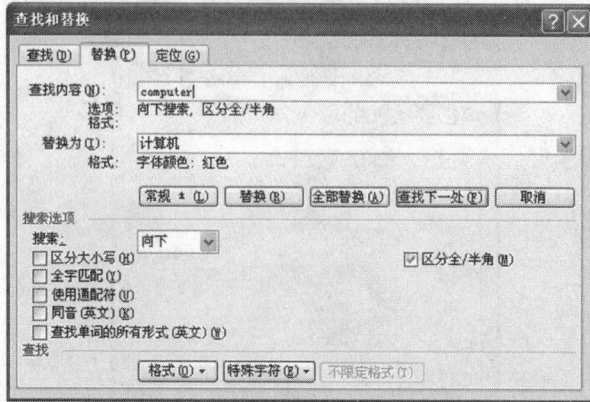

图 3—20 "查找和替换"对话框

①选择部分文本或整个文档（把插入点置于文档中），选择"编辑"→"替换"命令。

②在"查找内容"文字框内输入要搜索的文字，或设置要查找的格式与特殊字符。

③在"替换为"文字框内输入替换文字，或要求的格式与特殊字符。

④选择其他所需选项。

⑤单击"查找下一处"，"替换"或者"全部替换"按钮。

例如，将文档所有的"computer"替换为"计算机"，字符格式为"红色"。

3.2.9 撤消与恢复

在 Word 2003 中用户的误操作可通过"撤消与恢复"命令进行更正。如果对当前的操作不满意，可实现撤消操作，方法是：

①在"常用"工具栏上，单击"撤消"按钮旁边的箭头，Word 2003 将显示最近执行的可撤消操作的列表。如图 3—21 所示。

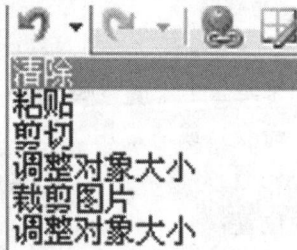

图 3—21 撤消操作

②单击要撤消的操作。如果该操作不可见，滚动列表。撤消某项操作的同时，也将撤消列表中该项操作之前的所有操作。

如果想取消刚才的撤消操作，可单击"常用"工具栏上的"恢复"按钮。

3.3　文档排版

3.3.1　字符格式设置

Word 2003 文档中字符的格式包括：中西文字体、字号、字形（常规、加粗、倾斜、下划线）、字体颜色、着重号、效果（如上标、下标、删除线、空心等）、字符间距、文字动态效果等。字符格式设置主要作用是改变文字的外观。操作方法是：

①选定要设置格式的文字。

②执行相关命令进行字符格式设置，方法有：

• 工具栏方式：适用于常用的字符格式，如字体、字号、字形、字体颜色，利用"格式"工具栏上相应的按钮。

• 菜单命令方式：适用于所有字符格式，执行"格式"→"字体"命令，在出现的对话框中进行所需设置。如图 3－22 所示。

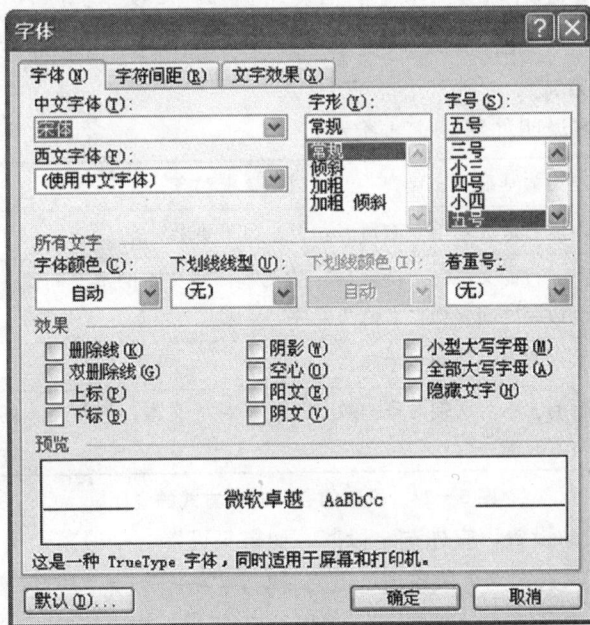

图 3－22　"字体"对话框

第一种方式操作简单、快捷，但每一次只能操作一项；第二种则相反，一次可完成所有字符格式设置。

注意：当设置的格式度量单位与对话框中默认的单位不同时，要自行输入度量单位的中文名称。

字体设置的各种效果如图 3－23 所示。

字符倾斜	字符下划线	字符边框	字符底纹
上标	下标	字 符 加 宽	字符紧缩
字符提升	字符降低	合并字符	双行合一
字符加粗	字符缩小 80%	字 符 放 大	zi fú pīn yīn 字 符 拼 音

字符空心	字 符 加 卷

图 3—23　字体设置效果图

3.3.2　段落格式设置

一个文档是由段落构成的,段落的内容包括文字、图形、公式等。用户每按一次"Enter"键,就产生一个段落标记,表示一段的结束,同时也是另一段的开始。

1. 段落的对齐方式

段落的各种对齐说明如图 3—24 所示。

左对齐 ▣	以左边为基准,左对齐,但右边不要求对齐
右对齐 ▣	文本以右边为基准,右对齐,但左边不要求对齐
两端对齐 ▣	不足一行的文本左对齐;足行的文本调整文本的水平间距,使其均匀分布在左右页边距之间,即左右两边对齐
居中 ▣	文本居于左右边距的中间
分散对齐 ▣	足行的文本与两端对齐一致;不足一行的文本,调整文本的水平间距使其均匀分布,充满一行

图 3—24　段落的各种对齐方式的说明

对段落对齐方式的设置,应先选定段落,如果只设置一个段落,可以将光标定位到该段落中任意位置即可(选定整个段落也可以)。执行"格式"→"段落"命令,单击"缩进和间距"选项卡,选择所需的对齐方式。如图3—25所示。或直接单击"格式"工具栏上的"对齐方式"按钮。中文常采用"两端对齐"。

2. 段落缩进

段落缩进是使段落的左边或右边留出一定的空间,以区别其他段落。段落缩进主要有:左缩进、右缩进、首行缩进、悬挂缩进。实现段落缩进的方法有:

· 在"标尺"上拖动缩进标记。如图 3—26 所示。

· 使用"格式"工具栏中的"减少缩进量"按钮(▣)或"增加缩进量"按钮(▣)。

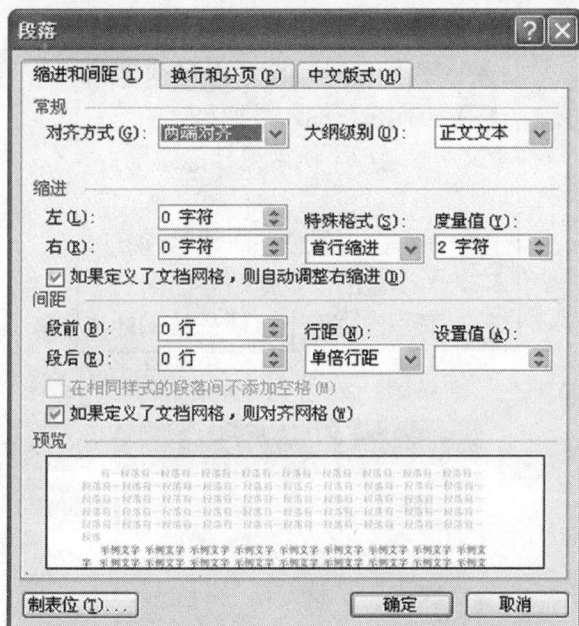

图 3—25　"段落"对话框

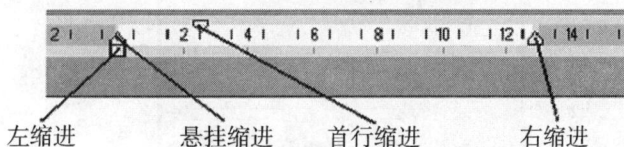

左缩进　　　悬挂缩进　　首行缩进　　　右缩进

图 3—26　"标尺"上的缩进按钮

- 选择"格式"→"段落"命令，单击"缩进和间距"选项卡，精确设置缩进量。

3. 间距和行距

间距：控制段落之间的距离，包括段前距、段后距。

行距：控制段落内部行与行之间的距离，可以设置单倍行距、多倍行距、固定值行距等。

设置间距和行距方法是：选择"格式"→"段落"命令，单击"缩进和间距"选项卡，设置间距和行距。或直接点击"格式"工具栏上"行距"按钮（ ）。

4. 首字下沉与悬挂

首字下沉与悬挂是以段落为基准而设置的，指把段落的第一个文字设置成下沉或悬挂的效果。如图 3—27 所示。实现步骤如下：

①将光标定位到要设置首字下沉或悬挂的段落。

②执行"格式"→"首字下沉"命令。如图 3—28 所示。

③在出现的对话框中分别进行下沉或悬挂的设置，单击"确定"按钮。在"首字下沉"对话框中选择"无"，则可取消首字下沉与悬挂效果。

5. 制表位

制表位也是以段落为基准设置的，同一段落具有相同的"制表位"。制表位的主要

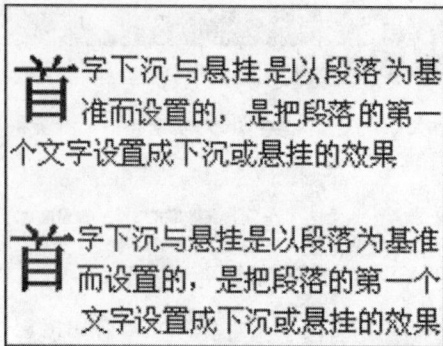

图 3—27 首字下沉与悬挂效果图

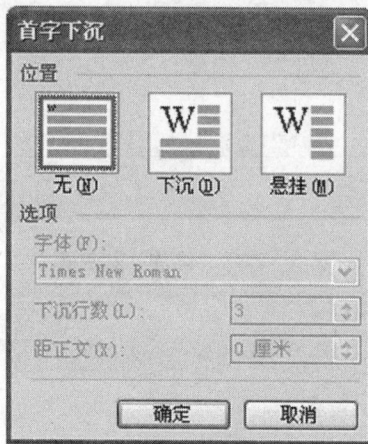

图 3—28 "首字下沉"对话框

作用是：把一行分成多列，每行都与相应的列对齐，就像在表格的同一列中，也就是称为"制表位"的原因。使用方法是：先设置一行内多个不同格式的制表位的位置，通过按制表键"Tab"，使插入点的前面产生一个"制表位控制符"（→），同时插入点到达下一个制表位的位置，再输入对应位置的内容。如果"制表控制符"没有显示，则按"常用"工具栏上"显示或隐藏编辑标记"按钮。

（1）设置制表位

单击水平标尺最左端的"左对齐式制表符"图标，可在"左对齐式制表符"、"右对齐式制表符"、"居中式制表符"、"小数点对齐式制表符"或"竖线对齐式制表符"等之间切换，直到它更改为所需制表符类型。在水平标尺上要插入制表位的位置单击，可设置相应的制表位。

也可选择"格式"→"制表位"进行精确详细的设置。如图 3—29 所示。

（2）输入内容

按下"Tab"键输入一项内容，行末按回车键，则下一行会继承上一行的制表位。如图 3—30 所示。

6. 项目符号和编号

项目符号和编号是以段落为基础的，在每段的首行添加相关的项目符号和编号，

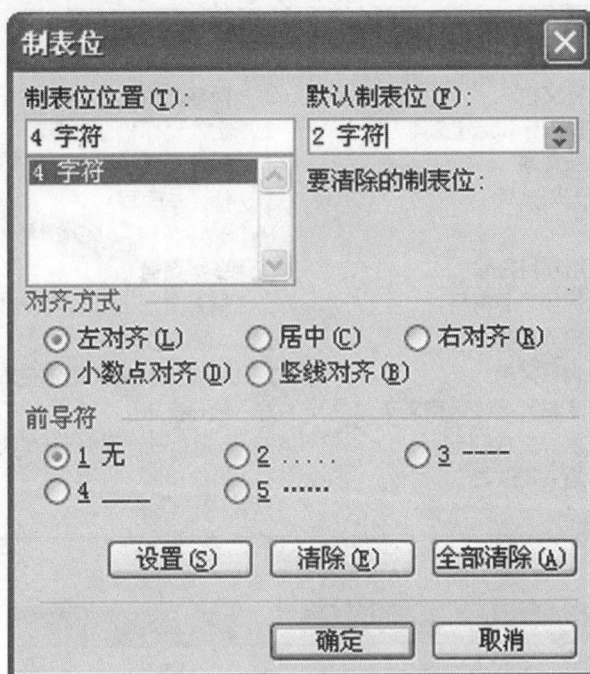

图 3—29　"制表位"对话框

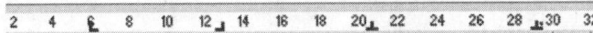

学生信息表

→	姓名	→	性别	→	年龄	→	体重
→	李兰	→	女	→	18	→	45.8
→	李山	→	男	→	17	→	55.5
→	张文峰	→	男	→	18	→	60.0
→	赵小红	→	刘	→	19	→	46.8

图 3—30　制表符设置效果图

起到强调或者给段落编号的作用。用户可以在键入的同时创建项目符号和编号列表，也可以在原有的文本中添加项目符号和编号，设置了项目符号和编号的文字效果如图 3—31 所示。

下面介绍如何使用编号和项目符号。

（1）自动创建编号和项目符号

① 自动功能的设置。

首先选择"工具"菜单的"自动更正"命令，打开此对话框，再单击"键入时自动套用格式"标签，在"键入时自动应用"区中选取"自动编号列表"复选框和"自动符号项目列表"复选框，单击"确定"按钮即可。如图 3—32 所示。

② 自动创建编号。

先输入一个数字或字母，后面跟一个句点和空格，注意句点一定要是英文的句号，

原始文本	应用编号
输入文本	1. 输入文本
保存文档	2. 保存文档
定位光标和选定文本	3. 定位光标和选定文本
删除文本	4. 删除文本
插入与改写	5. 插入与改写

应用项目符号	应用多级编号
➢ 应用项目符号	1. 输入文本
➢ 输入文本	1.1. 保存文档
➢ 保存文档	1.1.1. 定位光标和选定文本
➢ 定位光标和选定文本	2. 删除文本
➢ 删除文本	2.1. 插入与改写
➢ 插入与改写	

图 3—31 "项目符号和编号"应用效果图

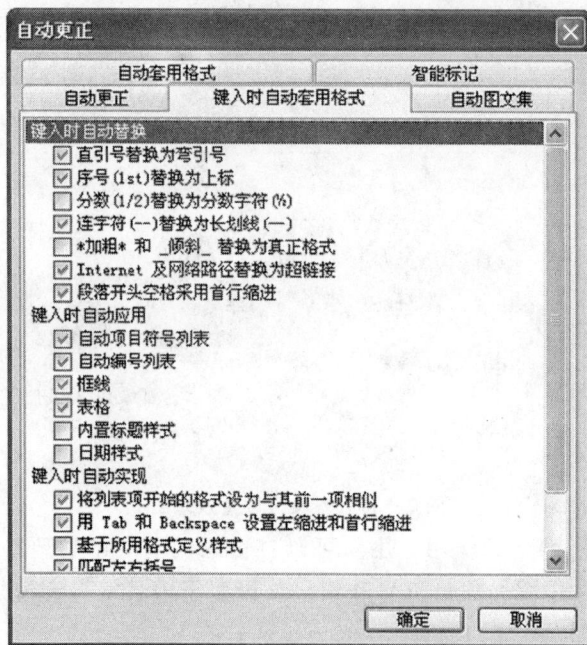

图 3—32 "自动更正"对话框

如 "1."、"a."、"一."等，也可以是如 "（1）"、"1)"、"①"等格式，后跟一个空格或制表符，然后输入文本。在按回车键后，在新的一段开头会自动接着上一段进行编号。同时 "格式"工具栏的 "编号"按钮就会凹陷，表示此段是编号格式。

③ 自动创建项目符号。

先输入一个星号 "＊"，紧跟一个空格或制表符，然后输入文本。按回车键时，星号自动转换成黑色的圆点，并且在新的一段中会自动添加该项目符号。同时 "格式"工具栏的 "项目符号"按钮就会凹陷，表示此行是项目符号格式。

④ 编号和项目符号格式的调整。

如图 3—33 所示，用鼠标拖动"首行缩进"标记可以控制编号和项目符号的起始位置；用鼠标拖动"悬挂缩进"标记，可以改变第二行以后行的起始位置；用鼠标拖动"左对齐式制表位"标记可以改变编号和项目符号与它们后面的文本的距离。注意此时"悬挂缩进"标记和"左对齐式制表位"标记往往重合，鼠标指在此位置时，可能是"悬挂缩进"标记，也可能是"左对齐式制表位"标记，稍微移动一下位置就可以改变所指内容，达到自己的目的。

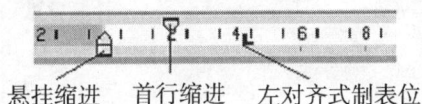

悬挂缩进　　首行缩进　　左对齐式制表位

图 3—33　"标尺"工具

⑤ 停止编号和项目符号。

如果想停止编号和项目符号，在新的一行开始时，按若干次退格键"←"，使光标回到左边界，也可直接按两次回车键，还可以用鼠标单击"格式"工具栏中的"编号"和"项目符号"按钮，使它们处于凸现的状态。

（2）添加编号和项目符号

不仅可以在输入文本时自动创建编号和项目符号，还可以对已经输入的文本添加编号和项目符号。

① 添加编号。

首先选择需添加编号的若干行，然后单击"格式"工具栏的"编号"按钮即可。如果添加的编号格式不符合你的要求，还可以使用"格式"菜单中的"项目符号和编号"命令，方法如下：

· 单击"格式"→"项目符号和编号"菜单，在项目符号和编号对话框中选择"编号"标签。如图 3—34 所示。

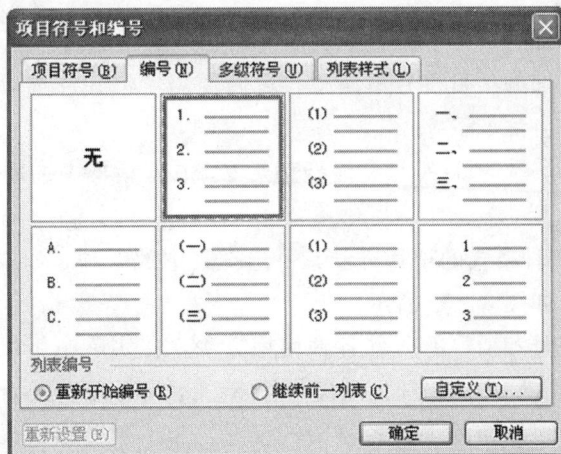

图 3—34　"编号"选项卡

　　• 选择一种编号形式，根据自己的需要按"自定义"按钮对格式进行修改，出现如图 3—35 的对话框。在此对话框中，可以对编号的格式、样式和起始编号进行设置。

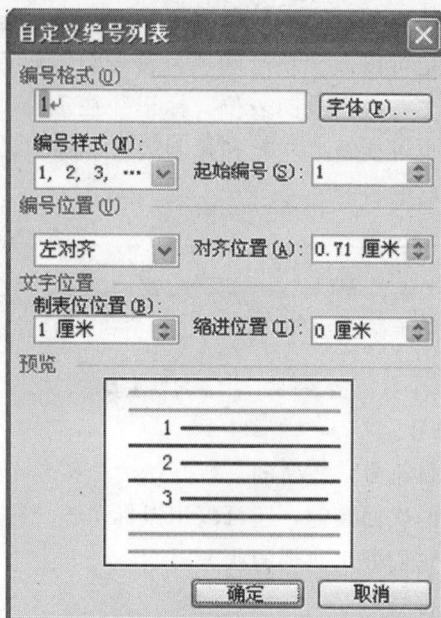

图 3—35　"自定义编号列表"对话框

　　在编号位置这一项中，对齐位置指的是与页左边距线的距离，可以根据自己的需要选定。"对齐方式"中，分"左对齐"、"右对齐"和"居中"，指的是编号自身在对齐位置这段距离中的"左边"、"右边"或"中间"。一般情况下，选择"左对齐"方式即可。在文字位置这一项中，这里的"缩进位置"指的是第二行以后行的缩进位置，即是悬挂缩进的位置。"制表位位置"指的是编号和项目符号与它们后面的文本之间的距离。

　　② 添加项目符号。

　　首先要选择需添加项目符号的若干段落，然后单击"格式"工具栏的"项目符号"按钮即可。如果对添加的项目符号不满意，可以使用"格式"菜单的"项目符号和编号"命令进行修改。方法如下：

　　• 单击"格式"→"项目符号和编号"菜单，在对话框中选择"项目符号"标签。如图3—36 所示。

　　• 这里提供了多种格式的项目符号，可选择其中的一种。如果还不满意，可以选择"自定义"按钮。如图 3—37 所示。

　　以上所说明的编号和项目符号的各种使用方法，在实际中用户可根据自己的实际情况使用。此外，在实际中，往往出现编号段落和不编号段落混合使用，多种编号和项目符号混合使用、多次使用等比较复杂的情况，为了避免多次设置格式，也为了格式的统一，可以使用格式刷快捷按钮。对于编辑长篇文档，如一本书籍，各种编号和项目符号反复多次使用，为了提高工作效率，可以把常用的编号和项目符号设置成样

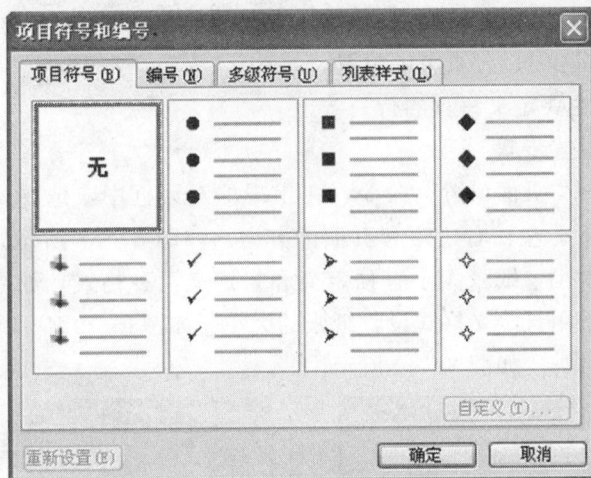

图 3—36　"项目符号"选项卡

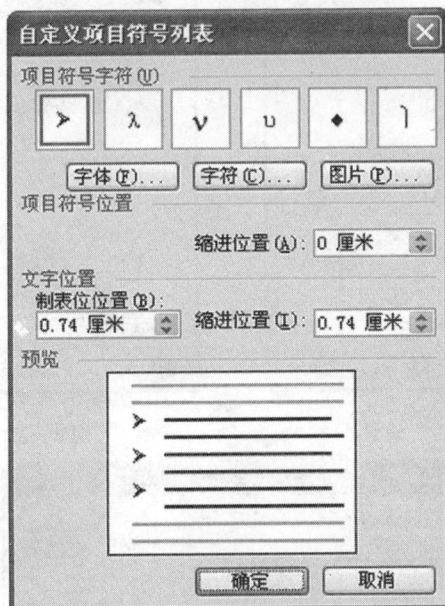

图 3—37　"自定义项目符号列表"对话框

式，利用这些事先设置好的样式可以快速高效地编辑文档。

3.3.3　页面格式设置

1. 页面格式及设置

(1) 页面格式包括：

• 页边距：控制文档中的所有内容距离纸张上、下、左、右的距离，即页面四周的空白位置，包括上、下、左、右边距。

• 装订线及装订线位置。

• 方向：控制文档排列的方向，有纵向和横向两种，默认为纵向。

- 纸张：控制打印纸的类型，一般可从中选择，也可自定义尺寸大小。
- 版式：主要定义页眉/页脚的位置。
- 文档网格：主要定义每页的行列数。

（2）页面格式设置步骤

选择"文件"→"页面设置"命令，在出现的对话框中，选择"页边距"选项卡可设置页面的上、下、左、右边距和页面的方向。如图 3－38 所示。选择"纸张"选项卡可设置纸张的大小，纸张大小有预定义和自定义两种格式，如果预定义格式不能满足用户需要，则采用自定义格式设置纸张的大小。如图3－39 所示。选择"版式"选项卡可设置页眉和页脚。如图 3－40 所示。

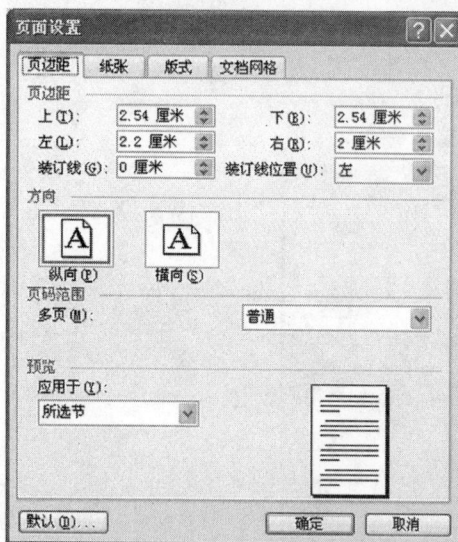

图 3－38　"页边距"设置

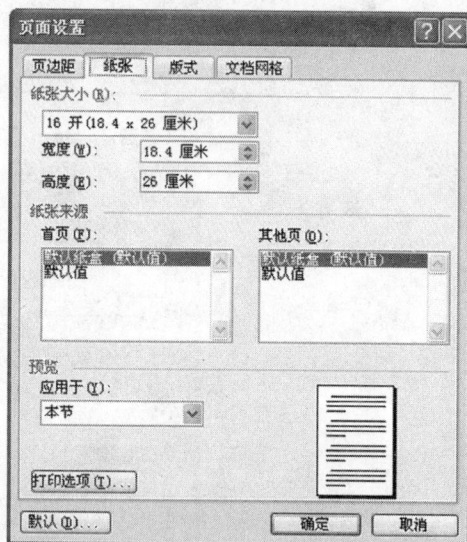

图 3－39　"纸张"设置

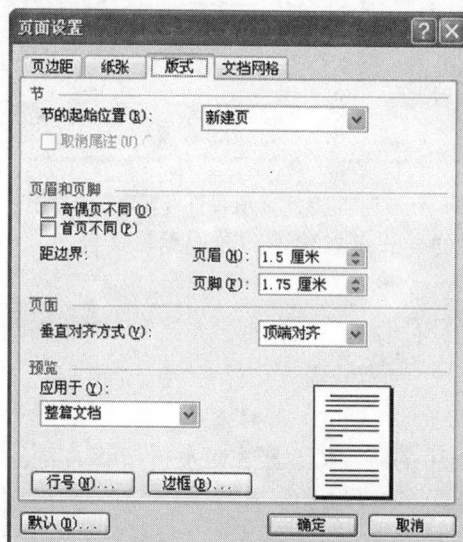

图 3－40　"版式"设置

2. 分栏

Word 2003 文档默认显示为一栏，可通过分栏操作将内容显示为多栏，步骤如下：

①选定需要分栏的内容，如果要对全文分栏，则无需选定。

②执行"格式"→"分栏"命令，弹出"分栏"对话框。如图 3—41 所示。

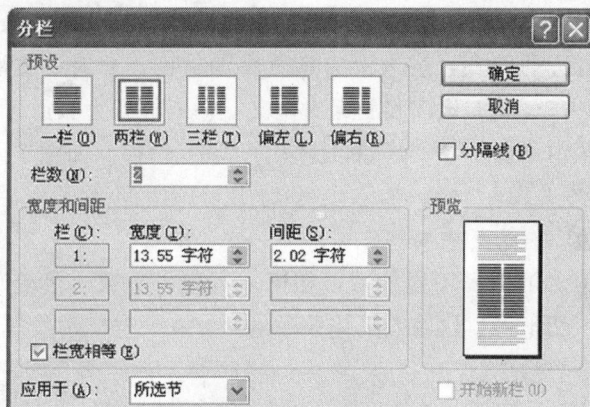

图 3—41　"分栏"对话框

③在"分栏"对话框中根据需要进行相应的设置。

④单击"确定"按钮。

分两栏的效果如图 3—42 所示。

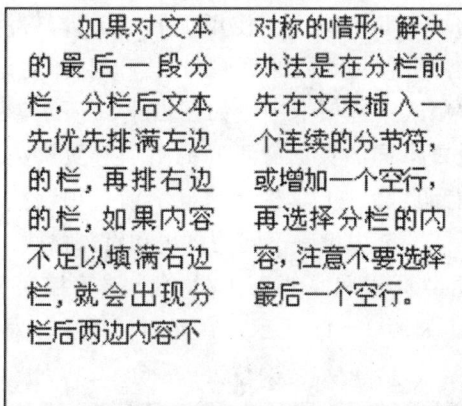

图 3—42　分栏效果图

对文本分栏后，Word 2003 自动在分栏的前后加上一对"分节符（连续）"字样，不可任意删除。如果删除前一个分节符，则分栏内容的前一节会采用后续内容的分栏方式，删除后一个分节符，分栏的内容将与下一节的格式相同。

在"分栏"对话框中选择"一栏"，即可恢复不分栏效果。

如果对文本的最后一段分栏，分栏后文本先优先排满左边的栏，再排右边的栏，如果内容不足以填满右边栏，就会出现分栏后两边内容不对称的情形。解决办法是在分栏前先在文末插入一个连续的分节符，或增加一个空行，再选择分栏的内容进行分栏，注意不要选择最后一个空行。

3. 页眉和页脚设置

页眉和页脚是指在文档每一页的顶部和底部显示的内容。例如，在页眉中输入文章的标题，在页脚中输入页码。页眉和页脚中的内容可以是文字或图片等数据。

创建页眉页脚的方法是：在普通视图中，执行"视图"→"页眉和页脚"命令，或在页面视图中，双击灰色的页眉或页脚文字。将鼠标指针移动到页眉或页脚的左侧，双击指针变为指向右边的箭头，进入页眉和页脚编辑区，此时，文档的正文部分呈灰色显示，不可编辑，在页面的顶部和底部出现文本输入框即为页眉区和页脚区。

在页眉和页脚区内预设了 3 个起始位置（左、中、右）。如图 3－43 所示。输入左边内容后，可按一次"Tab"键，插入点移到中间，中间为居中，再按一次"Tab"键，插入点移到右边，右边为右对齐。

在页眉和页脚中，可插入不同的域，如插入页码、页数、手稿日期、时间等，这些域可以自动更新。切不可直接输入具体的数值。

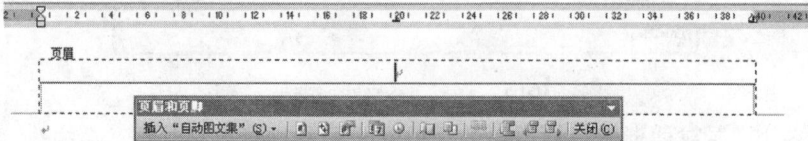

图 3－43   "页眉和页脚"编辑区

一个文档中，可设置相同格式的页眉和页脚，也可设置不同页面不同的页眉和页脚，如首页上使用不同的页眉和页脚或不使用页眉和页脚，奇数页和偶数页使用不同的页眉和页脚，以及不同部分使用不同的页眉和页脚。具体的设置方法是：

在"页面设置"的"版式"选项卡中，如图 3－40 所示，可设置"首页不同"和"奇偶页不同"。如果要设置不同的页面有不同的页眉和页脚格式，必须先在文档中插入分节符，再通过"页眉和页脚"工具栏上"显示前一项"按钮（ ）或"显示下一项"按钮（ ）切换到不同的节中设置不同的页眉和页脚格式。

对于页码，除了利用"页眉和页脚"工具栏上"手稿页码"设置外，还可利用"插入"→"页码"设置。如图 3－44 所示。在此对话框中，对页码进行设置，如设置首页是否显示页码等。

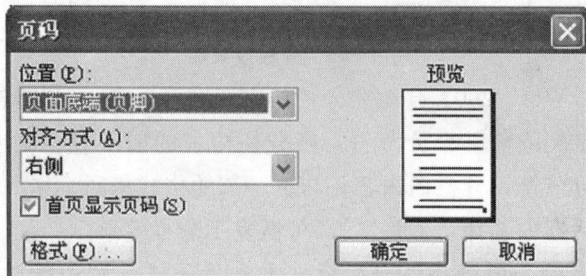

图 3－44   "页码"对话框

4. 手动分页

当文字或图形填满一页时，Word 2003 会插入一个自动分页符并开始新的一页。

要在特定位置强行分页，可插入手动分页符。例如，强行分页以确保章节标题总在新的一页开始。操作方法是：

①单击新页的起始位置。

②执行"插入"→"分隔符"命令，弹出如图 3－45 所示的对话框。

③选中"分页符"单选按钮。

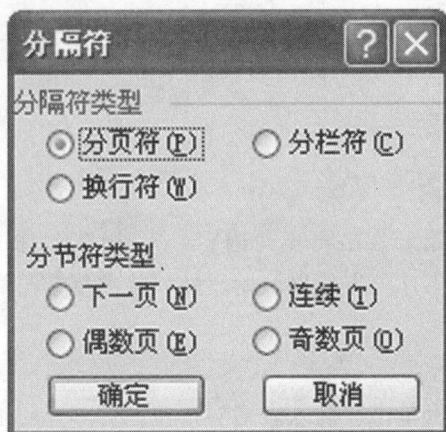

图 3－45　"分隔符"对话框

5. 插入分节符

有些格式的设置可以以"节"为对象，如"页面设置"、"页眉和页脚"、"分栏"、"页码"等设置。其主要作用是：在不同的节内可以以不同的格式显示，达到特殊的排版效果。例如，可将报告内容提要一节的格式设置为一栏，而将后面报告正文部分的一节设置成两栏。插入"分节符"的方法是：

①单击需要插入分节符的位置。

②执行"插入"→"分隔符"命令。

③在"分节符类型"区域下，选择所需新页开始位置的选项。

6. 格式刷

格式刷的功能是复制字符格式和段落格式，以加快文档的格式设置，达到格式统一的效果。操作步骤如下：

①选定已经设置好的格式文字和段落，如果选择段落，要么选择整段，要么只选择段落标记符。

②单击或双击"常用"工具栏中的"格式刷"（ ）按钮，单击只能复制一次，双击可连续复制多次。

③拖动鼠标，刷向目标文字或段落，如果是段落，一定要刷向段落标记符。如果只复制段落格式，则只需刷向目标段落标记符。

如果是连续多次刷，则取消格式刷的方式是：再次单击"格式刷"按钮或直接按"Esc"键。

3.4　表格制作

在文档排版中，表格可以很好地组织文档中有规律排列的文字和数字，达到整洁、醒目的目的。

表格是由若干行和列所组成，行列的交叉称为"单元格"，单元格中可以输入文字、数字，插入图形等。

3.4.1　创建表格

表格的使用一般是先绘制表格再填写内容，Word 2003 提供了几种创建表格的方法，最适用的方法与用户工作的方式以及所需的表格的复杂与简单程度有关。

1. 工具栏方式

①单击要创建表格的位置。

②在"常用"工具栏上单击"插入表格"按钮。

③拖动鼠标，选定所需的行、列数。如图 3—46 所示。

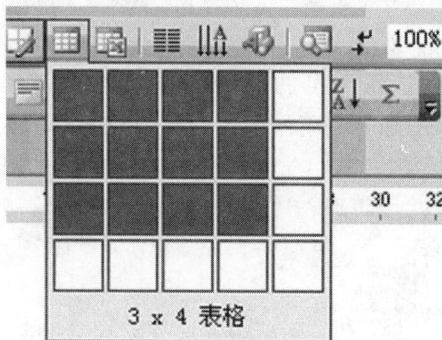

图 3—46　"插入表格"插入表

2. 菜单命令方式

①单击要创建表格的位置。

②执行"表格"→"插入"→"表格"命令。

③在"表格尺寸"区域下，选择所需的行数和列数。如图 3—47 所示。

④在"'自动调整'操作"区域下，选择调整表格大小的选项。

⑤若要使用内置的表格格式，单击"自动套用格式"按钮，选择所需选项。

3. 手绘表格

可以利用"表格和边框"工具栏绘制复杂的表格，例如，包含不同高度的单元格或每行包含的列数不同。如图 3—48 所示。

①单击要创建表格的位置。

②执行"表格"→"绘制表格"命令，显示出"表格和边框"工具栏，指针变为

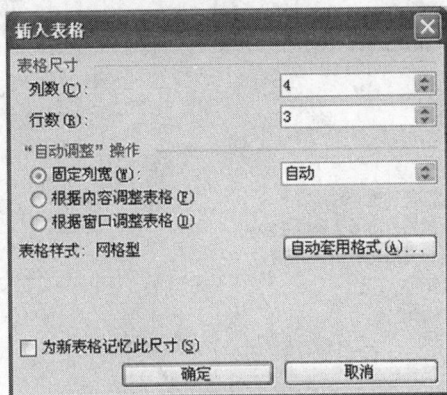

图 3—47 "插入表格"对话框

图 3—48 手绘表格

笔形。或者先打开"表格与边框"工具栏,再单击"绘制表格"（）按钮。

③要确定表格的外围边框,可以先绘制一个矩形,然后在矩形内绘制行、列框线。

④若要清除一条或一组线,单击"表格和边框"工具栏上的"擦除"（）按钮,再单击需要擦除的线。

4. 表格和文字相互转换

（1）将文本转换成表格

将文本转换成表格时,文字之间要有逗号、制表符或其他标记,以此作为两列之间的分隔符。同时以段落为基准,每个段落转换为表格的一行,转变方法是:

① 选择要转换的文本。如图 3—49 所示。

图 3—49 转换为表格前的文字

② 执行"表格"→"转换"→"文本转换成表格"命令,弹出"将文字转换成表格"对话框。如图 3—50 所示。

③ 在"文字分隔位置"区域下,单击所需的分隔符选项。结果如表 3—1 所示。

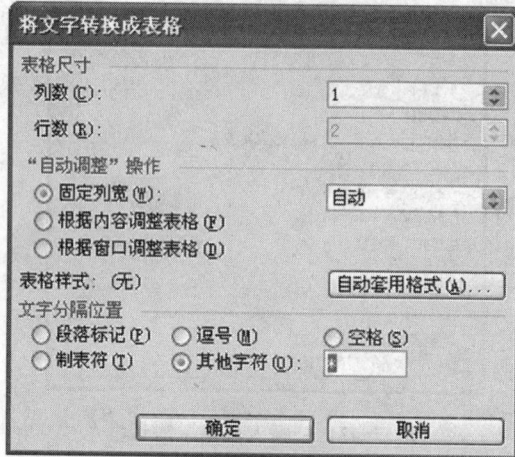

图 3-50 "将文字转换成表格"对话框

表 3-1 将文本转换成表格的结果

姓名	性别	英语	数学	语文
李兰	女	86	85	74
李山	男	80	90	75
蒋宏	男	76	70	83
张文峰	男	58	84	71
黄霞	女	46	83	74

（2）将表格转换成文本

① 选择要转换为段落的行或表格。

② 执行"表格"→"转换"→"表格转换成文本"命令，弹出"表格转换成文本"对话框。如图 3-51 所示。

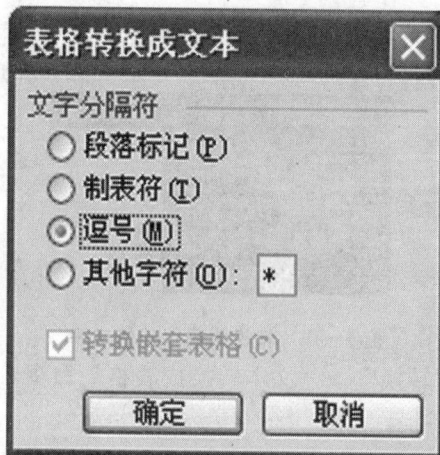

图 3-51 "表格转换成文本"对话框

③ 在"文字分隔符"区域下，单击所需的字符，作为文字之间的分隔符，同时表

格的每一行转换成文本的一个段落。结果如图 3－52 所示。

姓名, 性别, 英语, 数学, 语文

李兰, 女, 86, 85, 74

李山, 男, 80, 90, 75

蒋宏, 男, 76, 70, 83

张文峰, 男, 58, 84, 71

黄霞, 女, 46, 83, 74

图 3－52　表格转换成文本结果

3.4.2　编辑表格

1. 表格中的选定操作

（1）选定行

将鼠标移动至表格左端，鼠标指针变成一个反向箭头，单击该行的左侧则可选定一行，按住鼠标拖动可选定连续多行，按"Ctrl"键再单击反向箭头可选定不连续多行。注意：选定行一定要包括行结束符，即行后的段落标记符。如图 3－53 所示。

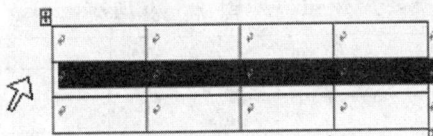

图 3－53　选定行

（2）选定列

将鼠标移到该列上方，鼠标指针变为一个向下的实心箭头（见图 3－54），再单击可选中该列，拖动可选中多列。

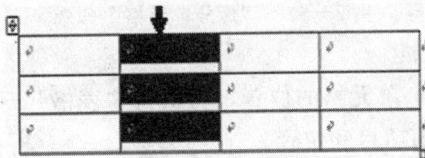

图 3－54　选定列

（3）选定任意单元格

按下鼠标左键拖动经过需要选定的单元格。

（4）选定整个表格

选中表格时在表格左上角有一个十字形箭头的矩形框，称为"移动句柄"。单击该表格移动句柄，即可选定全表。

2. 合并单元格

合并单元格指将所选定的多个单元格合并成一个单元格，方法为：选定要合并的单元格，右击，执行"合并单元格"命令（如图3－55所示）；或单击"表格和边框"工具栏上的"合并单元格"（▦）按钮。

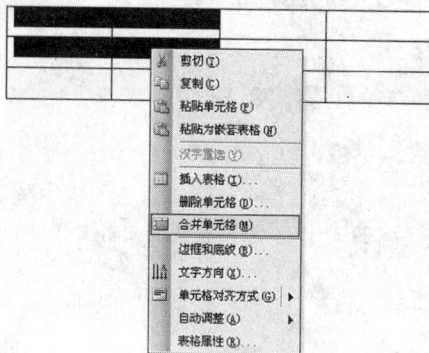

图3－55　"合并单元格"命令

3. 拆分单元格

拆分单元格指将选定的一个或多个单元格重新平均拆分成多个单元格，方法为：选定要拆分的单元格（一个或多个），右击，执行"拆分单元格"命令，然后输入拆分后的行数、列数并单击"确定"按钮。如图3－56所示。

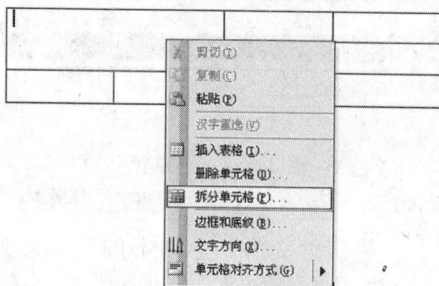

图3－56　"拆分单元格"命令

4. 插入行、列、单元格

先选定要插入行、列、单元格的位置，再执行"表格"→"插入"命令（如图3－57所示），再选择要插入的项目和位置。

5. 删除行、列、单元格

选定要删除的行、列、单元格，执行"表格"→"删除"命令（如图3－58所示），再选择要删除的项目。

6. 复制和移动行、列、单元格

表格的行、列、单元格数据可以复制和移动，操作方法是：选定行、列或单元格，右击，执行"复制"或"剪切"命令，移动光标到目标位置，执行"粘贴"。对于行、列实现粘贴时，实际上是在选定行的上面插入一行或在选定列的左边插入一列，并粘贴内容。

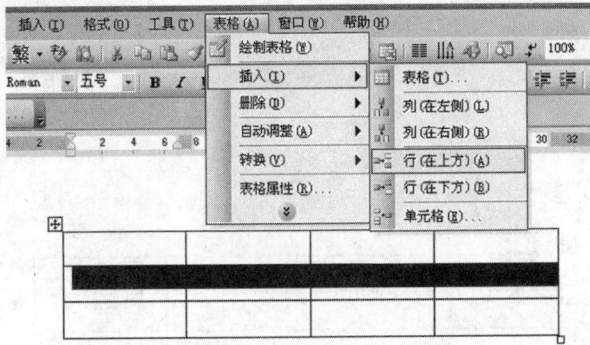

图 3—57 "插入"命令

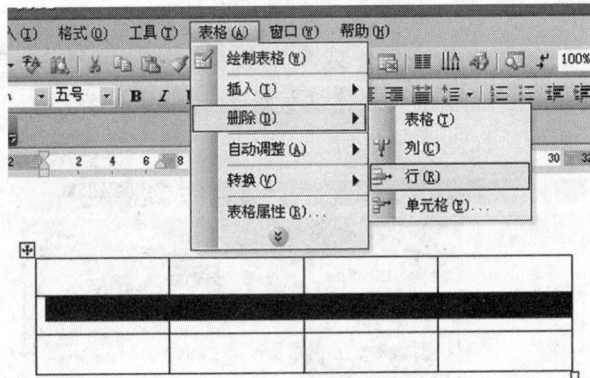

图 3—58 "删除"命令

7. 拆分表格

当需要以行为分界线，把一张表分成两张独立的表时，可采用拆分表格的功能。操作方法是：选择作为拆分基准的行或把插入点放在该行的任意一个单元格中。如图3—59所示。选择"表格"→"拆分表格"命令，这时以基准行的顶边框为基准，一张表分成两张表。如图3—60所示。

姓名	性别	英语	数学	语文
李兰	女	86	85	74
李山	男	80	90	75
蒋宏	男	76	70	83
张文峰	男	58	84	71
黄霞	女	46	83	74

图 3—59 拆分前的表格

姓名	性别	英语	数学	语文
李兰	女	86	85	74
李山	男	80	90	75

蒋宏	男	76	70	83
张文峰	男	58	84	71
黄霞	女	46	83	74

图 3—60 拆分后的效果

若选择表格的第一行，再拆分表格，相当于在表格前插入了一空行，主要用于当表格处于页面的顶端或与表格前的段落没有空行时，插入一空行，可输入文字作为表格的标题行。

3.4.3 格式化表格

1. 改变行高

· 用鼠标在垂直方向上拖动表格水平线，如图 3—61 所示；或者在垂直标尺上移动表格行，即可改变该行的高度。

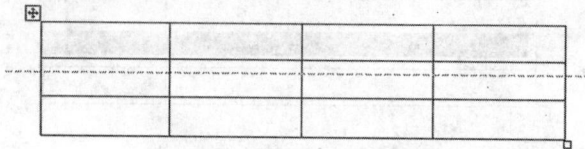

图 3—61 拖动改变行高

· 如果想同时改变多行的高度，或精确设置行高，可先选定行，再执行"表格"→"表格属性"命令，然后在"表格属性"对话框中选择"行"选项卡，输入高度值，单击"确定"按钮。如图 3—62 所示。

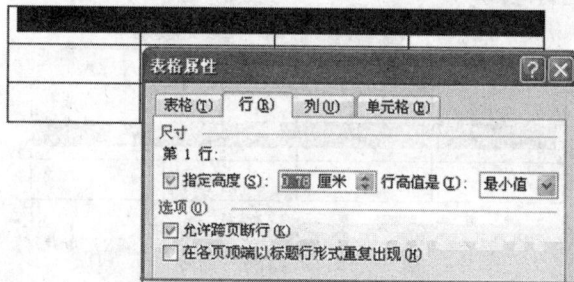

图 3—62 "表格属性"对话框

2. 改变列宽

· 用鼠标拖动垂直表格线可以改变该线左右两侧单元格的宽度，表格总宽度不变。

· 先按住"Shift"键，再用鼠标拖动垂直表格线可以改变该线左侧单元格的宽度，表格总宽度随之改变。

· 如果想同时改变多列的宽度，或精确设置列宽，可先选定多列，再执行"表格"→"表格属性"命令，然后在"表格属性"对话框中选择"列"选项卡，最后输入宽度并单击"确定"按钮。

3. 平均分布行和列

平均分布行和列指将选定的行或列重新设置成相同的高度或宽度。方法为：先选定行或列，再执行"表格"→"自动调整"命令，然后根据需要选择"平均分布各行"或"平均分布各列"命令。如图 3—63 所示。

4. 设置单元格对齐方式

单元格对齐方式包括水平对齐和垂直对齐两大类别，通常利用"格式"工具栏中的按钮设置水平对齐方式。

水平和垂直对齐方式同时设置的操作方法是：先选定单元格，单击右键，执行

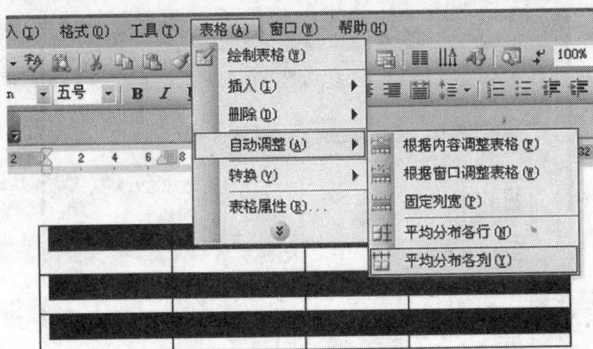

图 3—63　"自动调整"命令

"单元格对齐方式"命令，选择所需的对齐方式。如图 3—64 所示。

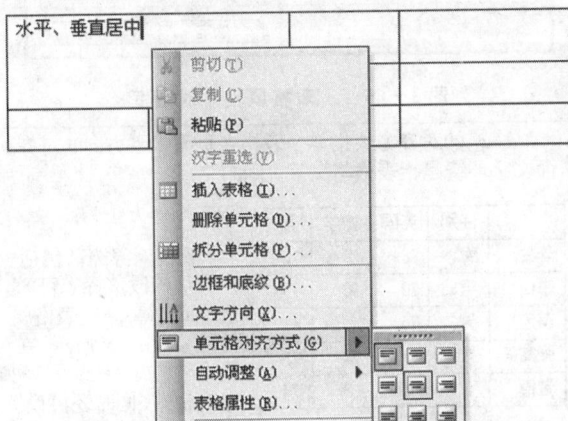

图 3—64　单元格对齐方式

5. 设置表格的对齐方式和文字环绕

　　表格的对齐方式指整个表格在页面水平方向的对齐。而文字环绕是指表格与文字之间的关系。

　　操作方法为：先选定表格（包括表格行后的段落标记符），选择"表格"→"表格属性"，如图 3—65 所示，在"对齐方式"中选择一种对齐格式，同时还可设置左缩进量；在"文字环绕"中选择一种环绕格式，观察效果后，按"确定"按钮。左对齐与环绕的效果如图 3—66 所示。

　　设置表格的对齐方式，也可在选择表格后，直接单击"格式"工具栏上的对齐方式按钮。

3.4.4　表格排序

　　表格排序是以表格的行为整体，以表格列的数据的笔画、数字、日期或拼音为顺序，重排表中所选定的行。操作方法是：

　　①选定要排序的表格，如图 3—67 所示。

　　②执行"表格"→"排序"命令，弹出如图 3—68 所示的对话框。

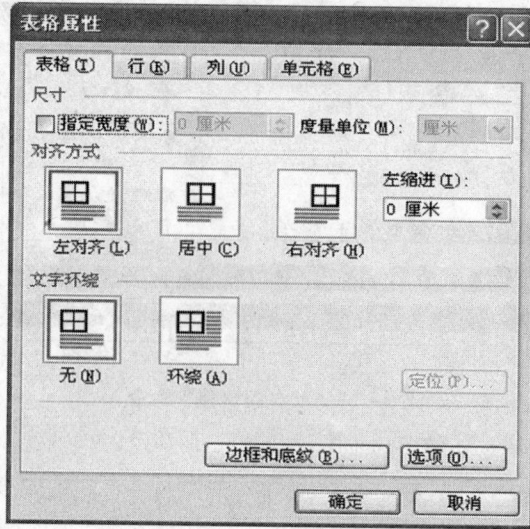

图 3－65　"表格属性"对话框

表格的对齐方式指整个表格在页面水平方向的对齐。而文字环绕是指表格与文字之间的关系。

操作方法为：

先选定表格（包括表格行后的段落标志符），选择"表格"→"表格属性"，如图3－65所示，在"对齐方式"中选择一种对齐格式，同时还可设置左缩进量；在"文字环绕"中选择一种环绕格式，观察效果后，按"确定"。

	性别	英语	数学	语文
李兰	女	86	85	74
李山	男	80	90	75
蒋宏	男	76	70	83
张文峰	男	58	84	71
黄霞	女	46	83	74

图 3－66　左对齐与环绕的效果图

姓名	性别	英语	数学	语文
李兰	女	86	85	74
李山	男	80	90	75
蒋宏	男	76	70	83
张文峰	男	58	84	71
黄霞	女	46	83	74

图 3－67　排序前的数据

③选择所需要的排序选项并单击"确定"按钮，最后效果如图3－69所示。

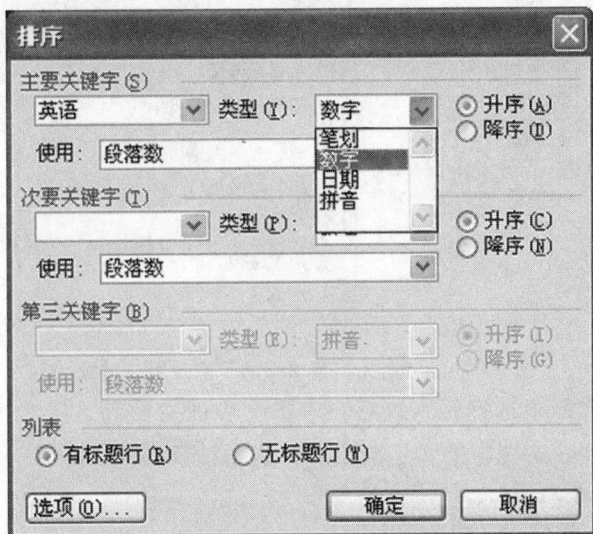

图 3－68　"排序"对话框

姓名	性别	英语	数学	语文
黄霞	女	46	83	74
张文峰	男	58	84	71
蒋宏	男	76	70	83
李山	男	80	90	75
李兰	女	86	85	74

图 3－69　排序结果

3.5　图形处理

在文档中添加适量图片，可以使文档更加生动形象，达到美化文档的目的。文档中的图片主要来源是：Word 2003 中的图片剪辑库中的图片，扫描仪、数码相机获取的图片，网上下载的图片等。

3.5.1　插入图片

在 Word 2003 中，执行"插入"→"图片"命令，选择相应对象，如图 3－70 所示。

1. 插入剪贴画或图片文件

当选择插入"剪贴画"命令时，会自动打开"任务窗格"的剪贴画页面。在此页面的搜索框中，输入所需剪贴画（也称为剪辑）的描述单词或词组，或输入剪贴画的全部或部分文件名，再选择搜索范围和结果类型后，按"搜索"按钮。搜索结果如

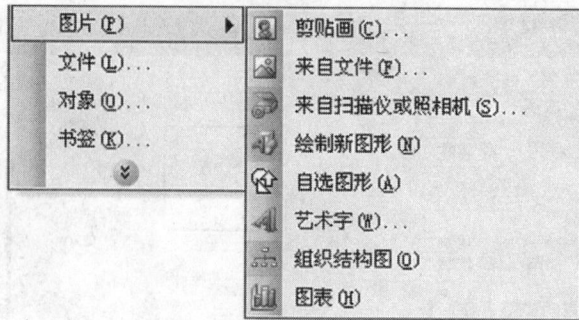

图 3—70　"插入"菜单中的"图片"子菜单

图 3—71 所示。在文档中选择插入点后，双击选中的剪贴画，或右键单击剪贴画，选择"插入"命令，即在文档中插入了该图片。如图3—72所示。

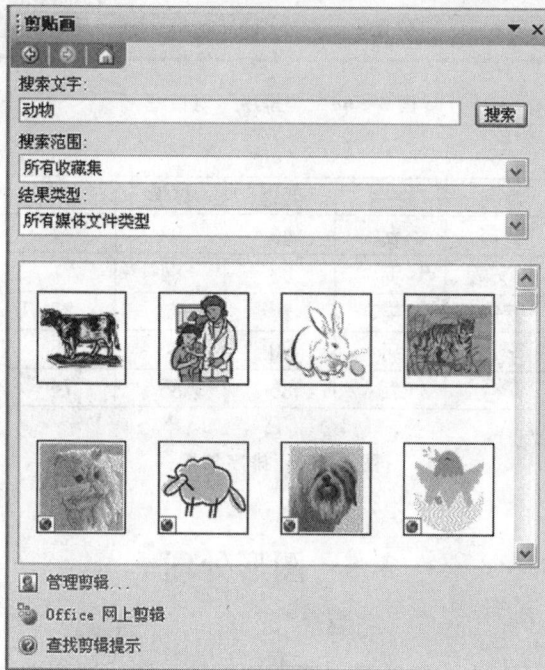

图 3—71　搜索"动物"的剪贴画图片

　　如果插入的图片是来自于一个图形文件，则选择插入"来自文件"命令，会出现"插入图片"对话框，选择所需文件路径、类型、文件名后，单击"插入"按钮，完成图片的插入。

2. 插入艺术字

　　通过插入"艺术字"，可以在文档中添加带阴影、扭曲、旋转和拉伸的特殊效果的文字。又因为特殊文字效果是图形对象，还可以使用"绘图"工具栏中的工具来改变文字的效果，如将图片填充文字。

　　当选择插入"艺术字"命令后，会弹出"艺术字库"对话框。如图 3—73 所示。选择一种"艺术字"样式，按"确定"按钮，接着会弹出"编辑'艺术字'文字"对

当选择插入"剪贴画"命令时，会自动
打开"任务窗格"的剪贴画页面。在此页面
中的搜索框中，输入描述所需剪贴画的单词

或词组，　　　　　　　　　或输入剪

贴画的全部或部分文件名。再选择搜索范围
和结果类型后，按"搜索"。

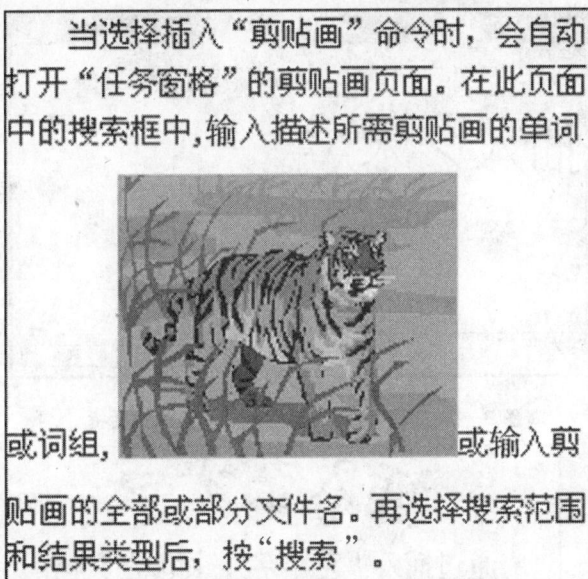

图 3－72　插入剪贴画后文档的效果图

话框。如图 3－74 所示。进行相应的设置后，输入文字，按"确定"完成操作。如图
3－75 所示。

图 3－73　"艺术字库"对话框

3. 插入自选图形

在 Word 2003 中插入自选图形时，图形对象的周围会出现一块画布，画布能帮助
用户在文档中定位图形的位置，并能将图形中的各部分组合在一起，形成一个整体，
便于对图形的操作。如图 3－76 所示。画布没有背景或边框，但是如同处理图形对象
一样，可以对绘图画布应用格式。

如果不希望出现画布，在画布出现时按"Esc"键取消后，再画图；如果希望每次

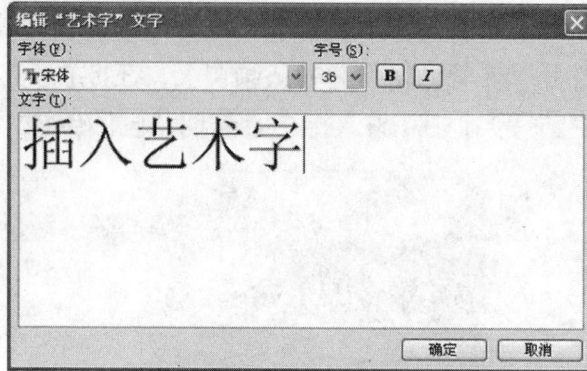

图 3—74 "编辑'艺术字'文字"对话框

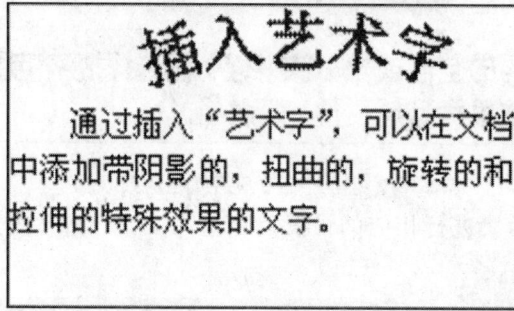

图 3—75 艺术字效果

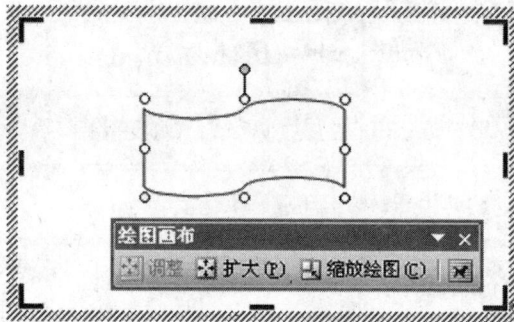

图 3—76 绘图画布

都不出现，则执行"工具"→"选项"命令，弹出"选项"对话框，如图 3—77 所示，选择"常规"选项卡，取消选中"插入'自选图形'时自动创建绘图画布"复选框。

图形可以调整大小、旋转、翻转、着色以及组合成更复杂的图形。插入的图形都有调整控点，可以用来更改图形的大多数重要特性。

"绘图"工具栏上可用的自选图形包括以下几种类型：线条、连接符、基本形状、流程图元素、星与旗帜和标注。在"剪辑管理器"中还可以找到其他图形。

可以将文字添加到图形，添加的文字将成为图形的一部分。如果旋转或翻转该图形，则文字保持方向不变，旋转中心的位置也不变。

插入自选图形的操作是：选择插入"自选图形"命令，弹出"自选图形"工具栏，在工具

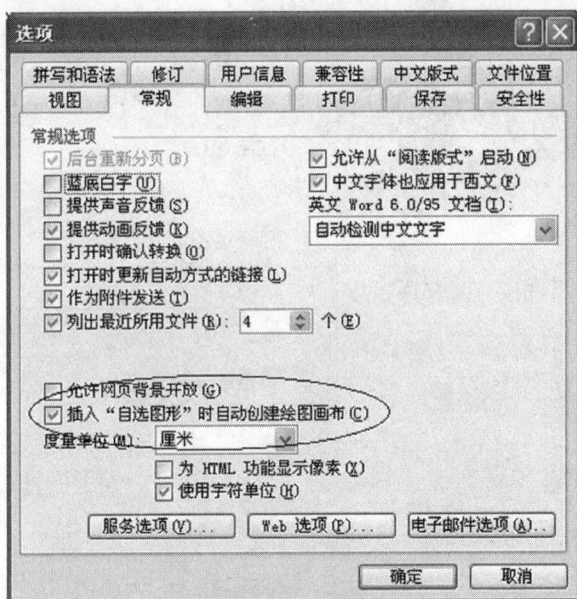

图 3-77　"选项"对话框

栏中选择所需的图形，然后用鼠标在画布上拖动即可绘制出所选图形。

4. 插入文本框

文本框是用于将文本或图形置于文档中的特定位置，也可用于为图片或表格等项目添加一些说明的文字。文本框作为图形处理，它可以用多种与设置图形格式相同的方式进行格式设置，包括添加颜色、边框及填充。

在绘图工具栏上单击"横排"或"竖排"文本框按钮，在文档中按住鼠标左键并拖动，将文本框拖到所需的大小，松开左键，就在文档中插入了一个文本框。

3.5.2　设置图片格式

设置图片格式的方法有两种：

• 选定图片，单击右键，执行"设置图片格式"命令。如图 3-78 所示。
• 选定图片，在"图片"工具栏上单击"设置图片格式"按钮。如图3-79 所示。

通过"设置图片格式"对话框，可以对图片进行各种格式设置。

1. 颜色与线条

指自选图形的填充色和线条的颜色、线型，以及箭头的样式和大小等，在"设置图片格式"对话框的"颜色与线条"选项卡中进行设置。如图 3-80 所示。

2. 大小

指改变图片的大小，可以直接拖动图片控点随意改变图片大小，也可在"设置图片格式"对话框的"大小"选项卡中进行精确设置。如图 3-81 所示。

注意：如果选中该选项卡中的"锁定纵横比"复选框，则图片的宽高比例固定，改变宽度则高度会自动改变，改变高度则宽度也会自动改变。如果想自由改变宽度和

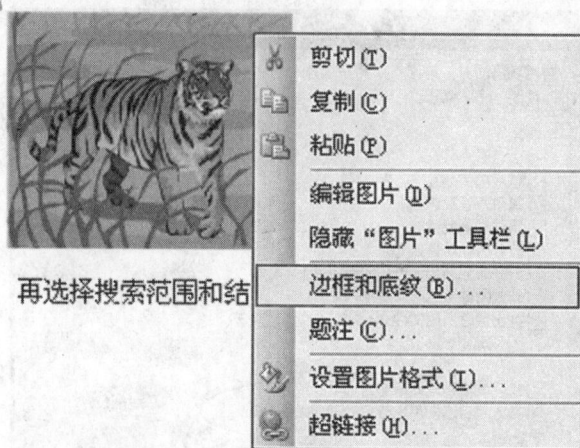

图 3—78　"设置图片格式"命令

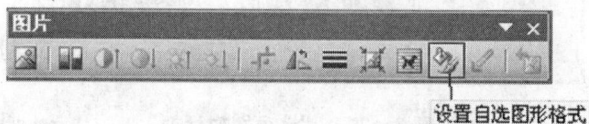

图 3—79　"设置图片格式"工具栏

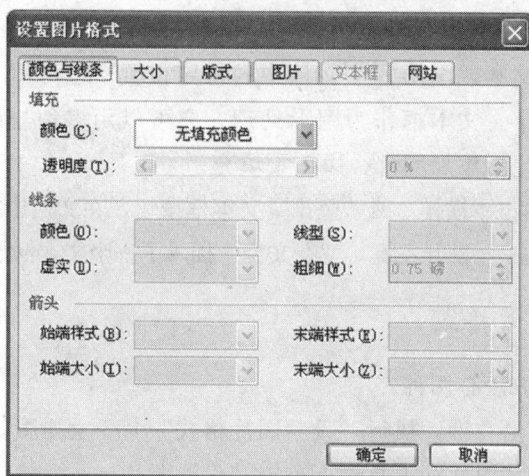

图 3—80　设置图片颜色和线条

高度，则需取消该复选框。

3. 版式

版式是指图形存在的方式，主要有嵌入型和浮动型两大类。嵌入型指图形与文本处于同一层，此时图形可看作是一个特殊的文字；浮动型指图形与文本处于不同层，"浮于文字上方"，相当于插图效果，"衬于文字下方"，相当于背景效果。当图形"浮于文字上方"时，还可以设置图形与文字之间的关系：四周型、紧密型、穿越型、上下型等。

版式的设置在"设置图片格式"对话框的"版式"选项卡中设置（如图3—82 所示）；或单击"高级"按钮，在"高级版式"对话框中设置（如图3—83 所示）。

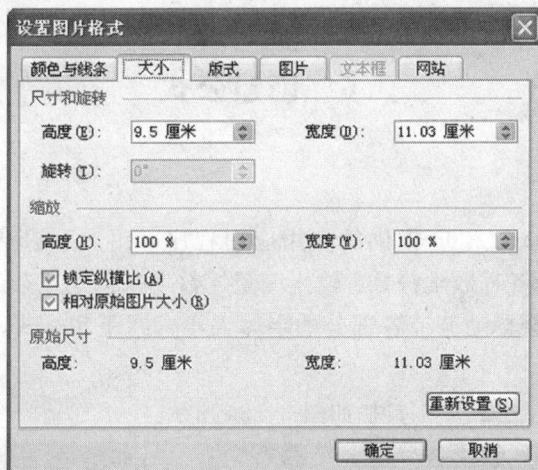

图 3-81　设置图片大小

图 3-82　设置图片格式

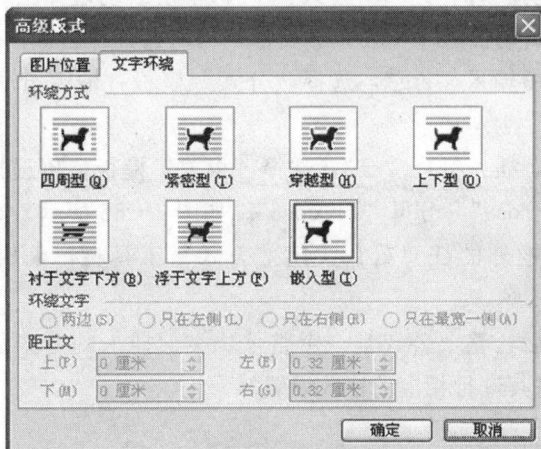

图 3-83　高级版式

3.6　创建公式

1. 公式编辑器

公式编辑器是 Word 2003 提供的实用应用程序，用户可以从公式编辑器提供的"公式"工具栏中选择各种数学符号，输入变量、数字来创建复杂的数学公式。输入公式时，公式编辑器还会自动调节各部分的字体大小、间距和格式，以满足公式格式的需要。

公式编辑器中的"公式"工具栏如图 3—84 所示。

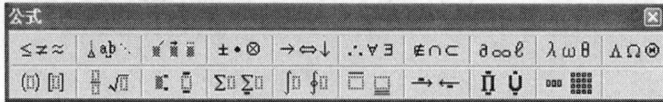

图 3—84　"公式"工具栏

"公式"工具栏的第一行是十大类数学符号，基本上包含了数学上所有的数学符号。第二行是数学公式的模板，包含有分式、根式、求和、积分、乘积和矩阵等符号，以及各种围栏、配对的方括号、大括号等，在模板中留有插槽，用于输入文字或插入符号。同时，模板还可以嵌套，创建更复杂的数学公式。

2. 插入公式

例如，输入数学公式：$\operatorname{ctg}\dfrac{\alpha}{2}=\pm\sqrt{\dfrac{1+\cos\alpha}{1-\cos\alpha}}$

操作步骤如下：

①选定插入点。

②选择"插入"→"对象"命令，弹出"对象"对话框，在"新建"选项卡的"对象类型"列表中选择"Microsoft 公式 3.0"，单击"确定"按钮，进入公式编辑状态。系统在插入点会自动插入一个公式编辑框，同时打开"公式"工具栏。

③在公式编辑框中输入"ctg"，选择"分式"模板，输入分子"α"和分母"2"。如图 3—85 所示。

④输入"="后，插入符号"±"；选择"根式"模板，再选择"分式"模板，输入根号内的分子"1+cosα"，分母"1−cosα"。如图 3—86 所示。

⑤单击公式编辑框外的任意处，关闭"公式"工具栏，编辑框消失，公式输入完毕。

注意：公式输入后，整个公式是一个整体，类似插入的一张图片，格式为"嵌入式"。也可根据需要对其进行相应的格式设置。

3.6.1　边框和底纹

边框、底纹和图形填充能增加文档中不同对象的显示效果。可以给文档中的文字、

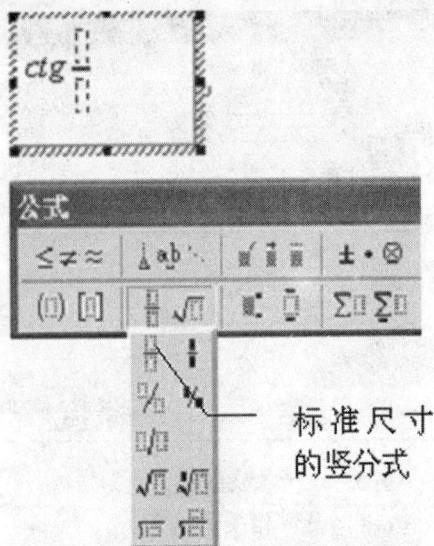

图 3－85　输入分式的分子和分母

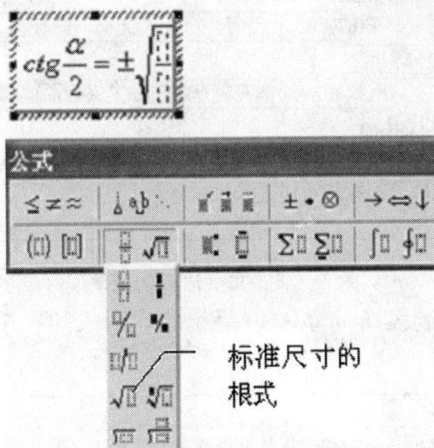

图 3－86　输入根式

段落、页面、表格、单元格、图片等对象添加边框和底纹。

1. 为文字、段落、页面、图片、表格、单元格添加边框

①选择需要添加边框的对象。

如果要为特定表格单元格添加边框，先选中单元格，包括单元格结束标记。

②执行"格式"→"边框和底纹"命令，选择"边框"选项卡，选择"应用于"下拉列表框中的对象。如图 3－87 所示。

③选定需要的"线型"、"颜色"和"宽度"。

④再单击"设置"区所添加边框类型。若要给指定边缘添加边框，在"设置"区域中单击"自定义"，然后在"预览"区域中单击图标的边缘或使用按钮来添加或删除边框。

⑤若要指定段落边框相对于文本的精确位置，选择"应用于"下拉列表框中"段

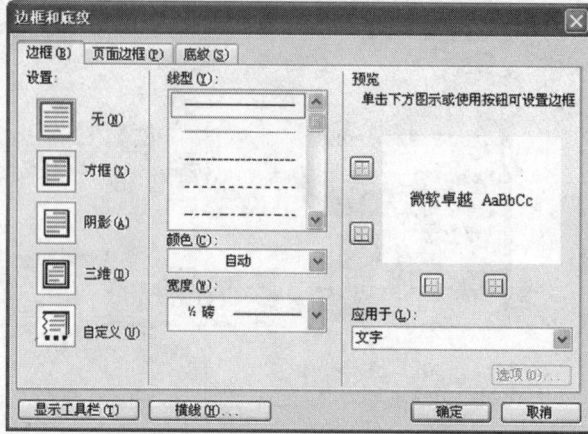

图3-87　"边框和底纹"对话框

落"选项，再单击"选项"按钮，设置相关的选项。

文字边框是以"行"为基准的，给选定文字添加边框。如图3-88所示。

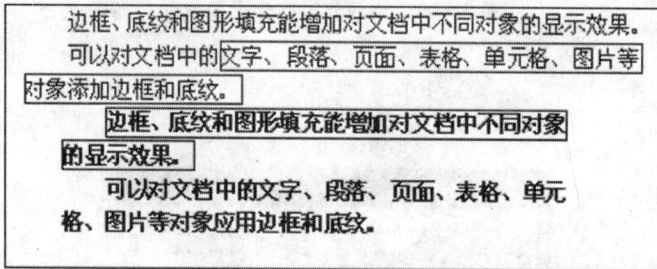

图3-88　文字边框的效果

对段落边框，如果连续段落的左右边距相等，则只加一个边框，不相等则另加边框。如图3-89所示。

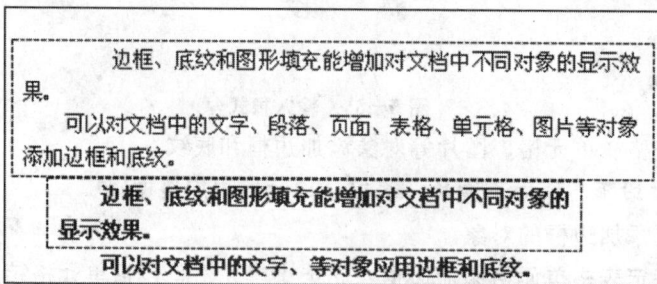

图3-89　段落边框的效果

2. 为文字、段落、图片、表格、单元格添加底纹

选择添加底纹的对象后，打开"边框和底纹"对话框中的"底纹"选项卡，如图3-90所示，确定填充的颜色、图案样式和应用于对象后，单击"确定"按钮，其效果与加边框相似。

3. 为页面添加边框

打开"边框和底纹"中的"页面边框"选项卡，如图3-91所示，确定"应用于"

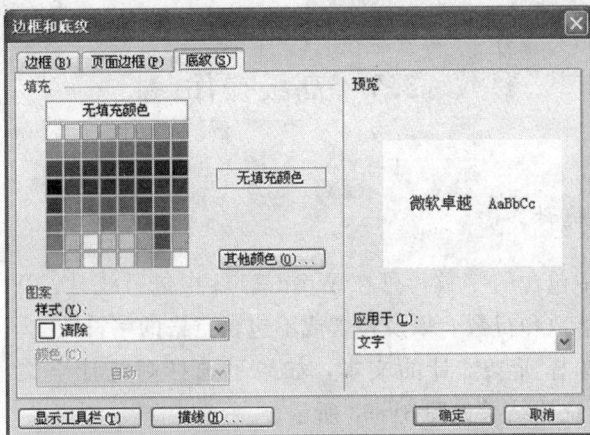

图 3－90　"底纹"选项卡

的范围，选定边框的线型、颜色、宽度，若要指定艺术边框，例如树形边框，可以选择"艺术型"框中的选项，在"设置"中设置某种边框类型，还可添加横线，最后单击"确定"。页面边框设置的效果如图 3－92 所示。

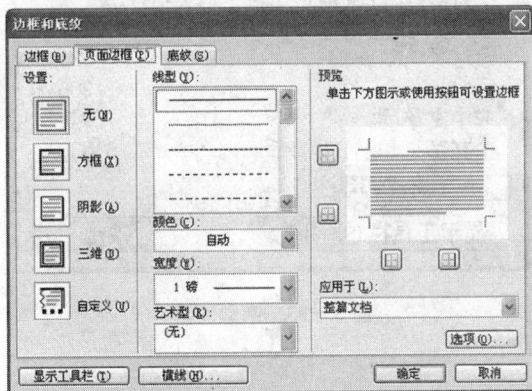

图 3－91　"页面边框"选项卡

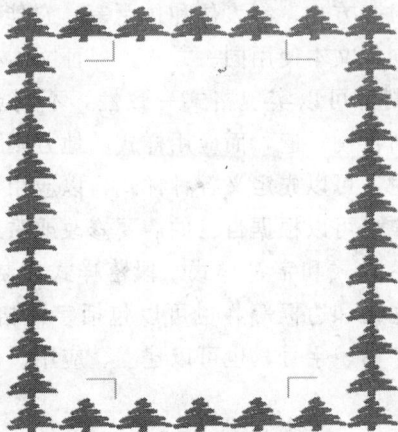

图 3－92　页面边框效果

3.7　高级操作

3.7.1　字数统计

若要了解文档中包含的字数，可在 Word 2003 中进行统计。Word 2003 也可统计文档中的页数、段落数和行数，以及包含或不包含空格的字符数。

统计方法是：选择所要统计的文本，如果不选择则统计全文，执行"工具"→"字数统计"命令。统计结果如图 3—93 所示。

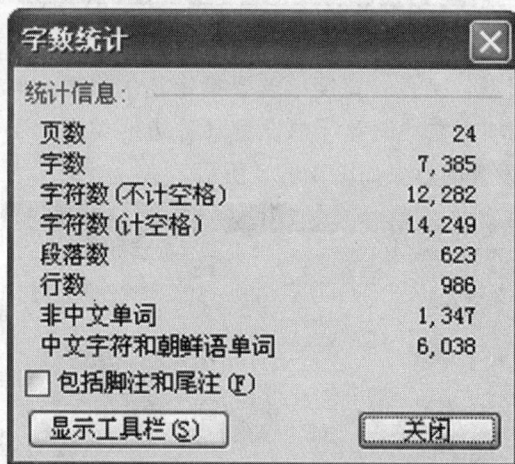

图 3—93　字数统计

3.7.2　样式

样式是系统或用户定义的应用于文档中的文本、表格和列表的一套格式编排的组合，包括：字体、段落的对齐方式、制表位和边距等。它能迅速改变文档的各种格式。当应用样式时，可以对不同的文本使用同一样式，保证文本格式的一致性。

应用样式与使用格式刷都可以实现格式一致性，不同点在于一旦格式需要修改，使用格式刷的地方还需重新再刷一遍，而应用样式的地方则可以自动同步更新。

用户在排版一篇文档时，可以先定义各种样式，以应用于不同的段落。Word 2003 预定义了标准的样式，用户也可以根据自己的需要修改或重新定义样式。

样式有两种类型：段落样式和字符样式。段落样式控制段落格式的所有方面，例如文本对齐、制表位、行间距和边框等，也可以包括字体格式；字体样式影响段落内文字的外观，例如文字的字体、字号，也可以建立、应用、修改自己的样式。

1. 样式的创建与使用

创建样式方法 1：

①如果"样式和格式"任务窗格没有打开，执行"格式"→"样式和格式"命令。

在任务窗格中，显示"样式和格式"页面。

②在"样式和格式"页面中，单击"新样式"按钮。如图 3—94 所示。

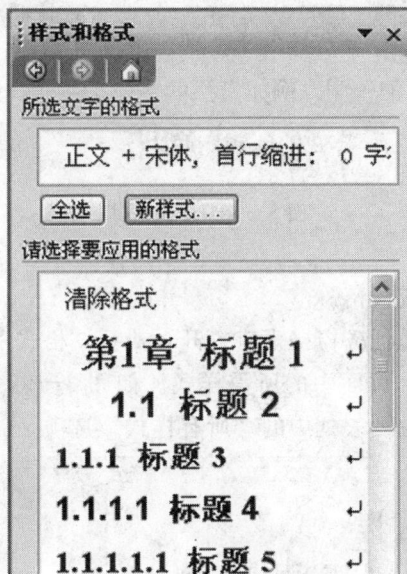

图 3—94　新样式

③在"新建样式"对话框的"名称"文本框中键入样式的名称。

④在"样式类型"下拉列表框中，选择"段落"或"字符"确定样式类型，单击"格式"按钮可以设置样式所需格式。如图 3—95 所示。

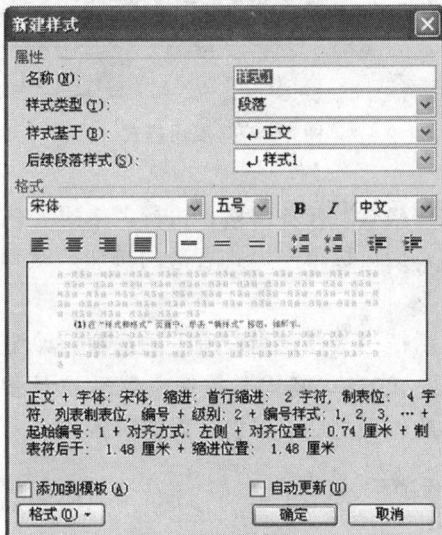

图 3—95　"新建样式"对话框

创建样式方法 2：

如果对已排版的格式满意，也可以把此格式定义为样式，再应用于其他对象，选定段落文本，单击"格式"工具栏最左边的样式框，输入新样式名，按"Enter"键，完成样式的创建。如图 3—96 所示。

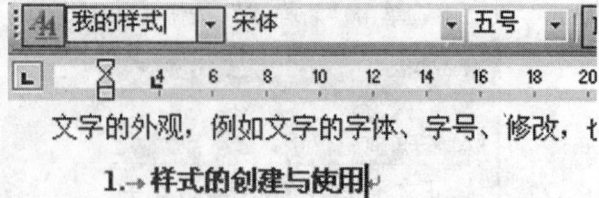

图 3—96   新建样式

2. 样式的应用

①选定要应用的文字或段落。

②如果"样式和格式"任务窗格没有打开，执行"格式"→"样式和格式"命令。

③单击"样式和格式"页面中的所需样式。如图 3—97 所示。如果没有列出所需的样式，选择"显示"下拉列表框中的"所有样式"选项。

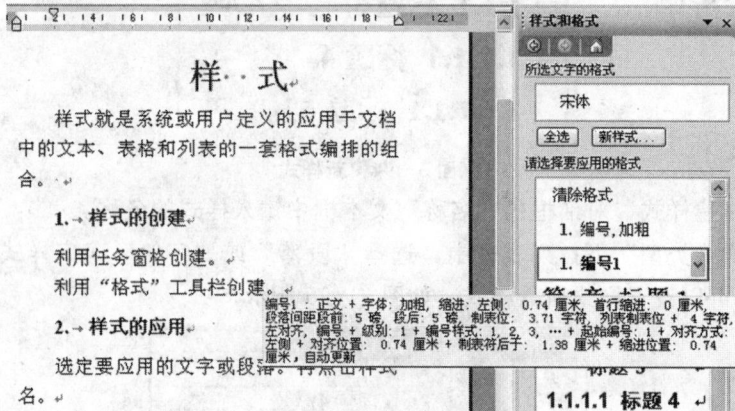

图 3—97   应用样式

3. 样式的修改

①如果未打开"样式和格式"任务窗格，执行"格式"→"样式和格式"命令。

②选择要修改的样式，用鼠标单击样式右边的按钮，在弹出的菜单中选择"修改"命令。如图 3—98 所示。

③在"修改样式"对话框中，修改用户所需的选项。如图 3—99 所示。

④若要修改更多选项，单击"格式"按钮，然后选择要更改的选项，例如"字体"、"段落"等，完成修改选项之后，单击"确定"按钮。

3.7.3   目录的制作

当编写一篇长文档后，如毕业论文，需要为其制作目录，目录无需手工输入，Word 2003 提供了自动生成目录的功能，能提取文档中的标题合成目录。但作为标题的文本，必须具有段落级别。目录制作的操作步骤是：

1. 利用"标题"样式，建立段落级别

打开已建立的长文档，切换到大纲视图，选择作为标题的文本，利用"大纲"工

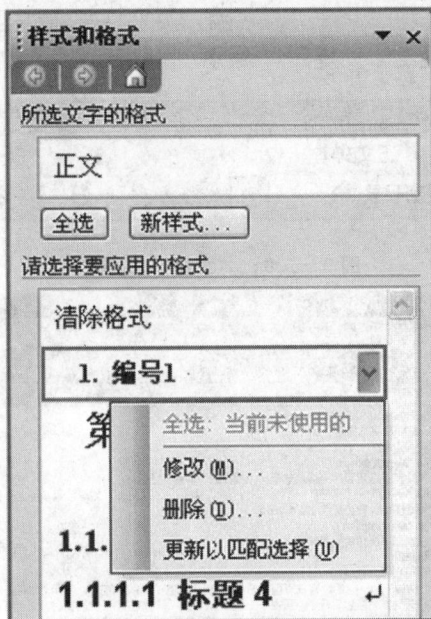

图 3－98　修改样式

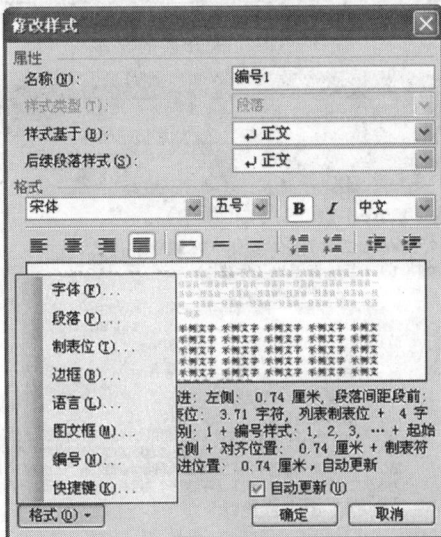

图 3－99　"修改样式"对话框

具栏，如图 3－100 所示，分别将不同的标题提升到不同的级别。例如，图 3－101 是提升前的文本情形，图 3－102 是提升后的文本情形。

　　注意：系统把已提升的段落级别与系统自带的"标题"样式一一对应。"标题"样式总共有 9 级，如果标题样式不满足要求，可修改，如添加多级编号。最好不要直接设置段落的级别。

2. 生成目录

　　选择"插入"→"引用"→"索引和目录"，弹出"索引和目录"对话框，选择

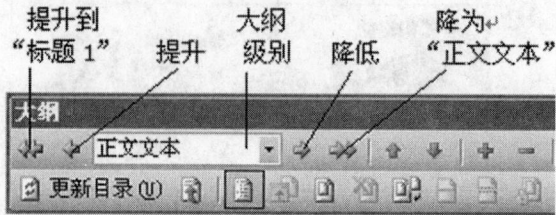

图 3—100　"大纲"工具栏

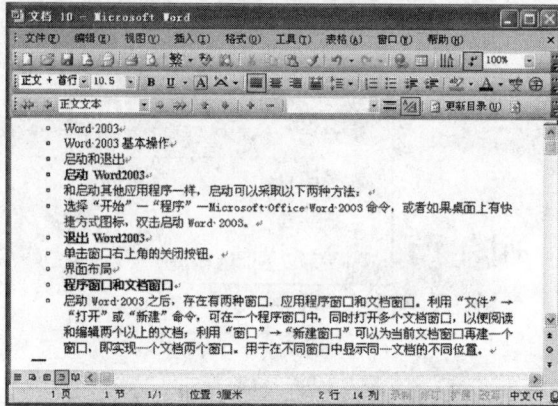

图 3—101　提升前的文本

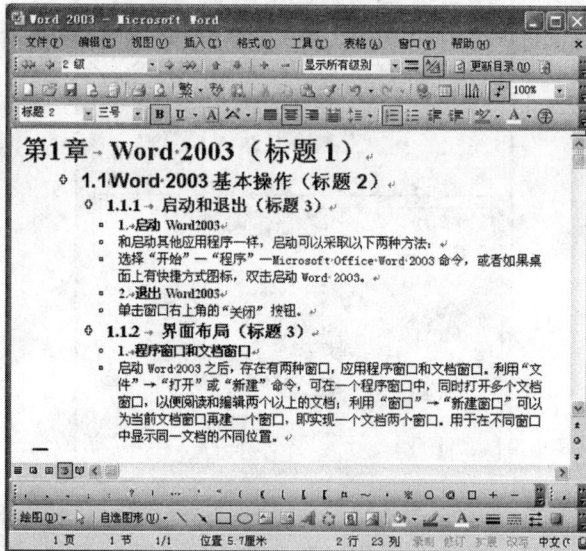

图 3—102　提升后的文本

"目录"选项卡。如图 3—103 所示。根据需要设计好目录后，单击"确定"按钮即可在指定的位置插入一份目录。如图 3—104 所示。

3.7.4　邮件合并

邮件合并是将两个独立的文档按照一定的规则合并成为一个新的文档的操作。其

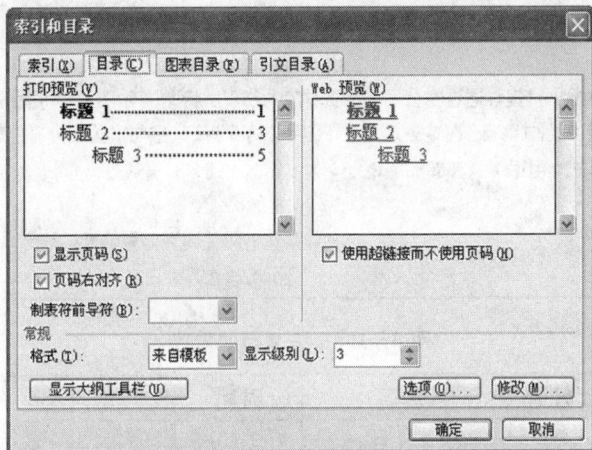

图 3—103   "索引和目录"对话框

图 3—104   生成目录效果

主要用于解决批量分发文件或邮寄相似内容信件的大量重复性工作。其中一个文档称为"主文档",另一个称为"数据源"文档。邮件合并典型应用在录取通知书、成绩通知书、招聘面试通知等生成上。合并后生成的文档一般由多页组成,每一页的大部分内容是相同的,仅少数文字不同,如招聘通知书内的姓名、面试时间、面试地点等项目因人而异,通知中的其他文字、图片等格式完全相同。其中每页中相同的部分构成主文档,除了相同的部分以外,还有一部分是变化的,则来源于"数据源"。合并文档中,变化的部分构成数据源,在数据源文档中,只允许包括一个表格,表格的每一行为一条完整的信息,主文档可以引用数据源的全部或部分数据。

邮件合并实质上就是将数据源合并到主文档。在建立好主文档和数据源后,就可以开始邮件合并了。选择"工具"→"信函与邮件"→"邮件合并"命令,通过"向导"完成合并操作。更好的方法是直接使用"邮件合并"工具栏来完成。

下面以面试通知为例,介绍邮件合并的操作步骤。

建立好主文档(见图 3—105 所示)和数据源(见图 3—106 所示)两个文件后,打开主文档。

①选择"视图"→"工具栏"→"邮件合并",打开"邮件合并"工具栏。见图 3—107 所示。

②在工具栏上单击"打开数据源"按钮,在弹出"选取数据源"对话框中,选择数据源文件。

③单击"插入域"按钮,弹出"插入合并域"对话框。如图 3—108 所示。在主文档预留的地方单击,插入相应的合并域。如图 3—109 所示。

面 试 通 知

：

　　你好，祝贺你通过我公司人力资源部的初审，特邀请你来我公司面试，面试时间：，面试地点：在本公司。如果有特殊情况，请直接与本公司人事处联系，联系方式：电话：88888888，地址：××市××路××号。

××科技有限公司人力资源部

2007 年 8 月 8 日

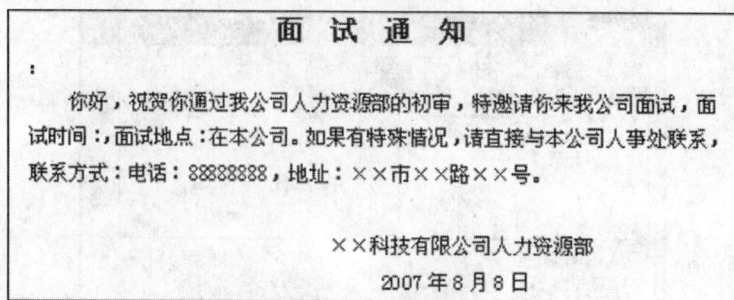

图 3-105　主文档的内容

姓名	日期	时间	地点
李兰	2007 年 8 月 15 日	8 点 30 分	行政楼 110 室
李山	2007 年 8 月 15 日	14 点正	行政楼 110 室
蒋宏	2007 年 8 月 16 日	8 点 30 分	行政楼 110 室
张文峰	2007 年 8 月 16 日	14 点正	行政楼 110 室

图 3-106　数据源的表格

图 3-107　"邮件合并"工具栏

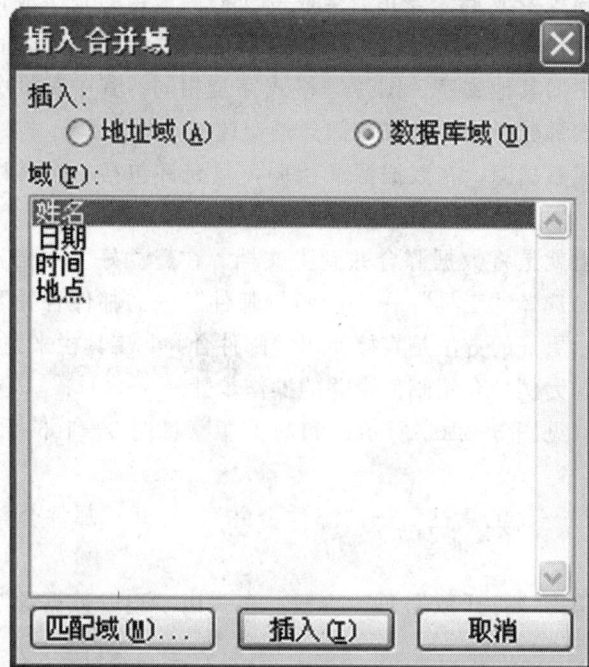

图 3-108　"插入合并域"对话框

> ## 面 试 通 知
>
> 《姓名》：
>
> 　　　你好，祝贺你通过我公司人力资源部的初审，特邀请你来我公司面试，面试时间：《日期》《时间》，面试地点：本公司《地点》。如果有特殊情况，请直接与本公司人事处联系，联系方式：电话：88888888，地址：××市××路××号。
>
> 　　　　　　　　　　　　　　　　××科技有限公司人力资源部
> 　　　　　　　　　　　　　　　　　　2007 年 8 月 8 日

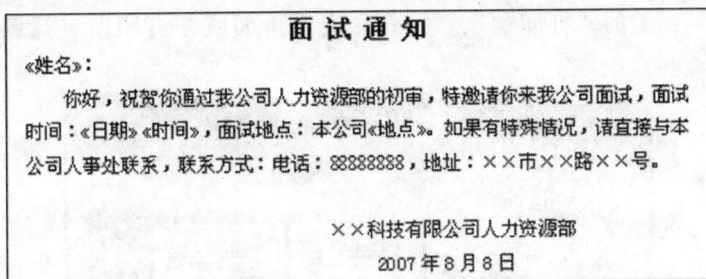

图 3－109　"插入合并域"后的效果

④单击"合并到新文档"生成一个新的"邮件合并"文档，主文档中的域被替换为数据源中的具体数据。数据源中表格的每一行合并到主文档中，生成一个页面，前两条记录合并后如图 3－110 和图 3－111 所示。

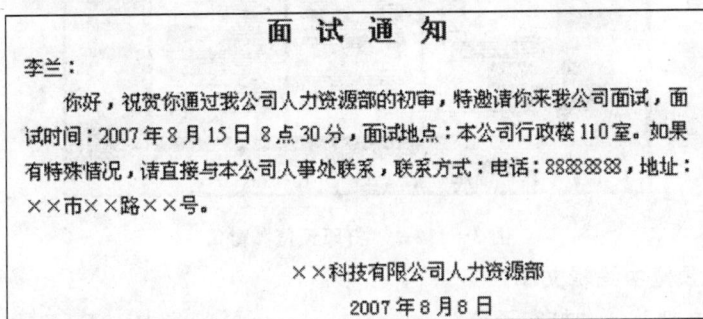

> ## 面 试 通 知
>
> 李兰：
>
> 　　　你好，祝贺你通过我公司人力资源部的初审，特邀请你来我公司面试，面试时间：2007 年 8 月 15 日 8 点 30 分，面试地点：本公司行政楼 110 室。如果有特殊情况，请直接与本公司人事处联系，联系方式：电话：88888888，地址：××市××路××号。
>
> 　　　　　　　　　　　　　　　　××科技有限公司人力资源部
> 　　　　　　　　　　　　　　　　　　2007 年 8 月 8 日

图 3－110　邮件合并文档的第 1 页

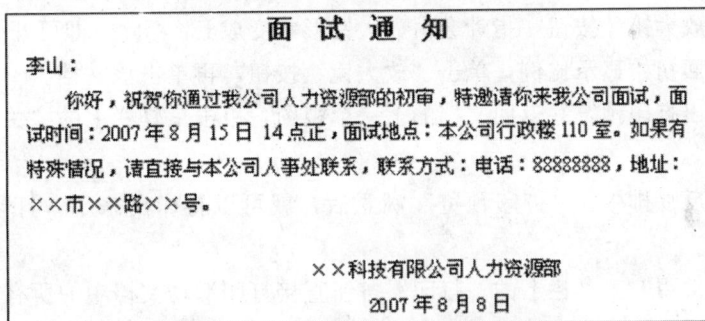

> ## 面 试 通 知
>
> 李山：
>
> 　　　你好，祝贺你通过我公司人力资源部的初审，特邀请你来我公司面试，面试时间：2007 年 8 月 15 日 14 点正，面试地点：本公司行政楼 110 室。如果有特殊情况，请直接与本公司人事处联系，联系方式：电话：88888888，地址：××市××路××号。
>
> 　　　　　　　　　　　　　　　　××科技有限公司人力资源部
> 　　　　　　　　　　　　　　　　　　2007 年 8 月 8 日

图 3－111　邮件合并文档的第 2 页

3.8　打印文档

3.8.1　打印预览

1. 打印前预览页面

①执行"文件"→"打印预览"命令。

②单击工具栏上的"打印预览"按钮，查看页面或在打印前进行调整。如图3—112 所示。

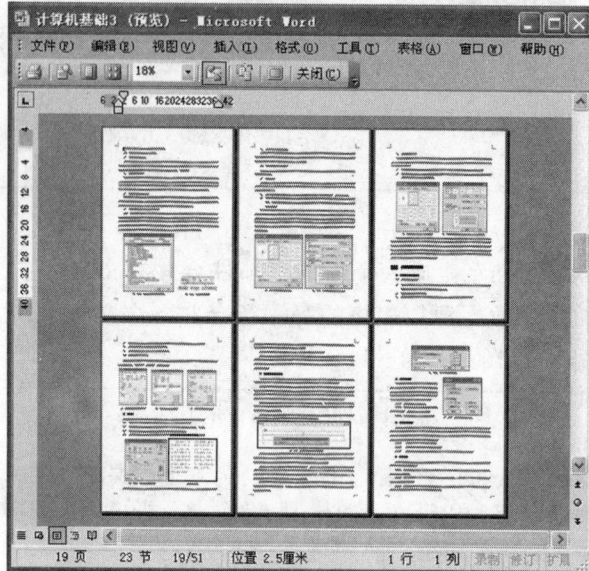

图 3—112　"打印预览"窗口

2. 在打印预览中编辑文本

①执行"文件"→"打印预览"命令。

②单击要编辑的区域中的文字，Word 2003 会放大显示此区域。

③单击"放大镜"按钮，指针会由放大镜形状变成 I 形，此时即可开始修改文档。

④若要返回初始显示比例，单击"放大镜"按钮，再单击该文档。

⑤若要退出打印预览并返回文档的上一个视图，单击工具栏上的"关闭"按钮。

3. 打印

文档经过反复排版，"打印预览"满意后，就可以打印出来了，打印文档有两种方法：

①单击"常用"工具栏上的"打印"按钮直接打印活动文档中的所有内容。

②执行"文件"菜单"打印"命令，对当前文档进行定制打印，如指定打印的页码范围、打印份数和手动双面打印等。如图 3—113 所示。

小　结

　　Word 2003 是日常工作和生活中使用频率很高的应用软件，我们撰写信函、公文、报告等文档，都需要借助于 Word 2003 软件进行输入、编辑、排版、打印。若掌握了中英文输入，简单地使用 Word 2003 并不难，但是如果没有认真系统地学习 Word 2003 的相关知识和操作，使用 Word 2003 的效率会很低，甚至无法实现所期

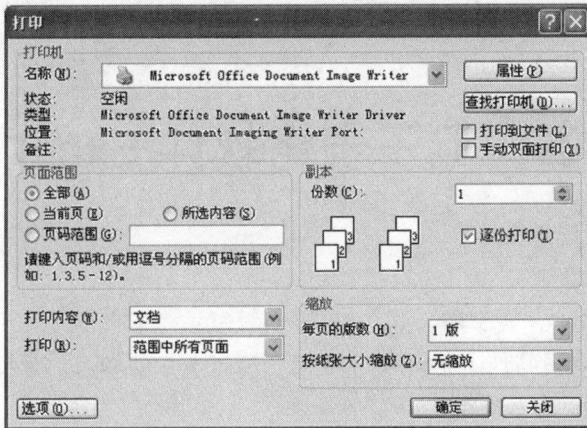

图 3—113　"打印"对话框

望的效果。本章主要介绍了制作一个 Word 2003 文档各阶段的主要操作，例如，表格制作、插入图形、高级格式设置及邮件合并等。

　　本章的重点是对文本的编辑和排版，难点是对图形的处理和表格的制作、计算。

习　题

1. 在 Word 2003 窗口中如何显示和隐藏各种工具栏、标尺和各种控制符号？

2. 在 Word 2003 中，提供了几种视图方式？各有何特点？

3. 如何识别 Word 2003 中的段落？段落格式化主要包括哪些内容？

4. 在 Word 2003 中，选择文本的操作方式有几种？

5. 简述在 Word 2003 中插入图形的方法。图文混排形式有哪几种？

6. 在 Word 2003 中，制作表格的方法有哪些？

7. 标尺上的制表位有几种类型？各自的功能是什么？如何设置和取消？

8. 在 Word 2003 中，如何制作目录？

9. 什么是样式？样式有哪些优点？如何使用样式？

10. 邮件合并的作用是什么？如何生成邮件？

第 4 章　电子表格软件 Excel 2003

学习目标

本章介绍电子表格软件 Excel 2003 应用。通过本章的学习，掌握以下技能：

1. 在电子表格中输入数据
2. 编辑电子表格的格式
3. 编辑公式、运用函数对数据进行计算
4. 制作图表
5. 数据库处理与分析

4.1　Excel 2003 工作环境

4.1.1　启动

可以通过以下方法之一启动 Excel 2003 程序：

· 通常桌面上会有"Microsoft Office Excel 2003 程序"的快捷图标，可以双击打开。这是最常用的方法。

· 执行"开始"→"所有程序"→"Microsoft Office"→"Microsoft Office Excel 2003"命令。

· 执行"开始"→"运行"命令，在打开的"运行"对话框内输入"Excel"后按回车键。

4.1.2　界面布局

启动 Excel 2003 程序，屏幕显示的界面如图 4-1 所示。

Excel 2003 的工作界面的主要组成部分有：

1. 标题栏

标题栏左侧显示程序名和编辑文档的文件名，在标题栏的右侧是"最小化"、"向下还原"（或者是"最大化"）、"关闭"命令按钮。

2. 菜单栏

由"文件"、"编辑"、"视图"、"插入"、"格式"、"工具"、"数据（图表）"、"窗口"与"帮助"9 个菜单命令组成，而每个菜单命令均有下拉式级联菜单。通过选择不同的菜

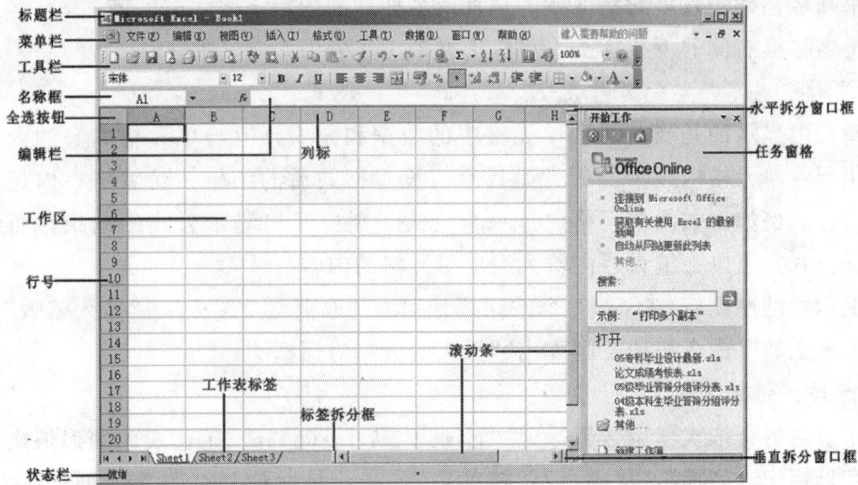

图 4-1　Excel 2003 程序界面

单命令，可以对 Excel 2003 文档的各个对象进行操作。

3. 工具栏

　　工具栏上是一些常用的命令按钮图标，单击可执行对应的命令，通常显示"常用"
与"格式"工具栏。要显示或隐藏某一类工具栏，可以通过执行"视图"→"工具栏"
命令，如图 4-2 所示，在出现的级联子菜单中选择所需的工具栏。

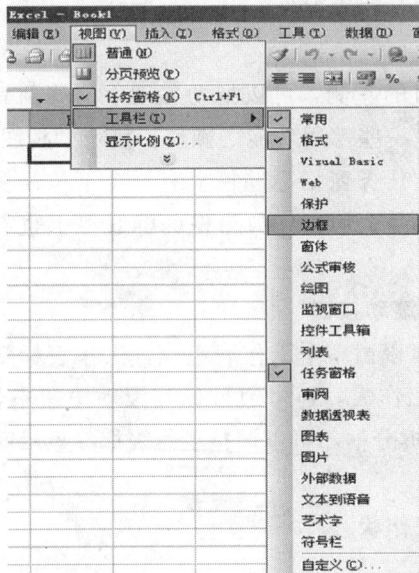

图 4-2　"工具栏"的级联菜单

4. 名称框

　　名称框通常显示当前单元格的地址，可以通过名称框给单元格或单元格区域定义
一个名称，先选择待定义名称的单元格或单元格区域，接着在名称框中输入定义的名
称后按"Enter"键确定。如果在名称框内输入单元格地址或名称，则可以选中该单元

格；如果在名称框输入单元格区域的地址或名称，则选定该单元格区域。

单击名称框右侧的下拉箭头，可以选择该工作表内的定义的名称。

5. 编辑栏

编辑栏内显示的是当前活动单元格中的数据和公式，但与单元格本身的内容不一定完全相同，单元格内显示的通常是计算、设置格式后的结果，而编辑栏内显示实际输入的内容。例如，如果单元格内是一个公式，则单元格显示公式的结果，而编辑栏显示的是公式。可以在编辑栏内输入当前单元格的内容。

在编辑栏的左侧有 × √ ƒ 3 个按钮，分别为"取消"、"输入"、"插入函数"命令。单击"插入函数"命令按钮，则弹出"插入函数"对话框。

6. 行号、列标

工作表内的行依次使用数目标记"行号"，从 1~65536；工作表内的列依次使用大写英文字母标记"列标"，从 A~Z，接着是 AA……最后是 IV，共 256 列。

7. 全选按钮

全选按钮选定当前工作表内的所有单元格。

8. 工作区

工作区由单元格组成，是用来记录数据的区域，所有数据将存放在这个区域中。

9. 滚动条、窗口拆分框

有水平与垂直滚动条，用于翻动工作区。在水平滚动条的右侧，以及垂直滚动条的上方各有一个窗口拆分框，用于拆分窗口。

10. 任务窗格

任务窗格一般位于窗口的左侧，可以拖动移动手柄移到其他位置，拖动到窗口右侧可以还原。任务窗格中是一些常用功能的操作。执行"视图"→"任务窗格"命令，可以打开或关闭任务窗格。任务窗格标题栏上有一个下拉箭头，通过选择下拉菜单里的选项，可以打开不同的任务页面，任务窗格的标题栏上也有"关闭"命令按钮，如图 4-3 所示。

11. 工作表标签、标签滚动按钮

一个 Excel 2003 文档可以由多个工作表组成，工作表标签显示工作表的名称。单击工作表标签将激活相应工作表，还可通过标签滚动按钮来显示不在屏幕内的标签。如图 4-4 所示。拖动标签拆分框，可以调整工作表标签显示区的宽度。

12. 状态栏

状态栏显示工作表的工作状态。

13. 工作簿

工作簿指的是一个 Excel 文档，一个工作簿由多张工作表所组成。新建一个工作簿时，默认文件名为"Book1"、"Book2"、"Book3"……扩展名为".xls"。

14. 工作表

一个工作簿可以包含多个工作表，默认为 3 个，在工作表标签上分别显示工作表名称"Sheet1"、"Sheet2"、"Sheet3"。

图 4—3　任务窗格

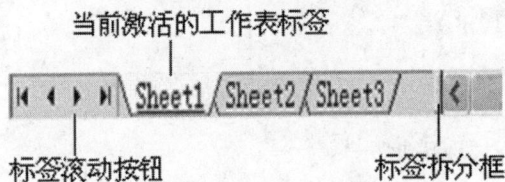

图 4—4　工作表标签组成基本概念

15. 单元格

组成工作表的最小单位就是一个单元格。单元格中可以存放字符或数据。单元格的地址用列标和行号表示，例如当前工作表第 A 列第 1 行的单元格地址为"A1"。如果是其他工作表的单元格，则表示方式为"工作表名称! 单元格地址"，例如"Sheet2!D8"。

正在选定的单元格称为"当前单元格"，其边框线显示为加粗（如果是选定了一个域，则选定的区域高亮显示，而当前单元格反白显示），其地址或名称显示在名称框内。工作表中只有一个当前单元格。

16. 单元格区域

呈矩形区域的连续多个单元格，称为"单元格区域"。单元格区域的表示方法为"单元格区域左上角的单元格地址：单元格区域右下角的单元格地址"，例如"A1：B8"。单元格区域也可用单元格区域的名称表示。

4.1.3　窗口的操作

1. 拆分窗口

为了方便浏览，可以通过拆分窗口将工作区分为多个部分。如图 4-5 所示。

拆分窗口的方法有：

• 执行"窗口"→"拆分"命令，产生两条拆分条，共分为 4 个窗口，通过拖动拆分条可以调整窗口拆分的大小。

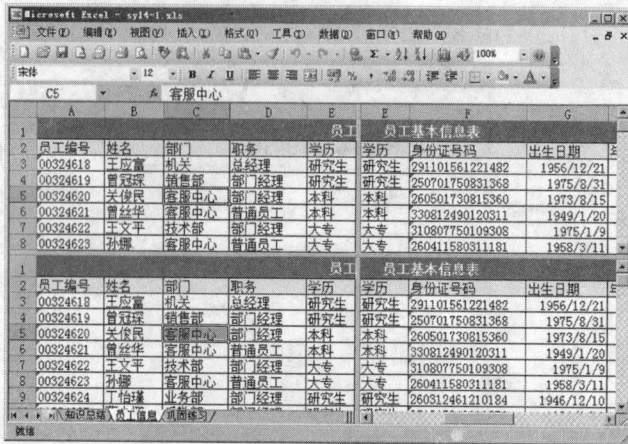

图 4—5　拆分窗口

• 将光标指向垂直滚动条上端，或水平滚动条右端的窗口拆分框，将窗口拆分框拖动至合适的位置。

• 双击窗口拆分框。

取消窗口拆分的方法有：

• 执行"窗口"→"取消拆分"命令。

• 将拆分条拖动至工作区的边缘。

• 双击拆分条。

2. 冻结窗格

冻结窗口为了在滚动浏览时，工作区中的前若干行与若干列始终保持可见。

操作方法是：选定待冻结处右下角相邻的单元格，例如，希望冻结第 A 列与第 1、2 行，则选定 B3 单元格，然后执行"窗口"→"冻结窗格"命令。如图 4—6 所示。

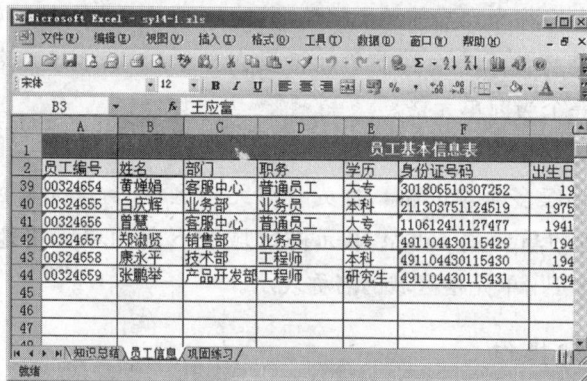

图 4—6　冻结窗格

要取消冻结，则执行"窗口"→"取消冻结窗格"命令。

3. 视图

视图是程序外观的显示状态，用户可以根据自己的爱好修改。操作的方法是：

改变显示风格：执行"工具"→"选项"命令，在弹出的"选项"对话框中选择

"视图"选项卡。如图 4—7 所示，可以对 Excel 2003 工作界面进行设置，例如是否显示状态栏、网格线等。

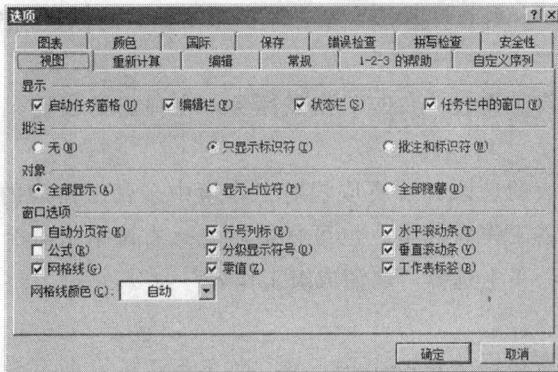

图 4—7　"选项"对话框

切换视图：执行"视图"→"普通"命令，工作表处于"普通"视图状态。通常 Excel 2003 是处于普通视图状态。执行"视图"→"分页预览"命令，工作表则处于"分页预览"视图状态，可以通过拖动调整分页符的位置，从而方便地调整表格的大小。如图 4—8 所示。

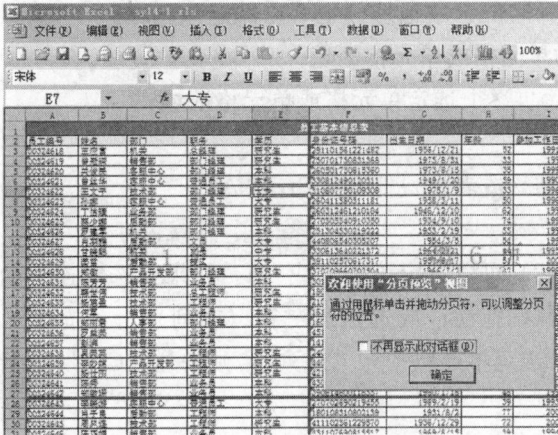

图 4—8　分页预览

4.2　工作表编辑

4.2.1　选定

1. 选定工作表

选定单张工作表：单击工作表标签。如果标签被隐藏，单击标签滚动按钮以显示此标签，然后单击。

　　选定两张或多张相邻的工作表：单击第一张工作表的标签，按住"Shift"键，再单击最后一张工作表的标签。

　　选定两张或多张不相邻的工作表：单击第一张工作表的标签，按住"Ctrl"键，再单击其他工作表的标签。

　　选定工作簿中所有工作表：右击工作表标签，在弹出的快捷菜单上选择"选定全部工作表"命令。

　　取消对多张工作表的选取：若要取消对工作簿中多张工作表的选取，则单击工作簿中任意一个未选取的工作表标签。也可直接用鼠标右键单击某个被选取的工作表的标签，在弹出的快捷菜单上选择"取消成组工作表"命令。

2. 选定单元格

　　当光标在工作区里显示为空心十字"⊹"时单击，可以选定光标所在单元格。如果目标单元格不在当前屏幕，可先通过鼠标滚动屏幕来定位。

　　在名称框内输入要选定的单元格地址或名称，也可以选定单元格。

3. 选定单元格区域

　　直接用鼠标左键在选定的区域上拖动。但当区域较大，则可以首先选定区域左上角的单元格，然后按住"Shift".键，再选定右下角的单元格。

　　在名称框输入已命名的区域地址，也可以选定该区域。

4. 选定不连续的单元格或单元格区域

　　按住"Ctrl"键后再逐个选定单元格或单元格区域。

5. 全选

　　单击"全选"按钮，或者按快捷键"Ctrl+A"。

6. 选定行或列

　　单击行号（或列标）可以选定该行（或列）。如果要选定连续的行或列，则选定第一行（或列）后，用鼠标拖动；或选定第一行（或列）后，按住"Shift"键选定最后一行（或列）；如果要选定不连续的行（或列），则按住"Ctrl"键后依次单击行号（或列标）。

7. 键盘定位光标

- 上下左右移动一个单元格：按对应的"↑"、"↓"、"←"、"→"键。
- 上下移动一单元格，上移按"Shift+ Enter"、下移按"Enter"键。
- 左右移动一单元格：左移按"Shift+Tab"，右移按"Tab"键。
- 上下翻动一屏：按"PageUp"、"PageDown"键。
- 左右翻动一屏：按"Alt+PageUp"、"Alt+PageDown"键。
- 移动到 A1 单元格：按"Ctrl+Home"键。
- 移动到同行最左端单元格：按"Home"键。
- 移动到边界处：按"End+↑（或↓、←、→)"键。

4.2.2 工作表编辑

1. 插入或删除工作表

插入操作：执行"插入"→"工作表"命令，则在当前工作表之前插入新建的工作表。或者右击工作表标签，如图 4－9 所示，执行快捷菜单的"插入"命令，在弹出的"插入"对话框"常用"选项卡选择"工作表"，单击"确定"按钮，如图 4－10 所示。

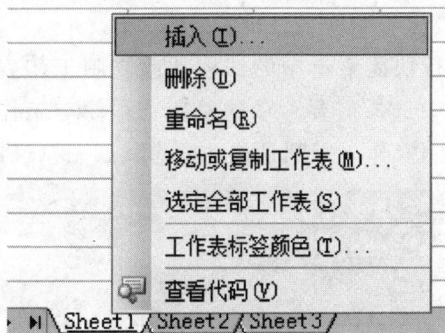

图 4－9 右击工作表标签的快捷菜单

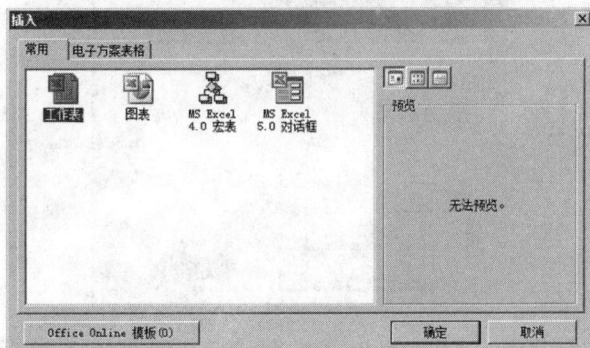

图 4－10 "插入"对话框

删除操作：选择要删除的工作表右击，在弹出的快捷菜单中选择"删除"命令。或者单击"编辑"菜单中的"删除工作表"命令。

注意：工作表删除后，不能恢复，删除前一定要慎重。

2. 修改工作表名称

双击工作表标签，然后修改工作表名称；或者右击工作表标签，执行快捷菜单中的"重命名"命令。

3. 设置工作表标签颜色

为了易于区别不同的工作表，可以给工作表标签设置不同的颜色。右击工作表标签，执行快捷菜单中的"工作表标签颜色"命令，在弹出的"设置工作表标签颜色"对话框中选择恰当的颜色。

4. 移动、复制工作表

Excel 2003 允许将一个工作表在同一个或多个工作簿中移动或复制。

（1）直接拖动实现

一个工作簿之间的移动：选定需要移动的工作表标签，然后拖动。

两个工作簿之间的移动：打开两个工作簿，执行"窗口"→"重排窗口"，把工作表的标签从一个工作簿移到另一个工作簿。

如果按住"Ctrl"键进行拖动，在箭头的上方出现一个"🗋"号，则表示复制工作表。

（2）使用快捷菜单

右击工作表标签，执行快捷菜单中的"移动或复制工作表"命令，在弹出的"移动或复制工作表"对话框中选择需要移动的目标工作簿与工作表位置。如果选中"建立副本"复选框，则是复制操作，否则是移动操作。如图4－11所示。

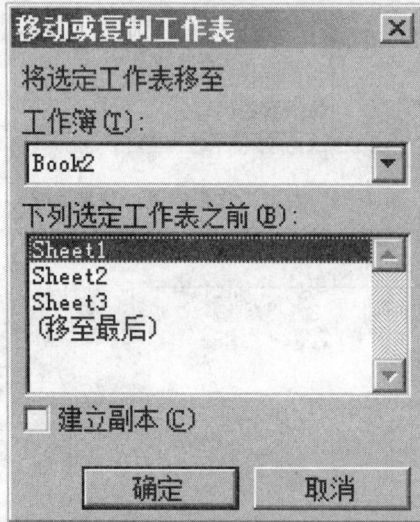

图 4－11　移动或复制工作表

4.3　编辑工作表数据

4.3.1　数据输入的方法

• 输入数据：先选定目标单元格，直接在单元格中输入数据，或者在编辑栏中输入。输入完毕按"Enter"键或"Tab"键或者将光标移往别的单元格。如果放弃则按"Esc"键。

• 强制换行：一般情况下，输入的数据一行显示，如果多行显示需强制换行，按"Alt＋Enter"键。

• 自动换行：选定自动换行的单元格，选择"格式"→"单元格"命令，弹出"单元格格式"对话框，选择"对齐"选项卡，选中"文本控制"中的"自动换行"。

如图 4-12 所示。

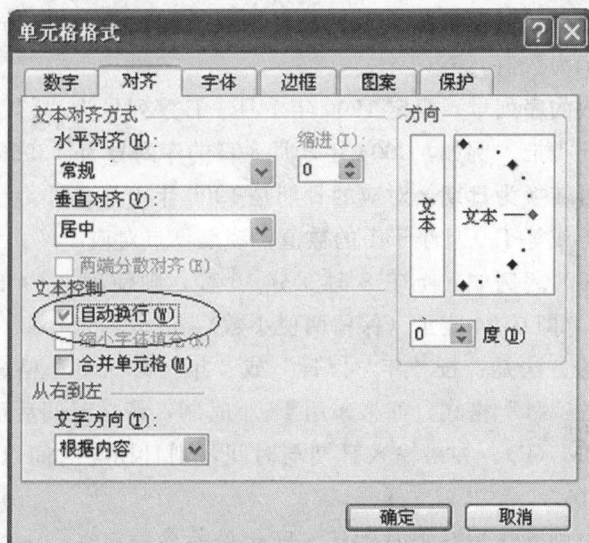

图 4-12　"单元格格式"对话框

4.3.2　数据类型

Excel 2003 单元格中的数据，是分类处理的，可分为字符型、数值型、逻辑型三种。

1. 字符型（文本型）

字符型数据只是一种标记，只是一串任意字符组成，无数量概念。包括字符串、结果为字符串的函数或公式。例如，"计算机文化基础"、"Computer"、"2008"等。

许多时候需要输入一些由数值组成的文本，这些数值无数量的概念，例如电话号码、邮政编码、身份证号码。对于位数较多的数值型文本如果直接输入则会显示为科学记数法格式，不能显示所有数字；对于由"0"前导的编号，如果把它当做数值型输入，将失去左边的"0"。这些数据就需要作为字符型输入。

输入方法是：对于分散的少量的数据，可在输入数字之前加（'），注意（'）是半角英文输入状态下的单引号。如果是大量的集中的数据，可以先将对应的单元格格式设为字符型，再输入数字。

字符默认的对齐方式为左对齐。

2. 数值型（数字型）

数值型数据具有数量概念，包括数值常数、结果为数值的函数和公式。其中数值常数需要以 0~9，+（加），-（减），$ 或 ￥（货币元）开头且后面只能跟数字组合（如数字、小数点、E、e、‰等），数字间不能有空格，最多可出现一个小数点。

输入太大或太小的数值后，会自动转为科学记数法显示，例如输入"123456789012"，则显示为"1.23457E+11"，即是 $1.23457 * 10^{11}$。

合法的数值输入，例如，8、8.8、88%、8000、8,000、$8、8e+8；非法的数值

输入，例如，1.23.45、8.8 厘米、八十八。

日期与时间也使用数值型数据表示。把日期和时间的单元格格式设置为"数值"，则日期和时间就显示为数值。

日期是一个整数的序列号，规定 1900 年 1 月 1 日序列号为"1"，1900 年 1 月 2 日序列号为"2"，依此类推。例如，2008 年 8 月 8 日的序列号为"39668"。

注意：数据 0 可转换为日期，对应的日期是 1900 年 1 月 0 日。

时间是一个大于或等于 0 且小于 1 的数值，凌晨零点对应"0"，每增加 1 秒则对应增加 $1/(24*60*60)$。例如，上午 8 时 9 分 10 秒，则使用 $(8*60*60+9*60+10)/(24*60*60)$ 即 0.34 表示（保留两位小数）。

输入日期时间的方法是：按"年/月/日"或"年－月－日"格式输入；如果输入时间，可按"时：分：秒"格式，如果采用 12 小时制，请在时间后面添加一空格，并输入 AM（A）或 PM（P）。如果输入日期与时间，则日期与时间以空格相隔，例如，2007－7－26 20:30。

如果省略年份，则默认为系统时钟年，即年份输入数字在 00～29 之间，Excel 将其解释为 2000～2099 年。例如，输入 08－08－08，Excel 2003 认为这个日期是 2008 年 8 月 8 日。输入的数字在 30～99 之间，Excel 将其解释为 1930～1999 年。例如，输入 98－08－08，Excel 2003 认为这个日期是 1998 年 8 月 8 日。

如果输入日期、时间后显示的形式不是日期、时间的表示方式，则需要设置合适的单元格格式。

数值型数据默认的对齐方式为右对齐。

3. 逻辑型

只有两个值：TRUE、FALSE，分别表示"真"、"假"，"成立"、"不成立"等相反的两个量。单元格中很少直接使用这两个量，间接用在公式和函数以及数据处理的逻辑判断条件中。逻辑型数据默认的对齐方式为居中对齐。

4.3.3 移动与复制数据

移动或复制数据就是将工作表中某单元格或单元格区域的数据移到或复制到不同的地方。具体操作方法是：

1. 通过鼠标拖动操作

这种操作只适合短距离小范围的移动或复制。

当前选定的单元格（或单元格区域）的边框显示为粗线，将光标移动到粗框线上，则光标显示为十字箭头。此时拖动，可以移动该单元（或单元格区域）的内容。需要注意的是，在移动单元格（或单元格区域）时，将替换目标区域中的数据。如果按"Ctrl"键（箭头的右上角有个"＋"号）进行上述操作，则是复制。

2. 利用命令操作

①选定要移动（或复制）的单元格（或单元格区域）。

②执行"编辑"→"剪切"或（"复制"）命令。

③选择目标单元格（或单元格区域的左上角单元格）。

④执行"编辑"→"粘贴"命令。

剪切、复制、粘贴命令的操作也可以分别通过单击"常用"工具栏的"剪切"按钮、"复制"按钮、"粘贴"按钮来执行，或者分别使用"Ctrl＋X"、"Ctrl＋C"、"Ctrl＋V"快捷键。

需要说明的是，如果通过拖动鼠标或单击"剪切"按钮或"复制"按钮，再单击"粘贴"按钮来复制单元格，将复制整个单元格，包括其中的公式及结果、批注和格式。

3. 选择性粘贴

复制的操作不但可以复制整个单元格（或单元格区域），而且还可以复制单元格（或单元格区域）中的指定内容。

在粘贴操作时，粘贴区域右下角会出现"粘贴选项"按钮，单击该按钮，可以选择合适的粘贴选项。或者在执行"编辑"→"复制"命令后，再执行"编辑"→"选择性粘贴"命令，此时会弹出"选择性粘贴"对话框，可以选择需要的粘贴选项进行粘贴。如图 4－13 所示。

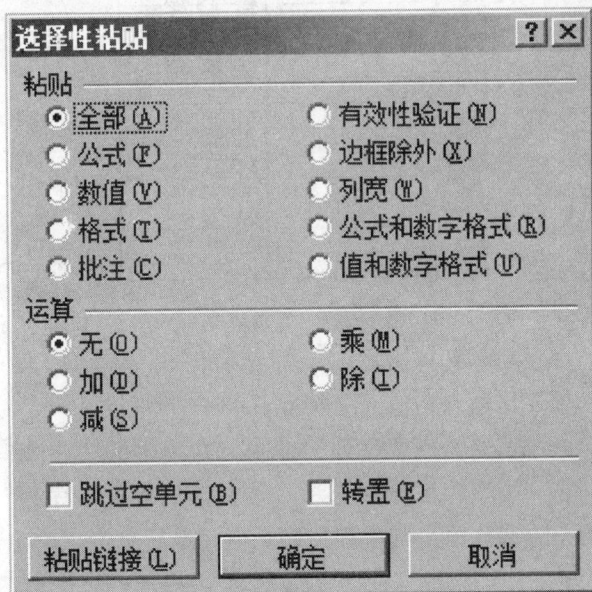

图 4－13　"选择性粘贴"对话框

其中"转置"的含义是，原本纵向（或横向）排列的数据，转置粘贴后变成横向（或纵向）。

4.3.4　填充

通过填充操作，可以向表格中若干连续的单元格快速填充一组有规律的数据，减少用户数据录入的工作量。填充主要用于大量复制单元格，或者填充序列。数值型的数据序列可分为等差序列与等比序列。

1. 鼠标拖动

当前选定的单元格（或单元格区域）的边框线显示为粗线条，但仔细观察可以发现粗边框线是不闭合的，在其右下角有一个点，该点称为"填充柄"。将光标移动到填充柄，则光标显示为实心十字"**十**"。此时进行拖动（不限方向），然后通过填充区域右下角出现的"粘贴选项"按钮（图）进行选择，可以进行复制或填充序列。

等差序列的填充：首先输入前面两个单元格的值，再选定此两个单元格后拖动填充柄。需要注意的是，等比序列不能通过这种方法填充。

例如，选定 A3:A4 区域后双击，如图 4－14 所示，则在 A5:A20 区域会填充步长为 1 的等差序列。

	A	B
1		
2	**编号**	**姓名**
3	1	曾冠琛
4	2	曾丝华
5		陈芳芳
6		陈焕
7		姜雪
8		李晓漩
9		文晓花
10		吴美英
11		肖子良
12		杨蕙盈
13		杨仕丽
14		郑丽君
15		郑敏
16		郑敏珊
17		蔡少娜
18		关俊民
19		韩世伟
20		何军

图 4－14　等差填充

2. 命令填充

①在序列开始的单元格输入初值。

②执行"编辑"→"填充"→"序列"命令，在弹出的"序列"对话框中选择序列产生在行还是列，在"类型"区域中选中"等差（或等比）序列"单选按钮，再输入步长值（即相等的差值或比值）与序列的终止值，最后单击"确定"按钮。如图 4－15 所示。

也可以在序列开始的单元格输入初值，然后选定需要填充序列的区域，再执行"编辑"→"填充"→"序列"命令进行以上所述的操作，此时就不必输入序列的终止值。

3. 自定义序列

Excel 2003 除了本身提供的序列外，用户还可以自己定义有规律的序列进行填充。

例：自定义序列"早晨、上午、中午、下午、晚上"进行填充。

操作方法是：

①执行"工具"→"选项"命令，在弹出的"选项"对话框中选择"自定义序列"

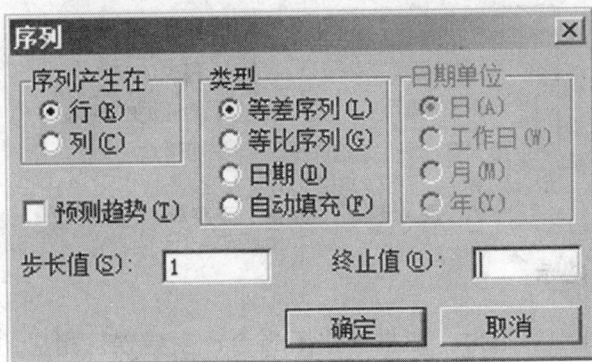

图 4—15　"序列"对话框

选项卡。如图 4—16 所示。

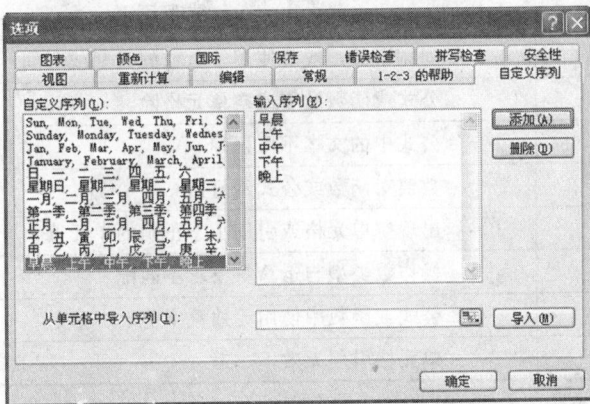

图 4—16　添加自定义序列

②选择"自定义序列"列表框中的"新序列"选项，然后在"输入序列"文本框中，从序列的第一个元素开始输入。

③每输入一个元素后，按"Enter"键（注意不要输入逗号）。

④整个序列输入完毕后，再单击"添加"按钮，最后单击"确定"按钮。

当在开始单元格输入"早晨"后填充，会在目标单元格区域重复出现"早晨"、"上午"、"中午"、"下午"、"晚上"。

4.3.5　清除命令

清除单元格，指的是仅清除单元格的内容（公式和数据）、格式（包括数字格式、条件格式、底纹和边框线）或批注，但是空白单元格仍然保留在工作表中。

执行"编辑"→"清除"命令，如图 4—17 所示，在下一级级联菜单中选择"全部"或"格式"、"内容"、"批注"等，则可以清除不同的内容。

如果使用键盘上的"Delete"、"Backspace"键，则仅是清除单元格中的内容，而保留其中的批注或单元格格式。

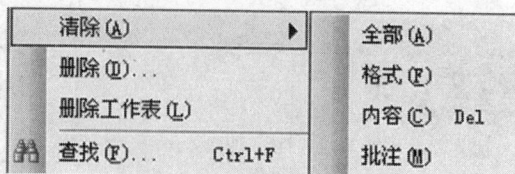

图 4—17 "清除"子菜单

4.3.6 错误提示

Excel 2003 在处理数据时，如果操作不当会产生错误，相应的单元格会出现以"＃"开头的错误信息提示。主要的错误提示及原因如表 4—1 所示。

表 4—1 Excel 2003 错误提示信息

提 示	错误原因
＃＃＃＃	列宽不够，或者使用了负数的日期或时间
＃DIV/0!	公式或函数被零或空单元格除
＃NAME?	公式中的文本不可识别
＃N/A	数值对函数或公式不可用
＃NULL!	出现空单元格或引用了不正确的单元格
＃VALUE	操作数类型与运算符要求不匹配
＃NUM!	公式或函数中使用无效数字值
＃REF!	单元格引用无效

单击出现错误提示信息的单元格（但＃＃＃＃除外），将出现一个黄色菱形里的感叹号，单击该感叹号，会出现用于检查、修正错误的操作命令。如图 4—18 所示。

如果单元格左上角有一个绿色的小三角符号，则是提示该单元格可能有错误，也可能不是错误。单击此单元格，也会出现一个黄色菱形里的感叹号，单击该感叹号，将出现错误信息的说明与修正的操作。如果没有错误，则选择"忽略错误"命令，可以消除绿色小三角符号。例如，字符型数值单元格，虽然提示可能有错误，但可以根据实际情况忽略错误。如图 4—19 所示。

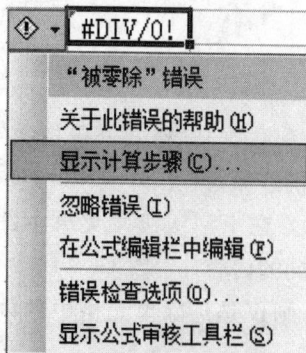

图 4—18 被零除错误信息

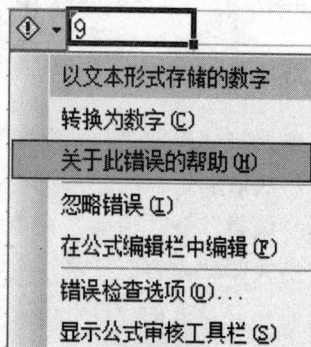

图 4—19 字符型数值提示信息

4.4　工作表的格式化

4.4.1　字体格式

设置字体格式的方法是：

①选定需要设置的单元格或单元格区域。

②执行"格式"→"单元格"命令（或者右击，在弹出的快捷菜单中选择"设置单元格格式"命令），在弹出的"单元格格式"对话框中选择"字体"选项卡，然后进行设置。如图 4－20 所示。

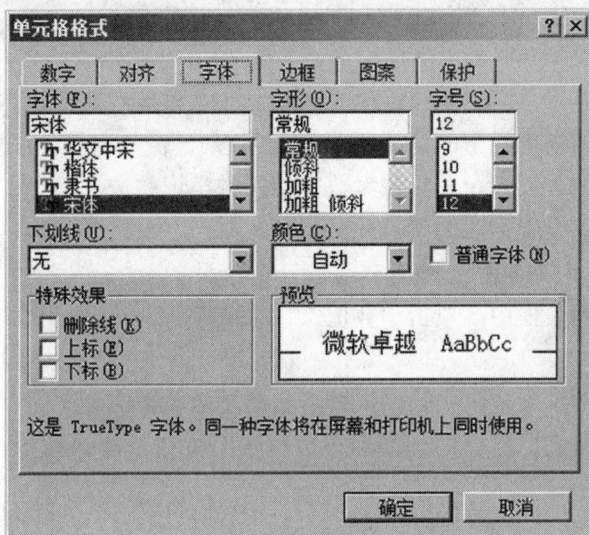

图 4－20　"字体"选项卡

设置字体格式还可以利用"格式"工具栏上的有关字体设置按钮快捷设置。

4.4.2　数值格式

对于单元格中的数值可以变换不同的显示形式，但值是相同的。单元格中的数据有时与编辑栏中数据显示是不同的。例如，单元格中输入的是公式，则显示公式运算的结果，而编辑栏则显示公式的本身。

执行"格式"→"单元格"的命令（或者右击，在弹出的快捷菜单中选择"设置单元格格式"的命令），在弹出的"单元格格式"对话框中选择"数字"选项卡。在左边的分类框中将显示所有的格式，其中包括"会计专用"、"日期"、"时间"、"分数"、"科学记数"和"文本"等。如图 4－21 所示。"特殊"分类包括邮政编码和电话号码之类的格式。各分类的选项则显示在"分类"列表框的右边。

"常规"数字格式是默认的数字格式。大多数情况下，"常规"数字格式以输入的

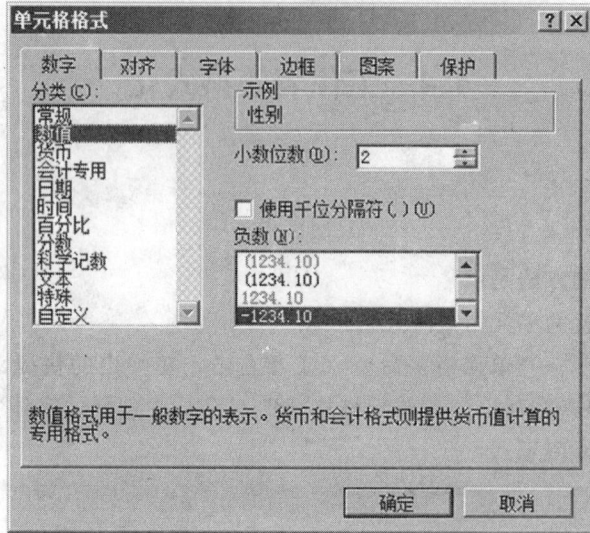

图 4—21 设置单元格数值显示格式

方式显示。但是，如果单元格的宽度不足以显示整个数字，则"常规"格式将对含有小数点的数字进行四舍五入，并对较大数字使用科学记数法。

常用的数字格式设置方法如下：

1. 更改显示的小数位数

①在"分类"列表框中，单击"数值"、"货币"、"会计专用"、"百分比"或"科学记数"。

②在"小数位数"数值框中，输入要显示的小数位数。

也可以利用"格式"栏上的"增加小数位数"按钮或"减少小数位数"按钮进行设置。

2. 改变负数的显示格式

可将负数的负号显示为括号、红色、红色带括号等，方法是：

①选择要更改的单元格。

②执行"格式"→"单元格"命令，选择"数字"选项卡。

③对于简单数字，在"分类"列表框中单击"数值"；对于货币，在"分类"列表框中单击"货币"。

④在"负数"列表框中，选择负数的显示样式。

3. 显示或隐藏千位分隔符

有时为了方便读数，数值从小数点开始往左每隔 3 位添加千位分隔符，添加（或去除）的方法是：

①单击"分类"列表框中的"数值"选项。

②选中或清除"使用千位分隔符（,）"复选框。

也可利用"格式"工具栏上的"千位分隔样式"按钮进行设置。

4. 以分数、百分比、科学记数法形式显示数字

若要将数字以分数形式显示，单击"分类"列表框中的"分数"，然后单击要使用的分数类型。

若要将数字以百分比的形式显示，单击"分类"列表框中的"百分比"。在"小数位数"数值框中输入要显示的小数位数。也可以利用"格式"工具栏上的"百分比样式"按钮 进行设置。

若要将数字以科学记数法显示，单击"分类"列表框中的"科学记数"。在"小数位数"数值框中，输入要显示的小数位数。

5. 改变日期或时间格式

单击"分类"列表框中的"日期"或"时间"，然后选择所需的格式。

6. 如何添加或删除货币符号

在"分类"列表框中，单击"货币"选项。

如果要添加货币符号，从中选择所需的选项；要删除货币符号，单击"无"。

如果要添加默认的货币符号，也可以单击"格式"工具栏上的"货币样式"按钮 进行设置。

7. 将数字设置成文本格式

如果要将单元格预设置为文本格式，则在"分类"列表框中，单击"文本"，再单击"确定"按钮。

8. 将存为文本的数字转换成数字

①执行"工具"→"选项"命令，选择"错误检查"选项卡。确保选中了"允许后台错误检查"和"数字以文本形式存储"复选框。

②选中任何在左上角有绿色错误提示指示符的单元格。

③在单元格旁边，单击出现的 ，再单击"转换为数字"选项。

4.4.3　设置行高、列宽

1. 设置行高、列宽

选定需要设置的行（或列），或者该行（或列）所在的单元格，执行"格式"→"行"→"行高"（或"格式"→"列"→"列宽"）命令，在弹出的"行高"（或"列宽"）对话框中设置合适的数值。需要注意的是，行高与列宽的单位不相同。

将光标移至行号或列标的交界处进行拖动（光标变为 或 字形状），可以调整光标其上（或其左）的行或列。

如果要统一设置相同的行高或列宽，可以先选定需要调整的若干行或列，然后将光标移至某一行的行号（或列标）的交界处调整，此时所有选定的行（或列）会调整为相同的行高（或列宽）。

2. 设置合适的行高、列宽

如果希望行高或列宽恰好能完全显示单元格内容，则可以选定需要设置的行或列，执行"格式"→"行"→"最合适的行高"（或"格式"→"列"→"最合适的列宽"）命令。

也可以在该行（或列）其上（或其左）交界处双击。

如果要同时设置若干行或列为最合适的行高或列宽，则选定这几行或列，在其中某一行（或列）其上（或其左）交界处双击，这样这几行（或列）都会同时设置为最合适的行高或最合适的列宽。

如果单元格的内容显示为"＃＃＃＃＃"，则表明该单元格的列宽不够，需要加大列宽才能显示单元格的内容。

3. 隐藏行或列

为了显示的需要，可以将某几行（或列）隐藏起来。选定需要隐藏的行（或列），或者该行（或列）所在单元格，执行"格式"→"行"（或"列"）→"隐藏"命令。该行或列隐藏后，行号或列标也将隐藏起来。被隐藏的行（或列）的行号（列号）交界线变粗（│ A │ C │ D │ 可以看出 A、C 之间隐藏 B 列），以便用户查看。

也可以通过调整行高（或列宽），使行的高度或列的宽度为 0，达到隐藏的效果。

如果要取消隐藏，则选择已隐藏的行或列两侧的行或列，执行"格式"→"行"（或"列"）→"取消隐藏"命令。

也可以将光标移至被隐藏的行号下方或列标右侧拖动，注意：只与交界线接近，而不要重合，这时光标变为有一条双线的十字形符号（✛或✛，向下（向右）拖动，则可以取消隐藏。

4.4.4 对齐方式

1. 文本对齐方式

选定需要设置对齐方式的单元格（或单元格区域），执行"格式"→"单元格"命令（或者右击，在弹出的快捷菜单中选择"设置单元格格式"命令），在弹出的"单元格格式"对话框中选择"对齐"选项卡然后进行设置。如图4-22 所示。

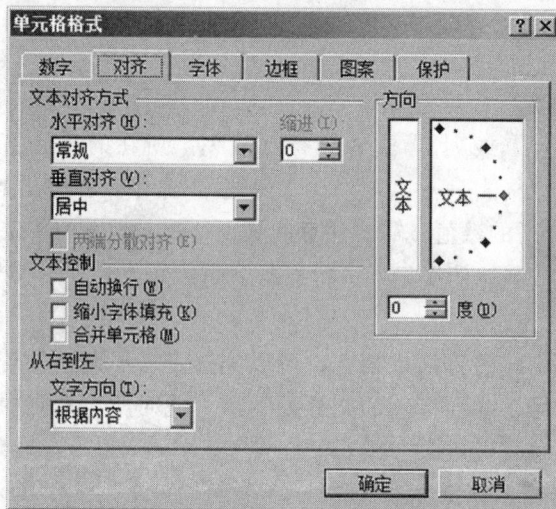

图 4-22 设置单元格对齐方式

　　单元格中水平方向对齐有：靠左、靠右、居中、两端对齐、分散对齐、跨列居中等；垂直方向有：靠上、居中、靠下、两端对齐、分散对齐等。

　　分散对齐：单元格的内容在水平方向均匀分布。

　　跨列居中：如果某单元格的内容太多、需要跨越其他列才能完全显示，则以该单元格为最左侧的单元格，选定需要跨越的其他单元格（注意：其他单元格中不能有数据，否则跨列居中的是其他单元格中的数据），选择"水平对齐"下拉列表框中的"跨列对齐"。

　　设置水平对齐方式还可以利用"格式"工具栏的"左对齐"、"右对齐"、"居中对齐"按钮来设置。

2. 文本方向

　　设置文本方向：如果设置单元格的内容沿垂直方向显示，则选择竖排的文本方向。如图 4－23 所示。

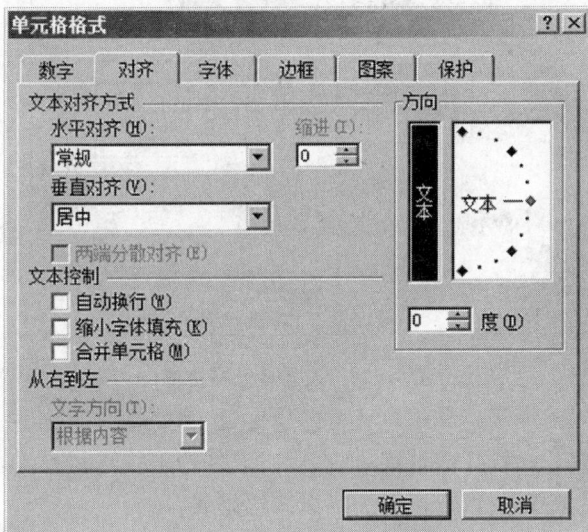

图 4－23　设置单元格文本方向

　　如果设置单元格的内容旋转一定角度，则拖动文本方向的指针，调整为需要的角度。

3. 文本控制

　　合并单元格：将多个单元格合并为一个单元格。首先选定需要合并的单元格，然后选中"合并单元格"复选框。也可以通过"格式"工具栏中的"合并及居中"（　　）按钮完成。

　　自动换行：如果允许同一单元格的内容分多行显示，则选中"自动换行"复选框。

　　缩小字体填充：如果希望将单元格内的字体缩小至能容纳得下所有内容，则选中"缩小字体填充"复选框。

4.4.5　边框和底纹

1. 边框

添加边框线的方法是：

①选定要添加边框线的单元格或单元格区域。

②执行"格式"→"单元格"命令（或者右击，在弹出的快捷菜单中选择"设置单元格格式"的命令），在弹出的"单元格格式"对话框中选择"边框"选项卡。如图4－24所示。

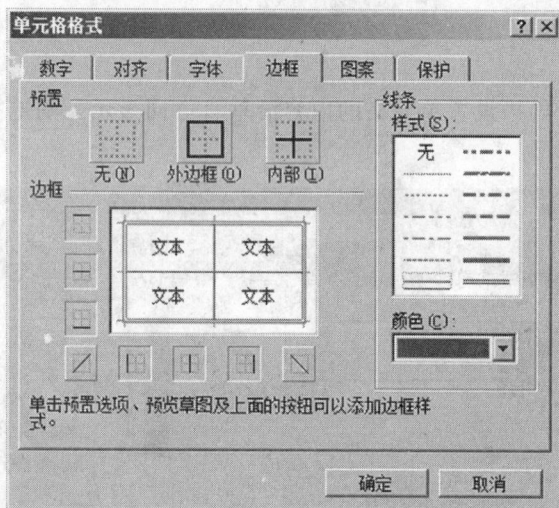

图4－24　设置单元格边框

③选择合适的线条样式、颜色。

④选择"外边框"或者"内部"，依次对内、外边框线进行设置。

⑤通过"边框"的选项，可以添加或删减边框线。

或直接单击"格式"工具栏上的"边框"按钮。例如，依次选择"所有框线"、"粗匣框线"按钮，即可以添加上外粗内细的边框线。如图4－25所示。

也可打开"边框"工具栏，通过画笔绘图边框。如图4－26所示。

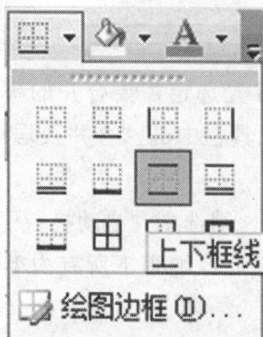

图4－25　绘图边框

图4－26　"边框"对话框

2. 底纹

设置单元格或单元格区域的底纹格式的方法是：

①选定需要设置的单元格或单元格区域。

②执行"格式"→"单元格"命令（或者右击，在弹出的快捷菜单中选择"设置单元格格式"命令），在弹出的"单元格格式"对话框中选择"图案"选项卡。如图4－27 所示。

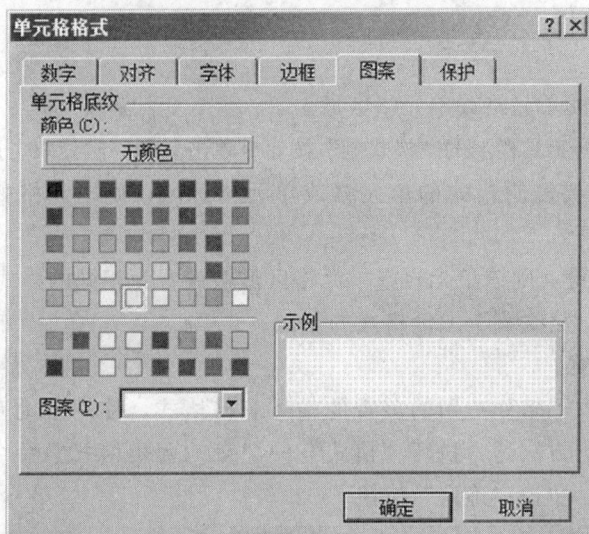

图 4－27　设置单元格底纹格式

③在"颜色"选项可以选择底纹的颜色，在"图案"下拉列表框中选择合适的图案样式以及颜色。

也可以利用"格式"工具栏上的"填充颜色"（ ）按钮设置底纹颜色。

4.4.6　高级设置

1. 样式

样式是含有各种格式，如数字、字体、边框线、图案等组合。利用样式可以快速给选定对象格式化。

（1）创建样式

① 执行"格式"→"样式"命令，在"样式名"文本框中输入名称。

② 单击"修改"按钮，在弹出的"单元格格式"对话框中进行设置。

③ 单击"添加"按钮。注意：如单击"确定"按钮则不但建立了样式而且当前单元格将应用该样式。

（2）应用样式

① 选定要格式化的单元格或区域。

② 执行"格式"→"样式"命令，再单击所需的样式名字，最后单击"确定"按钮。

（3）修改样式

① 执行"格式"→"样式"命令，在"样式名"文本框中选择名称。

② 单击"修改"按钮，在弹出的"单元格格式"对话框中重新进行设置。

③ 单击"确定"或"增加"按钮。

2. 格式刷

工作表的编辑过程中，可以利用常用工具栏中的"格式刷"按钮（　　）进行单元格格式的复制操作。

操作方法如下：

① 选择要复制的单元格或单元格区域。

② 单击（双击）工具栏上的"格式刷"按钮（单击只刷一次，双击连续刷）。

③ 将鼠标移到要复制格式的单元格或单元格区域，此时"格式刷"旁边多了个"格式刷"图案。

④ 单击鼠标左键，则该单元格或单元格区域被设置为相同的格式。如果是多次刷，完成后，再次单击"格式刷"取消格式的复制。

3. 自动套用格式

Excel 2003 提供了多种常用的美观的整体表格格式，使用自动套用格式，可以减少格式设置的操作。方法是：执行"格式"→"自动套用格式"命令，如图 4-28 所示，选择所需格式，单击"确定"按钮。

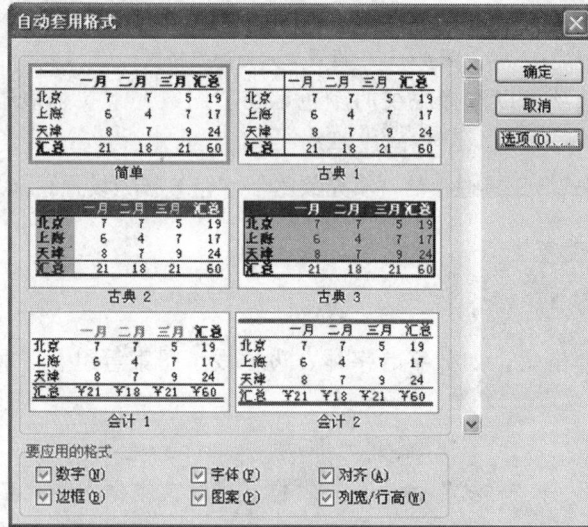

图 4-28　"自动套用格式"对话框

自动套用格式时，既可套用全部格式，也可套用部分格式。单击对话框中的"选项"按钮，在对话框中列出的"要应用的格式"中选择需要的格式。没有选中的是不需要套用的格式。

若欲删除某一区域的自动套用的格式，则先选择欲删除格式的单元格区域，选择"格式"→"自动套用格式"命令，在弹出的对话框的格式列表中选择"无"，如

图 4—29 所示，单击"确定"按钮确认。

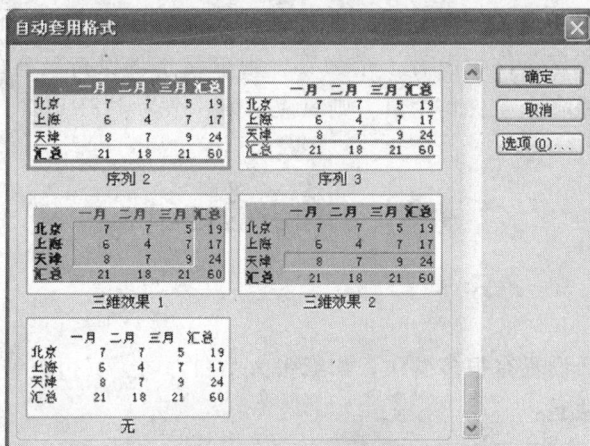

图 4—29　"无"自动套用格式

4. 条件格式

有时为了浏览方便，对符合某种条件的单元格以不同的格式进行强调显示，使得用户在使用工作表时，可以快捷、方便地获取重要的信息。例如，不及格的成绩以红色字体显示。而且，当输入新的或修改数据时，新的数据也会自动根据规则用不同的格式来显示。

条件格式实现步骤是：

①选中要设置条件格式的单元格或单元格区域。

②执行"格式"→"条件格式"命令，弹出"条件格式"对话框。如图 4—30 所示。

图 4—30　"条件格式"对话框

③若要将选定单元格中的值作为格式条件，则在"条件"下拉列表框中选择"单元格数值"选项，接着选定比较词组，然后键入常量值或公式。如果输入公式，则必须以等号"＝"开始；若要将公式作为格式条件（用于计算所选单元格之外的数据或条件），则首先选择"公式"选项，然后输入结果为逻辑值"TRUE"或"FALSE"的公式。

④单击"格式"按钮，设置当单元格的值满足条件时要应用的格式。

⑤如果要加入其他条件，单击"添加"按钮，然后按上述方法设置，至多可以指定三个条件。如果指定条件中没有一个为真，则单元格将保持已有的格式。注意：使用多个条件时，如果多个条件均为真，则只应用第一个为"TRUE"的条件的格式。

4.5　工作表的打印

1. 页面设置

Excel 2003 页面设置有很多操作，如纸张大小和方向、页边距等。

页面设置的方法是：

执行"视图"→"页眉和页脚"命令（或者执行"文件"→"页面设置"命令），弹出"页面设置"对话框。在此对话框中可以设置纸张大小、方向、缩放比例。如图4−31 所示。

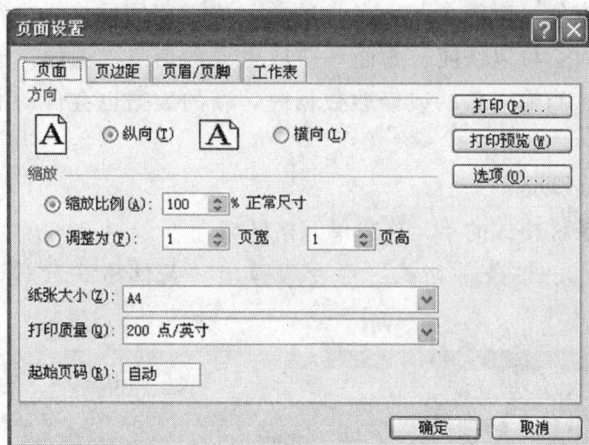

图4−31　"页面"标签

2. 页眉和页脚

每张工作表上可以设置一种自定义页眉和页脚。如果创建了新的自定义页眉或页脚，它将替换工作表上的其他自定义页眉和页脚。

在"页面设置"对话框中选择"页眉/页脚"选项卡。如图4−32 所示。

若要根据已有的页眉或页脚来创建页眉或者页脚，在"页眉"或"页脚"下拉列表框中单击所需的页眉或页脚选项。

若要创建自定义页眉或者页脚，单击"自定义页眉"或"自定义页脚"，再在对话框中单击"左"、"中"或"右"编辑框，然后在所需的位置输入相应的页眉或页脚内容，或直接单击中间一排按钮插入页码、日期、时间等预定义项。

3. 打印标题

在打印时，很多时候需要每页的表格打印相同的标题，那么，可以在"页面设置"

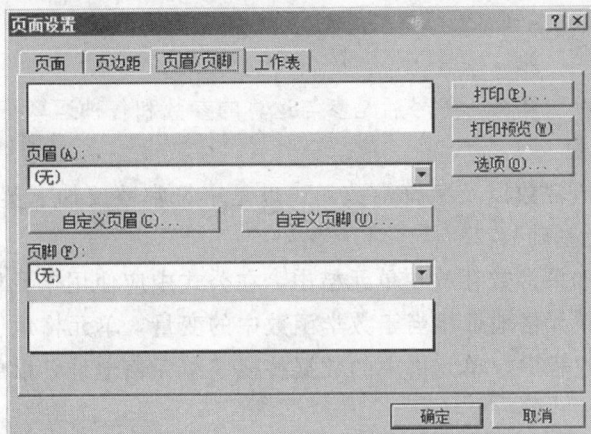

图 4-32　"页眉/页脚"标签

对话框中选择"工作表"选项卡，然后在"顶端标题行"与"左端标题列"中设置。
如图 4-33 所示。

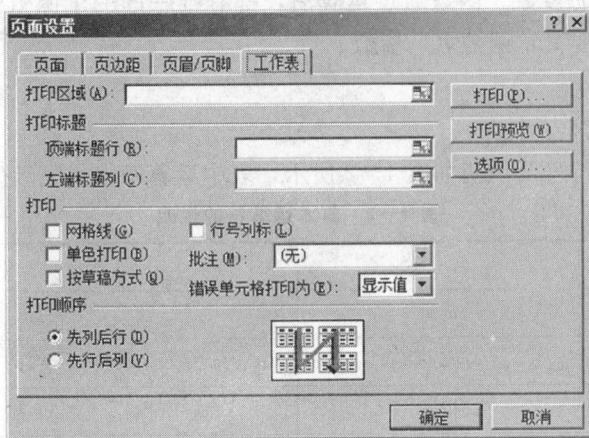

图 4-33　"工作表"标签

在"工作表"标签中还可以设置"打印区域"。

完成所有设置后，可以先观察"打印预览"效果，待结果满意后，点击"打印"，
完成工作表的输出。

4.6　公式和函数

Excel 2003 的一个重要功能是计算，而计算通常由公式实现。公式是对工作表中
已输入的数据进行计算的等式，当在单元格中输入公式后，通过计算处理，单元格显
示公式计算的结果，编辑栏显示公式本身。

4.6.1　公式

公式必须以"＝"开头，等号后是参与运算的参数和各种运算符。

1. 公式中的参数

常数：包括数值常数以及字符常数，如果是字符常数要加上英文半角的双引号，例如，"计算机文化基础"。

单元格引用：如果常数存放在单元格中，在公式中应使用单元格地址，而不用常数自身。在公式中单元格地址相当于数学函数中的变量，单元格地址表示单元格中的数据。在公式计算过程中，单元格中的数据替换了单元格地址，以单元格中的数据参与计算。

注意：在单元格输入单元格引用参数时，可以直接输入单元格或单元格区域的地址，也可以使用鼠标选定单元格或单元格区域，其地址将自动输入。

函数：函数是一些预定义的公式，只能在公式中，方能起作用。每个函数都有固定的函数名和对应的参数。函数通过运算后，都有唯一的一个函数值，其值又作为公式参数。函数的三要素：函数名、参数、值。

2. 运算符

（1）算术运算符

算术运算符的符号及说明如表 4－2 所示，表中运算符按优先级先后排列。

表 4－2　算术运算符的说明

运算符	名　称	示　例
—	负号	—88
％	百分号	A1％、A1％＋A2
ˆ	指数	A1ˆ2
＊ 和/	乘法和除法	A1＊A2、A1/A2
＋和—	加法和减法	A1＋A2、A1—A2

注意：算术运算符不能应用于字符型数据，否则显示错误信息"＃VALUE!"但可应用于数值型的字符，且直接转换为数值。如在 A1 单元格中输入"88"，在 A2 单元格输入"＝A1＋1"，则 A2 显示结果为"89"。

算术运算符的优先级从高到低依次为：—（负号）→％→ˆ→＊和/→＋和—（减号）。

（2）文本连接运算符

使用 and 号"＆"连接字符串，结果是字符串。公式中的参数如果是字符型常量，则必须加一对英文半角双引号（""）。例如：＝"计算机"＆"文化基础"，结果为"计算机文化基础"。

（3）关系运算符

可以使用关系运算符比较两个值，比较的结果是一个逻辑值，"TRUE"或"FALSE"。关系运算符的符号及说明如表 4－3 所示。

表 4-3　关系运算符的说明

运算符	名　称	示　例
＝	等于	A1＝A2
＞、＞＝	大于、大于等于	A1＞A2、A3＞＝A4
＜、＜＝	小于、小于等于	A1＜A2、A1＜＝A2
＜＞	不等于	A1＜＞A2

输入比较运算符时要注意，必须是在英文半角状态下输入。

比较运算符运算优先级均相同，使用比较运算符的参数一般为数值型，"＝"或"＜＞"亦用于字符型与逻辑型。公式成立则结果为"TRUE"，不成立则为"FALSE"。

（4）引用运算符

引用运算符的符号及说明如表 4-4 所示。

表 4-4　引用运算符的说明

运算符	名　称	示　例	
:	区域运算符	A1:A2	所有区域
,	联合运算符	A1:A2，A4:A6	合并区域
空格	交叉运算符	A1:A4　A3:A6	共有区域

注意：联合运算符中，运算符左右区域中有重叠区域，参与计算两次。

3. 运算次序

（1）运算符优先级

如果公式中同时用到多个运算符，Excel 将按如下所示的顺序进行运算：

－（负号）、％、＾、＊和/、＋和－（减号）、&、比较运算符（＝、＜、＞、＜＝、＞＝、＜＞）如果公式包含相同优先级的运算符，例如，公式中同时包含乘法和除法运算符，则从左到右进行运算。

（2）使用括号

要改变运算过程的顺序，可将公式中要先计算的部分用括号括起来。例如＝（B4＋C4）/SUM（D5:F5），公式的第一括号表明应首先计算 B4＋C4，然后再除以单元格 D5、E5 和 F5 中数值的和。

4.6.2　单元格引用

1. 公式复制与填充

单元格内的公式复制、填充方法，与一般的单元格复制、填充方式一样。最简单的方法是通过拖动公式单元格右下角的填充柄，或者双击填充柄。但是，如果公式有单元格引用的话，则公式复制与填充涉及引用类型的问题。

如果希望仅是复制公式单元格里的值，而非公式，则通过"选择性粘贴"进行操作。

2. 相对引用

组成公式计算部分的参数可以是常数，但用得较多的是单元格引用，即公式的计算部分是单元格地址。

相对引用是指把含有单元格地址的公式复制到一个新的位置或者进行公式填充时，公式中的单元格地址会随机变化。

如图 4－34 所示的工作表，在 B2 单元格输入"＝A2＋B1"，则返回"5"，也就是"2＋3"的值。

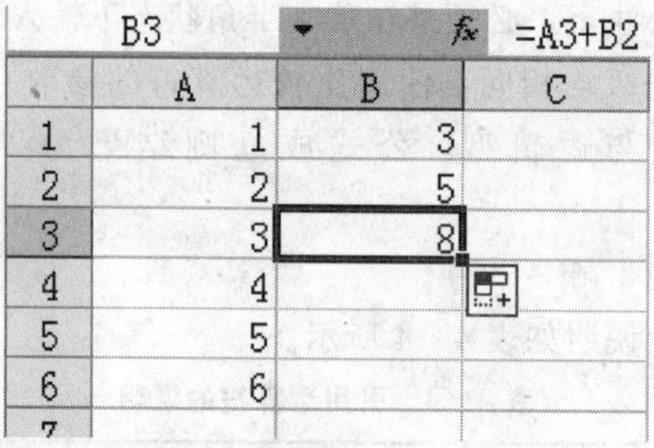

图 4－34　工作表的相对引用

当将 B2 单元格的公式复制到 B3 单元格后，B3 单元格的结果为"8"。将光标选定 B3 单元格后，还可以发现编辑栏显示的公式为"＝A3＋B2"，而不是"＝A2＋B1"。之所以如此，是因为此时单元格引用是相对引用，也就是所引用的单元格地址，只不过是一种相对位置。

在 B2 单元格输入"＝A2＋B1"，其含义相当于，该单元格的返回值为其左边的单元格值加其上面的单元格值。当该公式复制到 B3 单元格后，其含义不变，因此该单元格的公式为"＝A3＋B2"。

3. 绝对引用

绝对引用是指把公式复制或填充到新位置时单元格地址保持不变。绝对引用的单元格形式是，在行号与列标前加"＄"符号，符号"＄"像一条链条，锁着单元格的变化。

如图 4－35 所示的工作表，在 D1 单元格中输入"＝＄A＄1＋＄B＄1＋＄C＄1"，则返回值"6"即"1＋2＋3"的值。如果向下填充，其值不变，这是因为公式中地址是绝对引用，其公式中引用的单元格是不变的，都为"A1＋A2＋A3"的和。

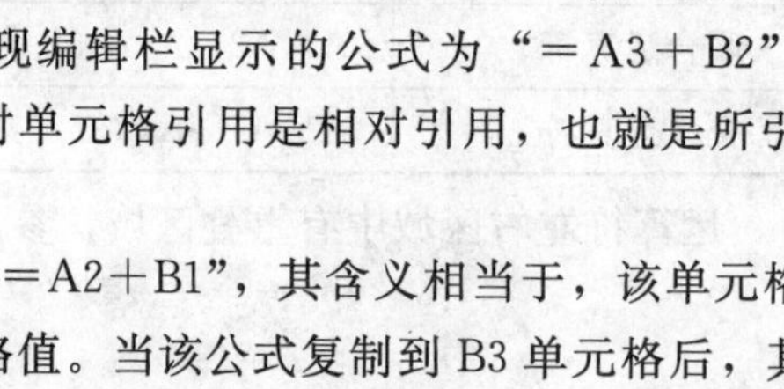

图 4－35　工作表的绝对引用

4. 混合引用

混合引用只保持行或列地址不变，即在一个单元格地址中，既有相对地址又有绝对地址，即绝对列和相对行，或是绝对行和相对列。例如，“$A1”、“A$1”的形式。复制公式时，相对引用改变，而绝对引用不变。

5. 引用类型的判别

选定公式中单元格引用参数，连续按“F4”键可以循环改变引用的类型。单元格的引用类型的判断可以通过以下方法：

①如果公式不需要复制或填充，则不必考虑公式中单元格的引用类型，一般情况下，采用相对引用。

②如果输入的公式，需要复制或填充，则必须考虑单元格地址的引用类型。

• 如果公式仅需要复制到同一行或者同一列，则只需考虑单元格地址的绝对引用。

判断的一般方法是：

先输入一行或一列的前两个公式，再观察这两个公式是否有相同的单元格引用参数，如果有，则该单元格引用为绝对引用。

例如，在如图 4－36 所示的工作表，要计算各月完成比例，则：

C3 单元格的公式为“＝B3/B9”

C4 单元格的公式为“＝B4/B9”

这两个公式引用了相同的 B9 单元格，因此，在 C3 单元格公式应为“＝B3/$B$9”，如图 4－37 所示，然后将这个公式填充到 C4:C8 单元格区域。

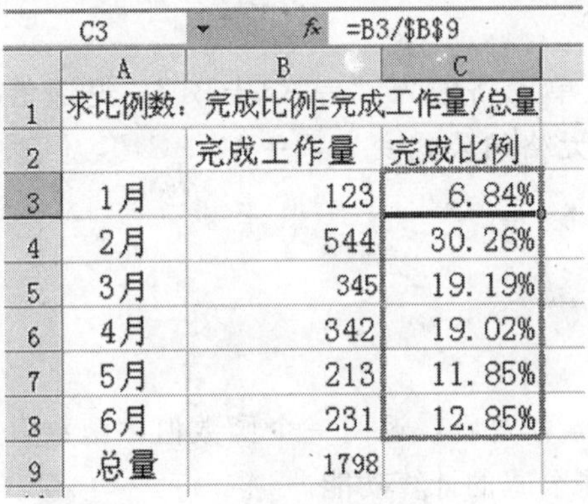
C3　=B3/$B$9

	A	B	C
1	求比例数：完成比例=完成工作量/总量		
2		完成工作量	完成比例
3	1月	123	6.84%
4	2月	544	30.26%
5	3月	345	19.19%
6	4月	342	19.02%
7	5月	213	11.85%
8	6月	231	12.85%
9	总量	1798	

图 4－36　工作表的绝对引用

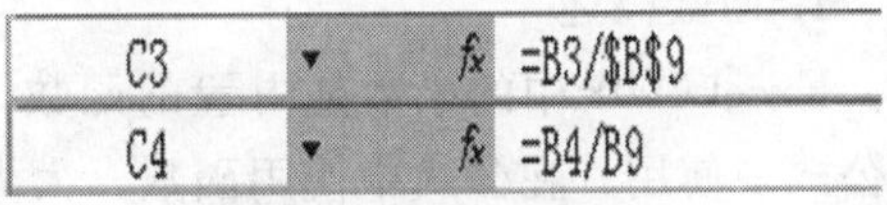

图 4－37　比较单元格引用

• 如果公式需要复制或填充到不止一行或一列的区域，则需考虑单元格地址的相对引用。

判断的一般方法是：

先输入该区域左上角单元格的公式，再输入该单元格右下角相邻的单元格的公式。比较两个公式，如果有不变的行（或列），则在该行（或列）前加上“$”符号，否则不需添加。

例如，制作九九乘积表。

① 首先列出 B3 单元格的公式为“＝B2＊A3”。

② 再列出 C4 单元格的公式为 "＝C2＊A4"。

③ 比较以上公式，在不变行号（或列标）前加上 "＄" 符号，即在 B3 单元格输入的公式为 "＝B＄2＊＄A3"。

④ 将 B3 的公式通过拖动复制到 C3:J3 单元格区域。

⑤ 选定 B3:J3 单元格区域的填充柄，拖动复制到 B4:J11 单元格区域。如图 4－38 所示。

G8			▼		fx	=G$2*$A8		
	A	B	C	D	E	F	G	H	I
1				九九乘积表					
2	1	2	3	4	5	6	7	8	9
3	2	4	6	8	10	12	14	16	18
4	3	6	9	12	15	18	21	24	27
5	4	8	12	16	20	24	28	32	36
6	5	10	15	20	25	30	35	40	45
7	6	12	18	24	30	36	42	48	54
8	7	14	21	28	35	42	49	56	63
9	8	16	24	32	40	48	56	64	72
10	9	18	27	36	45	54	63	72	81

图 4－38　九九乘积表

6. 公式的移动

当公式移动后，所引用单元格地址还是原来的地址，不会改变。

7. 单元格引用的移动

公式所引用的单元格（不论是相对引用还是绝对引用、混合引用）移动后，则公式会自动作相应改变，但返回值不会改变。

例如，如图 4－34 所示的工作表，在 B2 单元格输入 "＝A2＋B1"，返回值为 "5"。将 B1 单元格移动到 C4 单元格后，B2 单元格的公式变为 "＝A2＋C4"，但返回值仍然为 "5"。

4.6.3　函数

1. 函数概述

Excel 2003 中的函数是内置的函数，通过运算之后，返回一个函数值。函数只能在公式中使用，在公式中使用函数，大大增强了公式的计算功能。

函数有三要素：函数名，函数参数，函数的返回值。

函数名是 Excel 2003 中用固定的字符表示的，有特定的含义。

函数参数是函数名后一对括号内的内容，参数之间用逗号分隔，参数可以是常量、数字、文本、逻辑值、单元格的引用，函数本身也可以作为函数的参数，即嵌套使用。如果函数参数是文本量，必须用一对英文双引号括起来。

函数值是函数运算的结果，可以在公式中直接参与运算。

2. 函数的输入方法

（1）直接输入

直接输入，就像输入其他普通的数据一样，但如果函数单独使用，要先输入等号

"="。直接输入函数需要对函数比较了解，在输入过程中会有相应的提示。

（2）利用函数向导输入

利用编辑栏旁边的"插入函数"按钮（*f*），再根据对话框的提示输入。这种方法比较直观，建议使用本方法。特别适于参数较多的或嵌套使用的函数。

执行插入函数时，弹出"插入函数"对话框，如图 4－39 所示，插入的函数分为"财务"、"日期与时间"、"数学与三角函数"、"统计"、"查找与引用"、"数据库"、"文本"、"编辑"和"信息"这九大类。而"常用函数"指的是本计算机最近使用过的函数，并非工作中的常用函数。

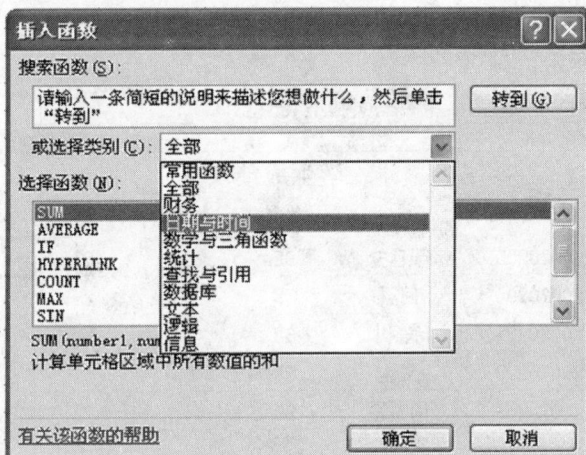

图 4－39　插入函数

例如，计算学生成绩表中的平均成绩，操作步骤为：

① 选定要输入函数的单元格 F3。如图 4－40 所示。

学生成绩表					
学号	姓名	高数	英语	计算机	平均分
20070205	李自立	92	85	87	
20070206	何其	78	80	85	
20070207	徐利	68	77	58	
20070208	文达	88	75	68	
20070209	周军军	85	77	72	

图 4－40　待定公式输入单元格

② 单击工具栏上的"插入函数"按钮，弹出"插入函数"对话框。

③ 在"选择函数"列表中选择要输入的函数，如果在列表中没有出现，则在"或选择类别"中查找，在此选择 AVERAGE 函数。单击"确定"，弹出"函数参数"对话框。如图 4－41 所示。

④ 选中"Number1"，输入单元格地址，或直接用鼠标拖动获取，如果对话框遮挡了数据单元格，则单击输入框右侧的折叠按钮，使对话框折叠起来，待获取后再单击展开。参数输入完毕后，查看对话框中计算的结果，如果正确，按"确定"即可。计

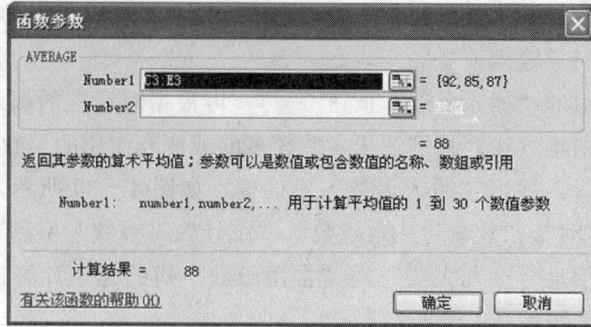

图4-41　"函数参数"对话框

算结果如图4-42所示。

图4-42　函数输入结果显示

3. 使用函数的注意事项

①在输入公式时，注意将输入法设置为英文输入法，不要设为中文输入法。

②要清楚函数的名称及其作用，不要将英文拼错，一些英文拼写相近的函数不要混淆，例如，COUNT 与 COUNTA。

③相似功能的函数，要理解其使用的场合。例如，SUM 是求和；SUMIF 是条件求和，其条件仅涉及数据库的一个字段；DSUM 是数据库求和，条件涉及数据库的两个及以上字段时，使用该函数。

④要明白函数的参数及其数据类型。要留意插入函数时弹出的"函数参数"对话框中的参数说明，参数引用的是单元格还是区域。

⑤要清楚函数的返回值是什么数据类型，什么意义，尤其要注意文本函数。

⑥在编辑栏输入包含函数的公式时，注意不要用鼠标单击其他无关的单元格，否则容易出错。编辑完成后，按回车键退出。

4. 数学函数

（1）绝对值函数

格式：ABS（number）

功能：返回 number 参数的绝对值。

例如：ABS（-1234.5）→1234.5

（2）取整函数

格式：INT（number）

功能：将 number 参数向下取整为最接近或相等的整数。

例如：INT（1234.5）→1234　　　INT（−456.78）→−457

（3）截尾取整函数

格式：TRUNC（number，num_digits）

功能：TRUNC 函数是将 number 参数按 num_digits 参数的位数直接截取，注意不进行四舍五入。

如果 num_digits 等于 0，则截取小数取整数部分。这时 num_digits 参数可省略。

如果 num_digits 大于 0，则截取到指定的小数位。

如果 num_digits 小于 0，则在小数点左侧进行截取。

例如：TRUNC（88.88）→88　　　　TRUNC（−88.789，2）→−88.78

　　　TRUNC（88.88，1）→88.8　　TRUNC（−88.789，−1）→−80

（4）四舍五入函数

格式：ROUND（number，num_digits）

功能：ROUND 函数是对 number 参数按 num_digits 参数的位数进行四舍五入，注意此参数不能省略，没有默认值。

如果 num_digits 等于 0，则四舍五入到最接近的整数。

如果 num_digits 小于 0，则在小数点左侧进行四舍五入。

例如：ROUND（88.88，1）→88.9　　ROUND（88.8，0）→89　　ROUND（789.88，−1）→790

（5）求余函数

格式：MOD（number，divisor）

功能：返回 number 参数除以 divisor 参数的余数，结果的正负号与除数相同。

例如：MOD（3，2）→1　MOD（−3，2）→1　MOD（3，−2）→−1　MOD（−3，−2）→−1

判断 A1 单元格内的数值是否为偶数，则可以输入公式"=MOD（A1，2）=0"。若是，返回"TRUE"；反之，返回"FALSE"。

（6）求平方根函数 SQRT（number）

格式：SQRT（number）

功能：计算 number 的平方根。

例如：SQRT（4）→2

（7）圆周率函数

格式：PI（）

功能：返回圆周率 π 的数值，是个无参数函数。

（8）随机函数

格式：RAND（）

功能：随机产生一个大于等于 0 及小于 1 的数，注意产生的随机数可以等于 0，但不会等于 1。每次打开工作簿时都会更新结果。

例如：要随机生成一个 a 与 b 之间的整数，则公式为"=INT（RAND（）＊（b－a＋1）＋a"。

（9）求和函数 SUM（number1，number2，…）

格式：SUM（number1，number2，…）

功能：返回所有参数 number1，number2，……的和。

当参数为逻辑常量值，则 FALSE 转化为"0"，TRUE 转化为"1"；数值型字符，也会计算在内。

例如：SUM（" 8"，TRUE，5）→14。

但是如果参数为单元格引用，则仅计算数值型的数据，不计算空白单元格、逻辑值、字符型的数值。如图 4-43 所示。

A6	▼	*fx*	=SUM(A1:A5)
	A	B	C
1	1		
2	2		
3	1		
4	A3单元是文本类型		
5	TRUE		
6	3		

图 4-43　SUM 函数应用

（10）有条件求和

格式：SUMIF（range，criteria，sum＿range）

功能：根据指定的条件，对指定的若干单元格求和。

参数说明：range 为用于条件判断的单元格区域。

criteria 确定是哪些单元格相加求和的条件。

实际上，criteria 参数是个比较条件表达式，即带有"="、"<"、">"等关系运算符，而"="通常省略，并用一对双引号括起来。

sum＿range 为需要求和的实际单元。只有当 range 范围内满足条件的单元格的顺序对应 sum＿range 范围内的单元格的数值总和。如果省略 sum＿range 参数，则对 range 参数区域进行计算。

例如，求部门代码为 B01 的基本工资和。如图 4-44 所示。

5. 统计函数

（1）平均值函数

格式：AVERAGE（number1，number2，…）

功能：求算术平均值。

如果参数引用的单元格内有文本、逻辑值，或者是空白的单元格，则这些单元格忽略不计。如图 4-45 所示。

C14		▼	f_x =SUMIF(B2:B12,"B01",C2:C12)	
	A	B	C	D
1	姓名	部门代码	基本工资	
2	罗子明	B01	1300.50	
3	张广平	A02	1435.00	
4	胡小亮	B01	1280.50	
5	张明	B01	1535.70	
6	李自立	A02	1556.30	
7	何其	A02	1800.50	
8	徐利	B03	1250.50	
9	文达	B03	1630.50	
10	周军军	A02	1260.80	
11	罗芝	B03	1700.60	
12	宋严	B01	1560.00	
13				
14	部门代码为B01的基本工资和:		5676.7	

图 4－44　SUMIF 函数应用

C7		▼	f_x =AVERAGE(C1:C6)	
	A	B	C	D
1			1	
2			2	
3				
4			3	
5			computer	
6			TRUE	
7			2	

图 4－45　AVERAGE 函数应用

注意：实际上只求了 C1、C2、C4 三个单元格的平均值，空格、字符、逻辑不计。

(2) COUNT 与 COUNTA 函数

格式：COUNT（value1，value2，…）与 COUNTA（value1，value2，…）

功能：都是用于计算单元格个数。COUNT 函数是计算引用参数内，单元格数据类型为数值型的单元格个数；而 COUNTA 函数是计算引用参数内非空单元格的个数（注意：如果单元格内有空格，则不是非空单元格），不考虑单元格是什么数据类型。

例如，如图 4－46 所示是利用 COUNT 函数的计算结果；图 4－47 所示是利用 COUNTA 函数的计算结果。

A6		▼	f_x =COUNT(A1:A5)	
	A		B	C
1	1			
2	2			
3	1			
4	A3单元是文本类型			
5	TRUE			
6	2			

图 4－46　COUNT 函数应用

(3) COUNTIF 函数

格式：COUNTIF（range，criteria）

图 4—47　COUNTA 函数应用

功能：条件计数函数，计算在 range 范围内符合 criteria 条件的单元格数目。criteria 参数必须能在 range 范围内匹配，否则返回值为"0"。

实际上，criteria 参数是输入比较条件表达式，即带有"＝"、"＜"、"＞"等关系运算符，而"＝"通常省略。

例如，如图 4—48 所示。

图 4—48　COUNTIF 函数应用

（4）最大值与最小值函数

格式：MAX（number1，[number2]，…）与 MIN（number1，[number2]，…）

功能：MAX 函数是返回参数中的最大值，而 MIN 函数则是返回参数中的最小值。

（5）频率分布函数

格式：FREQUENCY（data_array，bins_array）

功能：按照 bins_array 参数设置的间隔，计算 data_array 参数所在数据的频率分布。

bins_array 参数是间隔点，在同一列中输入，要求从小到大设置，所表示的范围是小于或等于。

函数的返回值是一组数，故在输入公式之前要选定一个区域，区域范围比 bins_array 参数向下多一个单元格。

公式输入完成后要按“Ctrl＋Shift＋Enter”键，而不是按回车键，也不是单击“确定”按钮。

例如，在图 4－49 中，统计“计算机”分数在以下分数段的人数，60 分以下（即不及格）、60～69、70～79、80～89、90～99、100 分。

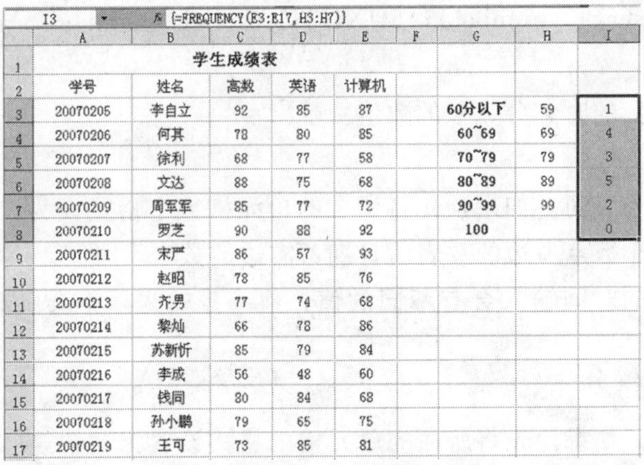

I3　fx {=FREQUENCY(E3:E17,H3:H7)}

	A	B	C	D	E	F	G	H	I
1		学生成绩表							
2	学号	姓名	高数	英语	计算机				
3	20070205	李自立	92	85	87		60分以下	59	1
4	20070206	何其	78	80	85		60~69	69	4
5	20070207	徐利	68	77	58		70~79	79	3
6	20070208	文达	88	75	68		80~89	89	5
7	20070209	周军军	85	77	72		90~99	99	2
8	20070210	罗芝	90	88	92		100		0
9	20070211	宋严	86	57	93				
10	20070212	赵昭	78	85	76				
11	20070213	齐男	77	74	68				
12	20070214	黎灿	66	78	86				
13	20070215	苏新忻	85	79	84				
14	20070216	李成	56	48	60				
15	20070217	钱同	80	84	68				
16	20070218	孙小鹏	79	65	75				
17	20070219	王可	73	85	81				

图 4－49　FREQUENCY 函数应用

操作步骤：

① 在 H3:H7 依次输入间隔点 59、69、79、89、99，注意不是 60、70、80、90、100，因为每个间隔点的含义是小于或等于，如果设置为“60”而不是“59”的话，会将 60 分当作不及格统计。

② 选择 I3:I8 区域。

③ 在编辑栏输入“＝FREQUENCY（E3:E17，H3:H8）”。

④ 按“Ctrl＋Shift＋Enter”键。结果显示在 I3:I8 区域，其中 I8 单元格指的是 99 分以上的学生人数。

6. 日期与时间函数

(1) DATE 函数

格式：DATE（year，month，day）

功能：返回指定日期的序列数。

如果输入的 month 值超出了 12，day 值超出了该月的最大天数时，函数会自动顺延。

例如：DATE（2006，4，2）→2006－4－2

(2) TIME 函数

格式：TIME（hour，minute，second）

功能：函数的结果 hour 时 minute 分 second 秒时刻对应的小数值。如果所在的单元格数字格式设为“常规”，则结果显示为时间格式。

Microsoft Excel 2003 使用 0 到 0.99999999 之间的数值，代表从 0:00:00（12:00:00AM）到 23:59:59（11:59:59PM）之间的时间。

例如：TIME（6，0，0）→0.25

（3）YAER（serial_number）、MONTH（serial_number）与 DAY（serial_number）

分别返回序列数的年、月、日的数值。

（4）HOUR（serial_number）、MINUTE（serial_number）与 SECOND（serial_number）

分别返回序列数的时、分、秒的数值。

（5）NOW（）

返回当前日期和时间。如果预先将所在的单元格数字格式设为"常规"，则显示为所对应的序列号，小数点左边的数表示日期，右边的数表示时间。

这个值在不同的时间输入会有不同的值，但一旦输入，不会随时更新，除非重新计算。

（6）TODAY（）

返回当前日期。如果预先将所在的单元格的格式设置为"常规"，则结果显示为序列号。如果没有对单元格作任何设置，则显示形式为日期。

7. 文本函数

（1）LEFT 函数和 RIGHT 函数

格式：LEFT（text，num_chars），RIGHT（text，num_chars）

功能：都是对 text 参数截取子字符串，LEFT 函数是从左起截取 num_chars 个字符，而 RIGHT 函数是从右起截取 num_chars 个字符，省略 num_chars 参数，则默认为"1"。注意：text 参数如果是字符型的话，需要用双引号括起来，如果是单元格引用则不需要。

例如：LEFT("计算机文化基础",6)→"计算机"

（2）MID 函数

格式：MID（text，start_num，num_chars）

功能：返回字符串参数 text 中从 start_num 位置开始的 num_chars 个字符。

例如：MID("计算机文化基础",7,2)→"文化"

8. 逻辑函数

（1）逻辑非函数 NOT

格式：NOT（logical）

功能：对参数求相反的逻辑值，即如果参数值为 FALSE，则 NOT 函数返回 TRUE；如果参数值为 TRUE，则 NOT 函数返回 FALSE。

例如：NOT（1）→FALSE NOT（1+1=1）→TRUE

（2）逻辑与函数 AND

格式：AND（logical1，[logical2]，…）

功能：AND 函数，在所有参数中，只要有一个参数的逻辑值为 FALSE，则结果为 FALSE；如果所有参数的逻辑值都为 TRUE，结果才为 TRUE。

函数的参数必须为逻辑值（TRUE 或 FALSE），如果引用参数中包含文本或空白单元格，则这些单元格会被忽略不计。

注意：对于数值的逻辑值，如果数值为"0"，则逻辑值为"TRUE"，否则为"FALSE"。

例如：AND（A1>40，A1<80）

（3）逻辑或函数

格式：OR（logical1，[logical2]，…）

功能：OR 函数，在所有参数中，只要有一个参数的逻辑值为 TRUE，则结果为 TRUE；如果所有参数的逻辑值都为 FALSE，结果才为 FALSE。

函数的参数必须是逻辑值（TRUE 或 FALSE），如果引用参数中包含文本或空白单元格，则这些单元格会被忽略不计。

（4）条件函数 IF

格式：IF（logical_test，[value_if_true]，[value_if_false]）

功能：Logical_test 参数是一个结果为 TRUE 或 FALSE 的表达式，如果其结果为 TRUE，则该函数返回 value_if_true；否则返回 value_if_false。

图 4－50 是 IF 函数运算的流程图。

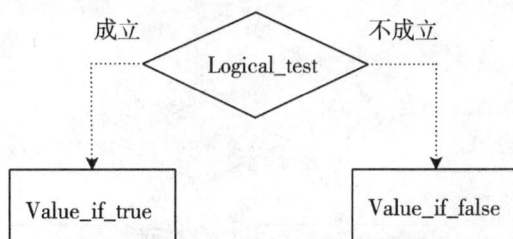

图 4－50　条件函数流程图

按照对应的流程，很方便写出 IF 函数的各参数的表达式。

例如，判断 B2 单元格里的成绩是否达到 60 分，达到在 C2 单元格显示"及格"，否则显示"不及格"。

首先写出判断的条件，也就是 Logical_test 参数"B2>=60"，然后判断这个条件成立与不成立时应该分别返回什么值，绘出流程图。如图 4－51 所示。

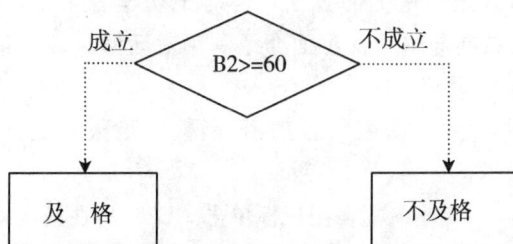

图 4－51　判断及格与否的流程

根据流程图，写出公式："=IF（B2>=60," 及格"," 不及格")"。

而 value_if_true 与 value_if_false 参数又可以是含 IF 函数的表达公式，即 IF 函数可以嵌套，最多可以嵌套 7 层。可以用图 4—52 流程图来表示。

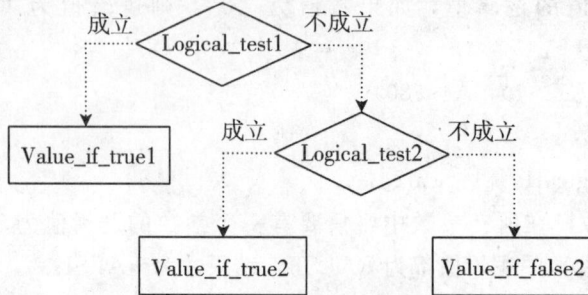

图 4—52　二重条件函数的流程图

写公式时，首先从最底的分叉（也就是含一个 IF 函数的公式）开始写，然后将这个分叉作为上一层 IF 函数的一个参数，继续完成公式。

例如，判断 B2 单元格里的成绩，大于等于 80 分，则在 C2 单元格显示"优"，大于等于 60 分不到 80 分则显示"及格"，小于 60 分则显示"不及格"。可以用图 4—53 流程图来表示。

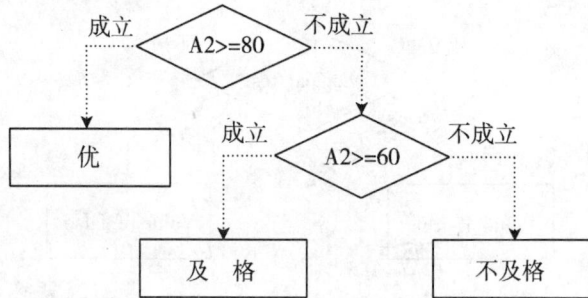

图 4—53　三分数段的条件函数流程图

根据流程图，先写出内层的公式，公式为："＝IF（B2＞＝60,"及格","不及格")"。

再写出外层公式："＝IF（B2＞＝80,"优"，*IF（B2＞＝60,"及格"，"不及格")*))"，其中倾斜加下划线的是内层嵌套条件函数。

对于公式，直接输入是最快捷的方法，但对于初学者来说，对各参数的掌握不很明确，最好还是利用函数向导输入。下面介绍利用对话框，输入条件公式的步骤。

① 选择输入公式的单元格 C2。

② 在编辑栏中单击"插入函数"启动 IF 函数"函数参数"对话框。如图 4—54 所示。

③ 选中"Logical_test"输入框，用鼠标单击"B2"再在输入框中输入"＞＝80"。

④ 选中"Value_true"输入框，直接输入"优"，可以不输入双引号，系统自动添加。

⑤ 选中"Value_if_false"输入框，再次单击"名称框"中的 IF 函数，或者直接输入"IF（）"后，再单击编辑栏中内嵌的"IF（）"附近，即外层的第三个参数的位

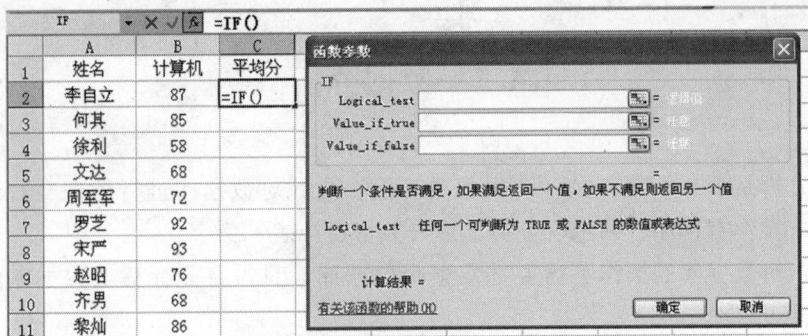

图 4－54　"函数参数"对话框

置，进入内层的 IF（）函数"函数参数"输入对话框。如图 4－55 所示。

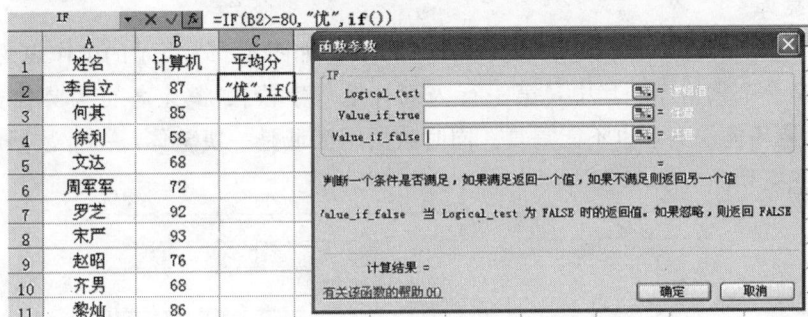

图 4－55　外层输入框

⑥ 按照同样的方法，输入相应的内容。

⑦ 如果要返回到外层的 IF 函数，只需在"编辑栏"中单击外层 IF 函数的名或第一个、第二个参数的位置。如图 4－56 所示。如果又要进入内层，再单击内层 IF 函数的位置。

图 4－56　内外层"函数参数"输入框的切换

⑧ 检查无误后，按"确定"或单击编辑栏上的"√"结束公式的输入。

⑨ 公式输入以后，发现有误，又希望用向导修改，这时可选择公式所在的单元格，直接单击"插入函数"按钮，再次打开"函数参数"对话框。修改后，按"确定"结束修改。

对于其他内嵌的公式也可按照此方法输入，做到举一反三。

4.7　数据分析

数据分析是 Excel 2003 的一个很重要功能，是针对数据库进行整理与统计。常用的数据分析操作有排序、筛选、分类汇总与数据透视表。

注意：对数据库的操作不需要选定整个数据库，只需将光标移至数据库的任意一个单元格即可。

4.7.1　数据库基础知识

1. 数据库

在 Excel 2003 里，数据库表现为一个二维表。如图 4—57 所示的工作表的 A2：E17 区域，就是一个数据库。其中，第一行为列标题（字段），其余各行为具体数据（记录），列标题不能缺失，也不能重复。同时数据库区域是一块整体，一个数据库中不能出现空行或空列。

	A	B	C	D	E
1	学生成绩表				
2	学号	姓名	高数	英语	计算机
3	20070205	李自立	92	85	87
4	20070206	何其	78	80	85
5	20070207	徐利	68	77	58
6	20070208	文达	88	75	68
7	20070209	周军军	85	77	72
8	20070210	罗芝	90	88	92
9	20070211	宋严	86	57	93
10	20070212	赵昭	78	85	76
11	20070213	齐男	77	74	68

图 4—57　数据库

2. 字段

数据库中的一列称为一个字段，包括字段名和字段值两部分。字段反映的是对象某一方面属性的信息，如图 4—57 所示数据库中的"学号"、"姓名"等字段。

字段名：字段的第一行标题称为字段名。

字段值：即字段的取值，字段中除字段名外的其他数据都是字段值。

3. 记录

数据库中除第一行字段名外，其他的每一行称为一条记录。它反映的是同一个对象的相关信息，在进行数据库的有关操作时一般以记录为单位进行。

4.7.2 数据库函数

1. 数据库函数格式

数据库函数都具有统一的函数格式，格式为：

函数名（database，field，criteria）

database 参数是包含统计字段的数据库区域。

field 参数指定函数所要统计的数据列，可以是带引号的字段名，也可以是字段名所在的单元格地址，还可以是代表数据库中数据列的位置，1 表示第一列，2 表示第二列，依此类推。

criteria 参数是条件区域。条件区域是用户在工作表中自定义的一个区域，一般位于数据库的下面或右边，与数据库之间有空行或空列相隔。其作用是用来表示较为复杂的条件，所有条件是针对数据库中的记录而言的，可能与数据库中的多个字段有关。

条件的形式分为比较条件式与计算条件式两种。

比较条件式的第一行是条件标记行，其内容必须是字段名，其余各行是以关系运算符开始的条件表达式（等于号可以省略），在同一行的条件是"与"的关系，也就是要同时满足，不同行之间的条件是"或"的关系。

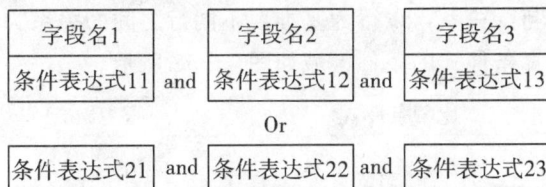

字段名1		字段名2		字段名3
条件表达式11	and	条件表达式12	and	条件表达式13

Or

条件表达式21	and	条件表达式22	and	条件表达式23

比较条件式的第一行，也可以是重复字段名。例如，

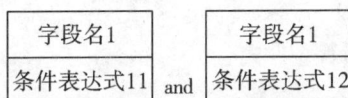

字段名1		字段名1
条件表达式11	and	条件表达式12

表示字段 1 必须同时满足条件表达式 11 与条件表达式 12。

计算条件式可以表示比比较条件式更加复杂的条件，条件区域的第一行可以输入任何字符，但一般输入与条件有关的关键词，也可以为空，但不能省略。第二行是以"＝"开头，结果为 TRUE 或 FALSE 的表达式，实际上是个逻辑的计算公式。在表达式中必须引用字段名来设置条件，通过引用该字段的第一个记录对应的单元格地址代替。

数据库函数有四个关键要素，一是指定数据；二是设置条件查找满足条件的记录；三是指定某个字段；四是在指定的字段上实施怎样的计算。函数通过运算后，都有唯一一个确定的值。

2. 常用的数据库函数

（1）DCOUNT（database，field，criteria）

指定数据库，在满足条件的记录中，计算指定字段中包含数值型单元格个数（字符或其他的值不统计）。

（2）DCOUNTA（database，field，criteria）

指定数据库，在满足条件的记录中，计算指定字段中非空白单元格个数。

（3）DSUM（database，field，criteria）

指定数据库，在满足条件的记录中，对指定字段求和。

（4）DAVERAGE（database，field，criteria）

指定数据库，在满足条件的记录中，对指定字段求平均值。

（5）DMAX（database，field，criteria）与DMIN（database，field，criteria）

指定数据库，在满足条件的记录中，求指定字段中的最大值或最小值。

3. 示例

例如，统计"学生成绩表"中，各科成绩均在80分以上的人数。

步骤：

①用自然语言先写出条件表达式：高数>=80 and 英语>=80 and 计算机>=80，然后再转换为条件区域格式。

注意：每一个表达式都是关系表达式，左边是字段名，所有条件的字段名统一放在同一行内，右边为表达式，连同关系运算符，放在对应列的下面，如果条件在同一行，则这些条件为"与"关系，以行为基准，不同行之间的关系为"或"。

比较条件式和计算条件式的条件区域如图4-58所示。

比较条件式				
高数	英语	计算机		
>=80	>=80	>=80		
计算条件式				
各科成绩80分以上				
TRUE				

G10	▼	*fx*	=AND(C3>=80, D3>=80, E3>=80)

图4-58　条件区域

②选择公式所在的单元格，按函数输入的方法，完成公式的建立，图4-59是应用比较条件式输入的公式，同时字段采用字段名所在的单元格地址表示；图4-60是应用计算条件式输入的公式，同时字段名采用字段所在数据库的列号表示。

4.7.3　排序

排序是指以某个或某几个字段为关键字重新组织记录的排列顺序。在排序时所依据的字段称为"关键字"，根据关键字起作用的优先顺序分为主要关键字、次要关键字和第三关键字。显然，起作用的顺序以主要关键字最优先，其次为次要关键字，最后

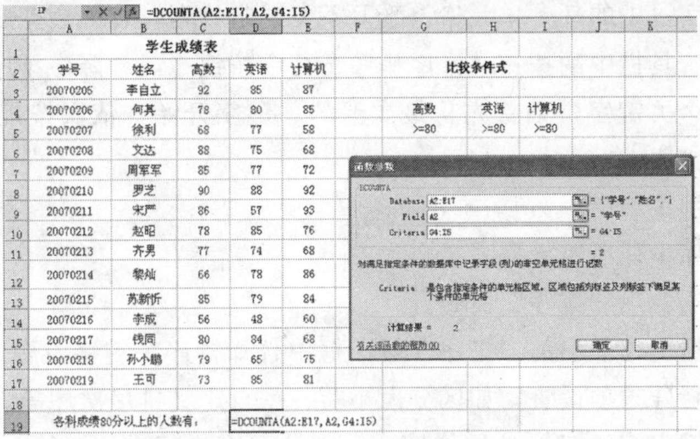

图 4—59　采用比较条件式的公式

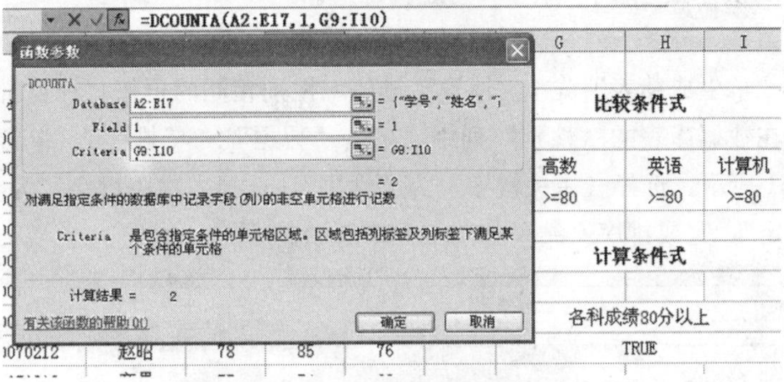

图 4—60　采用计算条件输入的公式

为第三关键字。即只有当主要关键字相同时才考虑次要关键字，当次要关键字相同时才考虑第三关键字。

1. 排序的依据

①数值：按数值大小。

②字母：按字典顺序，默认为大小写等同，可在"排序选项"对话框中选择区分大小写。

③汉字：默认为按拼音顺序，可在"排序选项"对话框中选择按拼音或笔画顺序。

④混合：升序为"数字"、"字母"、"汉字"。

⑤撇号：(′) 和连字符（—）会被忽略。但例外情况是：如果两个文本字符串除了连字符不同外其余都相同，则带连字符的文本较大。

⑥逻辑值："FALSE"小于"TRUE"。

⑦错误值：所有错误值的优先级相同。

⑧自定义序列：可先建立"自定义序列"，然后在"排序选项"对话框中指定该序列。序列值的大小顺序取决于它在自定义序列中的位置。

⑨空白单元格：空白单元格始终排在最后。

2. 操作步骤

方法一：利用工具栏按钮

①选定排序字段中的任一单元格。千万不要选定该列，否则会变成局部排序。

②单击常用工具栏中的按钮"升序排序"命令按钮 ⽅ 或"降序排序"命令按钮 ⽅。

如果涉及多个关键字，则首先从最次要的关键字开始，依次按排序操作，最后是按主要的关键字排序。

方法二：利用菜单命令

①选定数据库中任一单元格。

②执行"数据"→"排序"命令。

③根据实际情况在弹出的"排序"对话框中选择排序关键字及顺序，单击"选项"按钮可进行排序特殊选项设置，如区分大小写、按自定义排序次序等。

如果排序关键字多于三个，比如四个，则分两次进行排序：第一次按最次要的关键字排序，第二次按最主要的前三个关键字排序。

3. 示例

例如，对"学生成绩表"先按"性别"排序，性别相同的再按"计算机"排序。

把鼠标放在数据库表的"性别"列中，单击"数据"→"排序"，弹出"排序"对话框，如图 4—61 所示，选择"主关键字"为"性别"，选择"次关键字"为"计算机"，设置后单击"确定"，完成排序，结果如图 4—62 所示。

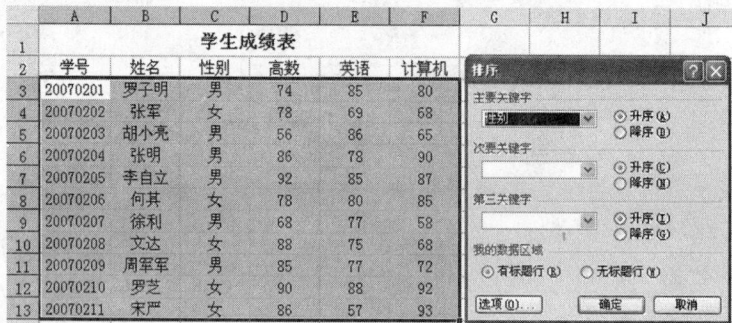

图 4—61　"排序"设置

学生成绩表

学号	姓名	性别	高数	英语	计算机
20070207	徐利	男	68	77	58
20070203	胡小亮	男	56	86	65
20070209	周军军	男	85	77	72
20070201	罗子明	男	74	85	80
20070205	李自立	男	92	85	87
20070204	张明	男	86	78	90
20070202	张军	女	78	69	68
20070208	文达	女	88	75	68
20070206	何其	女	78	80	85
20070210	罗芝	女	90	88	92
20070211	宋严	女	86	57	93

图 4—62　排序结果

例如，对"学生成绩表"按姓名的笔画排序。

把鼠标放在数据库表的"姓名"列中，单击"数据"→"排序"，弹出"排序"对话框，选择"主关键字"为"姓名"，再单击"选项"，弹出"排序选项"对话框，如图 4—63 所示，在"方法"中选择"笔画排序"，设置后单击"确定"，完成排序，结果如图 4—64 所示。

图 4—63　"排序选项"对话框

	A	B	C	D	E	F
1			学生成绩表			
2	学号	姓名	性别	高数	英语	计算机
3	20070208	文达	女	88	75	68
4	20070206	何其	女	78	80	85
5	20070211	宋严	女	86	57	93
6	20070202	张军	女	78	69	68
7	20070204	张明	男	86	78	90
8	20070205	李自立	男	92	85	87
9	20070209	周军军	男	85	77	72
10	20070201	罗子明	男	74	85	80
11	20070210	罗芝	女	90	88	92
12	20070203	胡小亮	男	56	86	65
13	20070207	徐利	男	68	77	58

图 4—64　按"姓名"笔画排序

4.7.4　筛选

很多时候需要在数据库中寻找符合某种条件的记录，但如果数据库过大，则不便于查找与浏览。筛选操作是将数据库中符合条件的记录显示出来，而不符合条件的记录则隐藏，这样可以方便查看。而条件则是一个字段的条件或者多个字段组合的条件。

筛选操作按条件简单与否，分为自动筛选与高级筛选。自动筛选适用于简单的条件，高级筛选适用于比较复杂的条件。

1. 自动筛选

（1）操作步骤

① 选定需要进行筛选的数据库中的任意单元格。

② 执行"数据"→"排序"→"自动筛选"命令。这时在各字段所在单元格的右下角显示一个向下的下拉三角按钮（▾），表示已启动"自动筛选"。

③ 选中某个字段，单击所在单元格的下拉三角按钮，执行条件设置，其中：

• （全部）：取消以该列为条件进行的筛选。

• （前 10 个…）：筛选出最大或最小的前 n（默认为 10）项或后 n（默认为 10）项数字，仅对数值型字段有效。选择该项将弹出"自动筛选前 10 个"对话框，如图 4−65 所示。

图 4−65　"自动筛选前 10 个"对话框

• （自定义…）：可以自己定义本字段的筛选条件。选择"自定义"选项，将弹出"自定义自动筛选方式"对话框，在字段的条件比较关系中，"等于、不等于、大于、大于或等于、小于、小于或等于"适用于所有类型的数据，"始于、并非起始于、止于、并非结束于、包含、不包含"适用于字符型数据。如图 4−66 所示。

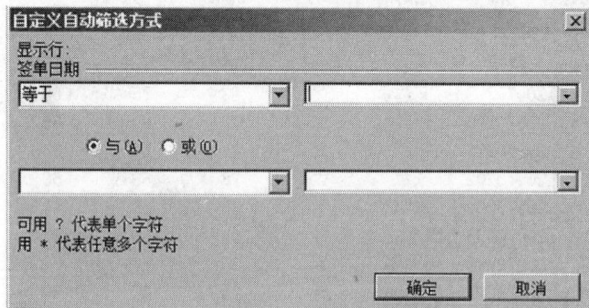

图 4−66　"自定义自动筛选方式"对话框

在"自定义自动筛选方式"对话框中，对于字符型数据可以使用通配符（"?"代表任意一个字符，"＊"代表任意字符串。需要注意的是，"＊"可以代表空，而"?"则不可）。还可以自定义本字段的两个条件，这两个条件可以是"与"或"并"的逻辑关系。

已设置了自动筛选的字段，其下拉三角的颜色会发生改变，提示用户已设置了此字段的自动筛选的条件。

如果筛选条件与多个字段相关，而每个字段最多不多于两个条件，并且不同字段间的条件是逻辑上的"与"关系，则也可采用自动筛选，筛选的方法是：不分字段的顺序，逐个对字段独立进行筛选。

（2）取消筛选

① 如果要在数据库中取消对某一字段的筛选，单击该字段名单元格右端的三角箭头，再单击"全部"命令。

② 如果要在数据库中取消对所有列进行的筛选，执行菜单命令"数据"→"筛选"→"全部显示"，但是字段名单元格的下拉三角箭头依旧保留。

③ 如果要全部显示数据库，并且去除字段中的下拉三角箭头，再次执行"自动筛选"命令，则取消了自动筛选，也就去除了字段名单元格旁边的下拉三角箭头。

（3）示例

例如，在"学生成绩表"数据库中：

① 筛选出"计算机"成绩前 5 位的记录。

执行自动筛选操作，单击"计算机"字段名单元格的下拉三角按钮，选择"（前 10 个…）"，然后在弹出的"自动筛选前 10 个"对话框中设置："显示最大 5 项"。如图 4—67 所示。

图 4—67　设置自动筛选最大 5 项的记录

② 筛选出姓"张"的所有学生。

执行自动筛选操作，单击"姓名"字段名单元格的下拉三角按钮，选择"（自定义…）"，在弹出的"自定义自动筛选方式"对话框中设置：（见图 4—68）。或者设置：，但不能设置：，否则会将姓名中含有"张"的记录也显示出来。

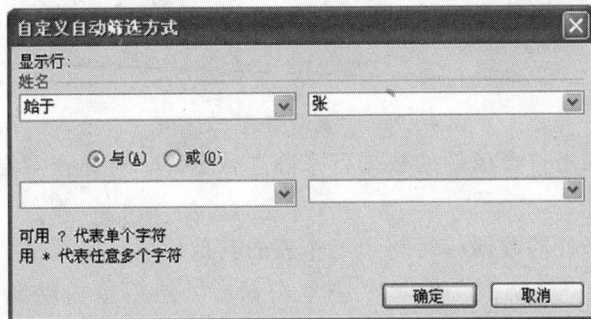

图 4—68　设置自动筛选张姓业务员的记录

③ 筛选男生且计算机成绩在 80 分及以上的记录。

执行自动筛选操作，单击"性别"字段名单元格的下拉三角箭头，选择"男"；单击"计算机"字段名单元格的下拉三角箭头，选择"（自定义…）"在弹出的"自定义自动筛选方式"对话框中设置：

，筛选后的记录显示如图4—69所示。

	A	B	C	D	E	F
1			学生成绩表			
2	学号	姓名	性别	高数	英语	计算机
5	20070201	罗子明	男	74	85	80
10	20070204	张明	男	86	78	90
13	20070205	李自立	男	92	85	87

图4—69　筛选男生且计算机成绩在80分及以上的结果

2. 高级筛选

高级筛选的特点是需要用户独立设置条件区域。条件区域的设置也分为比较条件式和计算条件式。

（1）操作步骤

① 根据条件设置条件区域。

② 选定需要进行筛选的数据库中的任意单元格。

③ 执行"数据"→"筛选"→"高级筛选"命令。

④ 在弹出的"高级筛选"对话框中进行所需设置，如图4—70所示。

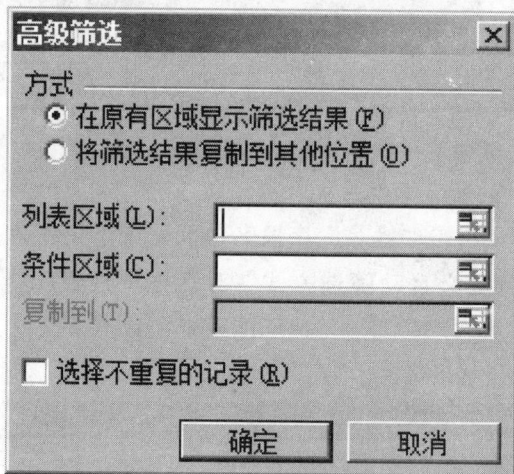

图4—70　"高级筛选"对话框

如果要通过隐藏不符合条件的数据行来筛选数据库，可单击"在原有区域显示筛选结果"。

如果要将符合条件的数据行复制到工作表的其他位置，则单击"将筛选结果复制到其他位置"，再在"复制到"编辑框中单击鼠标，然后单击粘贴区域的左上角单元格。

如果有多条相同记录时只需筛选出一条，则可以选中"选择不重复的记录"复选框。

（2）恢复数据库显示

当高级筛选以"在原有区域显示筛选结果"方式操作后，要恢复显示数据库，则执行"数据"→"筛选"→"全部"命令。

（3）示例

例如，在"学生成绩表"中，筛选男生计算机成绩 90 分及以上，或者女生英语成绩 80 分及以上的记录，并将筛选结果复制到 A16 为左上角的单元格区域。

由于筛选的条件涉及"性别"、"英语"、"计算机"三个字段，而且是条件交叉组合，无法使用自动筛选完成，需要使用高级筛选来完成。

① 在 H10:J12 输入条件。

② 执行高级筛选操作，在"高级筛选"对话框中进行所需设置，如图 4—71 所示。

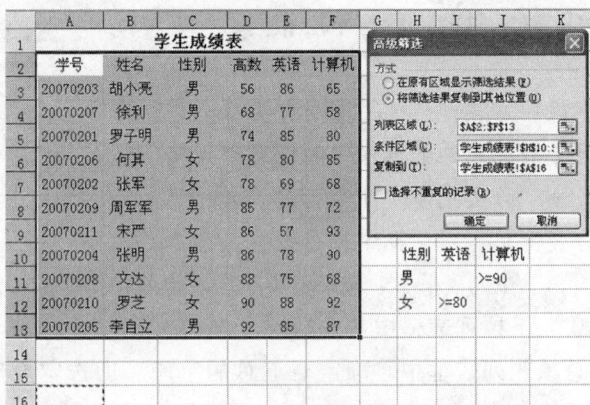

图 4—71 设置高级筛选

筛选结果如图 4—72 所示。

	A	B	C	D	E	F
15						
16	学号	姓名	性别	高数	英语	计算机
17	20070206	何其	女	78	80	85
18	20070204	张明	男	86	78	90
19	20070210	罗芝	女	90	88	92

图 4—72 满足条件的筛选结果

条件区域也可以设置为计算条件式。如图 4—73 所示。

图 4—73 条件区域采用计算条件式

4.7.5 分类汇总

分类汇总就是按数据库的指定字段进行分类（排序），然后再对同一类别的指定字段值进行规定的计算，即分类汇总包括排序与汇总两步操作。排序后，主要关键字字段相同类别的记录就集中在一起，也就是"分类"；"汇总"则是包括求和、计数、求平均值等统计。分类汇总的结果分级显示。

单层的分类汇总涉及数据库表中的一个分类的字段，一般选择字符型并有重复的值作为分类的字段，如"班级"、"部门"、"职称"等；若干个需要汇总的字段，一般为数值型字段，但汇总个数时，则一般选择字符型字段。

二级嵌套的分类汇总，则需要两个有重复值的分类字符，先按主要关键字排序，再按次要关键字排序。对汇总的字段与单层相同。

1. 分类汇总的操作

①确定分类的字段，并实施分类，即对分类字段进行排序，升、降序均可。

②选定需要进行分类汇总的数据库中的任意单元格。

③执行"数据"→"分类汇总"命令。

④在弹出的"分类汇总"对话框中进行设置。

- 在"分类字段"下拉列表框中，选择分类字段，也就是排序的关键字字段。
- 在"汇总方式"下拉列表框中，选择统计方式。
- 在"选定汇总项"列表框中，确定要汇总的字段。即选定要进行分类汇总的字段前的复选框。
- 如果希望在每个分类汇总后有一个自动分页符，选中"每组数据分页"复选框。
- 如果希望分类汇总的结果出现在分类汇总的行的上方，而不是在行的下方，则清除"汇总结果显示在数据下方"复选框。
- 可以多次使用"分类汇总"命令来添加多个具有不同的汇总函数的分类汇总，要防止覆盖已存在的分类汇总，则清除"替换当前分类汇总"复选框。

⑤完成分类汇总的操作后，如果希望仅显示分类汇总或总计的汇总，则单击分级操作区中的分级编号 1 2 3 。使用分级符号 + 和 - 来显示或隐藏单个分类汇总的明细数据行。

2. 删除分类汇总的结果

①选定已经进行分类汇总的数据库中的任意单元格。

②执行"数据"→"分类汇总"命令。

③在弹出的"分类汇总"对话框中，单击"全部删除"命令按钮。

这样的操作只是删除分级显示以及随分类汇总一起插入数据清单中的所有分页符，但不会删除原来数据库的数据。

3. 示例

例如，在"学生成绩表"中，分别统计男女生各课程的平均分。

操作步骤如下:

①选定需要进行分类汇总的数据库中的任意单元格。

②按"性别"字段进行排序。

③执行"数据"→"分类汇总"命令。

④在弹出的"分类汇总"对话框中进行设置。如图 4—74 所示。

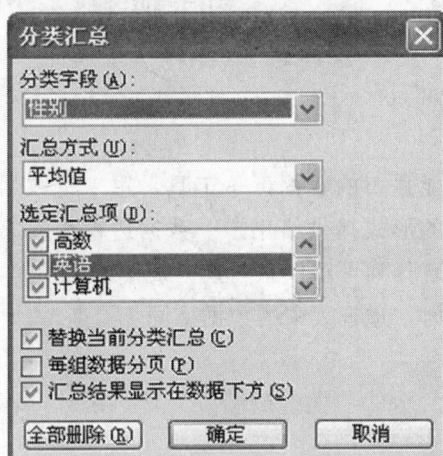

图 4—74　"分类汇总"对话框

选择分类字段为"性别",汇总方式为"平均值",选定汇总项为"高数"、"英语"、"计算机",选取"替换当前分类汇总"和"汇总结果显示在数据下方",单击"确定"。

分类汇总的结果如图 4—75 所示。单击分级操作区中的分级编号 2,折叠后的结果如图 4—76 所示。

	A	B	C	D	E	F
1			学生成绩表			
2	学号	姓名	性别	高数	英语	计算机
3	20070206	何其	女	78	80	85
4	20070202	张军	女	78	69	68
5	20070211	宋严	女	86	57	93
6	20070208	文达	女	88	75	68
7	20070210	罗芝	女	90	88	92
8			女 平均值	84	73.8	81.2
9	20070203	胡小亮	男	56	86	65
10	20070207	徐利	男	68	77	58
11	20070201	罗子明	男	74	85	80
12	20070209	周军军	男	85	77	72
13	20070204	张明	男	86	78	90
14	20070205	李自立	男	92	85	87
15			男 平均值	76.8	81.3	75.333
16			总计平均值	80.1	77.9	78

图 4—75　分类汇总结果

图 4—76　二级折叠显示

4.7.6　数据透视表

数据透视表是一个功能强大的数据汇总工具，用来将数据库中相关的信息进行统计和汇总，并以二维表格的形式提供给用户。数据透视表的第一行和第一列由源数据库中的两列字段值提供，且行列可以任意转换；表中的数值是源数据库的数据的汇总。当改变源数据库中的数据时，透视表中的数据也同步更新。

1. 创建数据透视表

例如，在如图 4—77 所示的"学生成绩表"中，统计"不同班级性别"的"计算机"的平均分。

图 4—77　学生成绩表

分析题目要求，其条件"不同班级性别"所涉及的字段有"班级"与"性别"两个字段，统计的字段为"计算机"，如果以表 4—5 分析统计表的形式列出结果则十分清楚。

表 4—5　分析统计表

	男	女	总计
一班			
二班			
三班			
总计			

Excel 2003 提供了创建数据透视表的向导，使用方便，操作步骤如下：

（1）选定数据库的任意单元格。

（2）执行"数据"→"数据透视表和数据透视图"命令。

在弹出的"数据透视表和数据透视图向导—3 步骤之 1"中指定待分析数据的数据源类型、所需创建的报表类型（本步骤通常取默认值），然后单击"下一步"命令按钮。如图 4-78 所示。

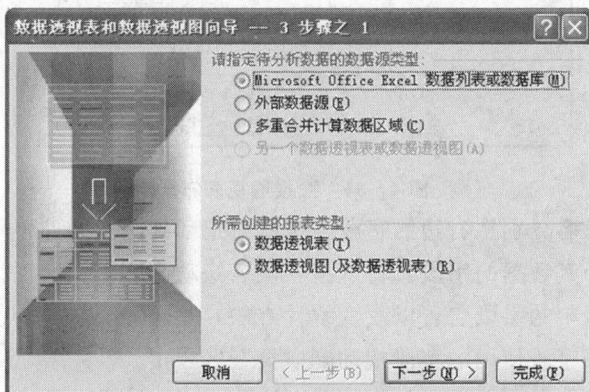

图 4-78　数据透视表和数据透视图向导—3 步骤之 1

（3）在弹出的"数据透视表和数据透视图向导—3 步骤之 2"中选定要建立的数据源区域，由于在本操作之前已经选定数据库，因此该区域通常已经选定，可以单击下一步命令按钮。如图 4-79 所示。

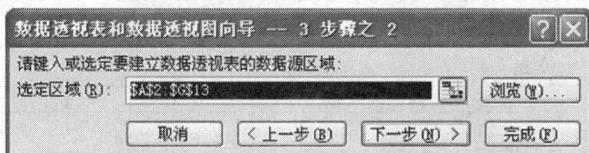

图 4-79　数据透视表和数据透视图向导—3 步骤之 2

（4）在弹出的"数据透视表和数据透视图向导—3 步骤之 3"中单击"布局"命令按钮，进入"布局"对话框。如图 4-80 所示。

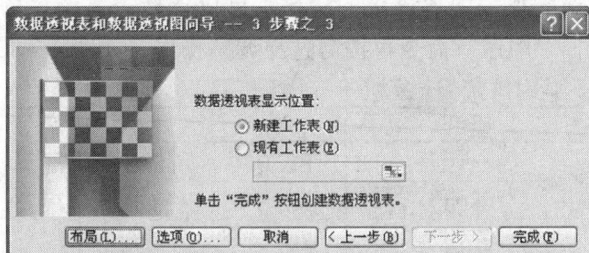

图 4-80　数据透视表和数据透视图向导—3 步骤之 3

布局是关键的操作。按上面所示的表格的布局，将"班级"字段名拖动到"列"区域，将"性别"字段名拖动到"行"区域，将"计算机"字段名拖动到"数据"区域，然后单击"确定"。如图 4-81 所示。

布局的有关说明如下：

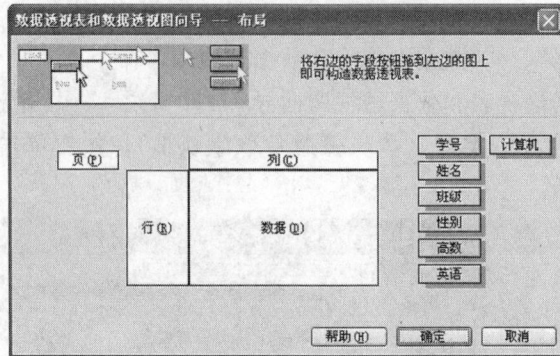

图4-81　数据透视表布局

① 将相关字段名分别从右边的字段名按钮组拖动到图示的"行"和"列"区域中。

② 对于要统计其数据的字段，将这些字段名拖动到"数据"区。

③ 双击数据区中的字段名可以改变统计方法，如求和、求平均值、计数等。

④ 将要作为页字段使用的字段拖动到"页"区域中。

⑤ 若要重排字段，可以将它们拖到其他区域。某些字段只能用于某些区域，如果将一个字段拖动到其不能使用的区域，该字段将不会显示。

⑥ 如果要去除某字段名，则将其拖动到图形区之外。

（5）单击"布局"对话框中的"确定"按钮，回到"数据透视表和数据透视图向导—3步骤之3"，按提示指定生成的数据透视表存放位置，单击"完成"按钮后即可得到如图4-82所示的结果。

平均值项:计算机	性别		
班级	男	女	总计
三班	75.0	92.0	79.3
二班	65.0	79.0	74.3
一班	81.0	76.5	78.8
总计	75.3	80.6	77.7

图4-82　数据透视表

要依次排列数据透视表中各班级的次序，可以选择需要调整的班级，右击，在弹出的快捷菜单中选择"顺序"命令再按需选择调整操作。如图4-83所示。

平均值项:计算机	性别		
班级	男	女	总计
一班	81.0	76.5	78.8
二班	65.0	79.0	74.3
三班	75.0	92.0	79.3
总计	75.3	80.6	77.7

图4-83　调整班级顺序后数据透视表

2. 编辑数据透视表

数据透视表建立好之后，可以对其进行编辑，以满足不同用户的需要。

在上例中，如果还要统计不同班级性别的英语的平均分，则需要在"数据区"增加一个字段"英语"。一种方法是利用"数据透视字段列表"操作，直接从"数据透视字段列表"中拖到相应的位置。如图 4－84 所示。或在"数据透视字段列表"中直接操作。如图 4－85 所示。另一种方法是利用数据透视表向导操作，在数据透视表工具栏中单击"数据透视表"按钮，执行"数据透视表向导"命令，在"布局"中进行修改。

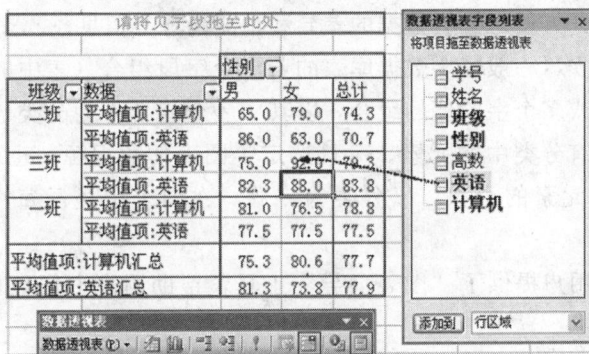

图 4－84 对数据透视表中的字段进行编辑

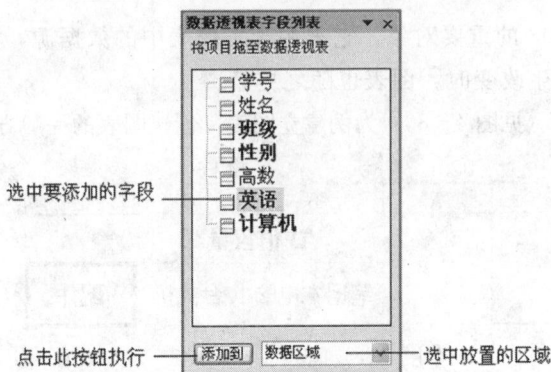

图 4－85 修改数据透视表的字段

3. 刷新数据透视表

如果数据透视表的数据源改变了，数据透视表不会自动刷新，需要按以下方法刷新。

①单击数据透视表。

②执行"数据"→"刷新数据"命令。或直接单击数据透视表工具栏的更新按钮。

4. 删除数据透视表

单击数据透视表，用鼠标从数据透视表的右下角开始拖动选定整张数据透视表。或者在"数据透视表"工具栏上，单击"数据透视表"，指定"选定"，再单击"整张表格"。

执行"编辑"→"清除"→"全部"命令。

如果单独存放在一张工作表中，直接删除此工作表。

4.8　图表概述

图表是工作表数据的图形表示，也是对数据库实施操作的一个重要方面。使用图表用户可以直观地、方便地查看数据的差异和预测趋势等信息。

一个图表的建立，一般需要数据库表的若干个字段组合（表中的每一行），或者若干记录中对应一个或多个字段值的组合，以其中一个组合作为分类的依据，实施分类；另一个组合作为所有分类中的元素。一旦选定了图表的数据源，也就确定了分类的个数，以及每一类中元素的个数。以分类为一簇，在图表中显示每个元素对象的值的大小。

Excel 2003 为用户提供了"图表向导"工具，帮助用户方便地创建或修改已有的图表。

4.8.1　创建图表

图表是 Excel 2003 的重要对象，它来源于工作表中的数据源，与数据源紧密连接，当数据源中的数据发生改变时，图表也随之更新。

以"产品销售表"（见图 4—86）为例建立图表，创建图表的一般方法如下：

	A	B	C	D
1		IP销售量		
2		笔记本电脑	台式机	配件
3	一季度	125	138	151
4	二季度	110	128	146
5	三季度	129	160	191
6	四季度	138	188	238

图 4—86　产品销售表

1. 选定创建图表的数据源

本例中选定 A2:D6。

注意：选定数据时，必须选定数值数据的行标题与列标题，也就是说除了选择数值型的数据区域以外，还要选定其区域的上面一行与左面某一列。作为分类的依据和每一类的元素个数。

如果所需的数据是不连续的，可以利用"Ctrl"键进行选定。

2. 启动"图表向导"，选择"图表类型"

选定数据后，单击常用工具栏中的"图表向导"命令按钮（▦），或者执行"插

入"→"图表"命令,弹出"图表向导 — 4 步骤之 1— 图表类型"对话框,选择图表
类型。如图 4—87 所示。

图 4—87 选择图表类型

Excel 2003 提供了多种图表类型及自定义类型,每种图表类型有多种子类型,子
类型中又可分为平面图表及三维立体图表。在创建图表时要根据数据所代表的信息选
择适当的图表类型,以便让图表更直观地反映数据。下面介绍几种常用的图表类型及
应用范围。

(1)柱形图

柱形图是使用较为广泛的图表类型,可以用来显示一段时期内数据的变化,或者
说明各项数据之间的比较结果,通过分类项水平组织,数值项垂直组织,这样可以强
调在一段时间的变化情况。在该类型中,有簇状柱形图、堆积柱形图、三维簇状柱形
图、三维堆积柱形图等子类型。在一幅柱形图上可以同时有一个或多个数据系列。

(2)条形图

条形图用来描述各个项之间的差别情况。分类项垂直组织,数值项水平组织,相
当于将柱形图顺时针旋转 90 度。

(3)饼图

饼图用来显示数据系列中每项占该系列数值总和的比例关系,如反映商品的市场
占有率。在一幅饼图上只能有一个数据系列。

(4)圆环图

作用类似于饼图,也用来表示个体与总体的关系。区别在于:圆环图允许有多个
数据系列,不同半径的圆环代表不同的数据系列。

(5)折线图

折线图以等间隔显示数据的变化趋势,可以使用折线图来表示在某一段时间内或
某一段距离内的变化趋势。

（6）面积图

面积图用于强调幅度随时间变化的情况，通过显示绘制值的总和，面积图还可以显示部分与整体的关系。

（7）XY 散点图

XY 散点图可以用来比较几个数据系列中的数值及将两组数值显示为 XY 坐标系中的一个系列。与柱形图、条形图、折线图等不同的是，XY 图在 X 轴（分类轴）中各数据项的分布不是等距离的，即图中各点是由分类轴及数值轴共同决定的。XY 散点图常用来做各种曲线图。

选择合适的图表类型后，单击"按下不放可查看示例"按钮，可以查看该类型图表的大致效果。如图 4-88 所示。

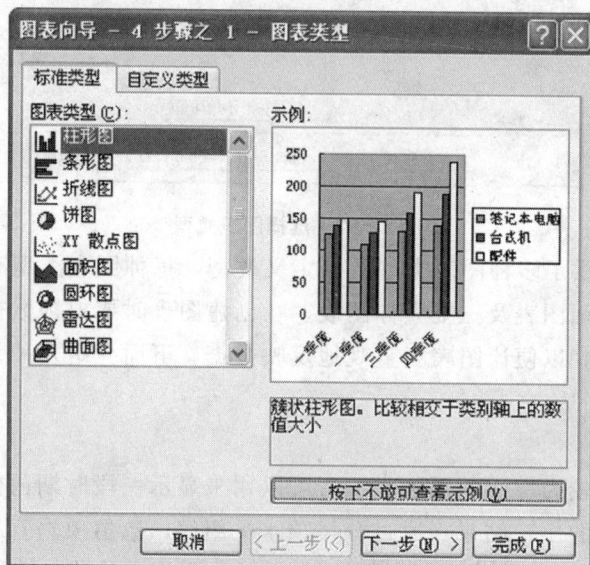

图 4-88　查看图表类型示例

3. 确定图表源数据

单击"下一步"，弹出"图表向导—4 步骤之 2—图表源数据"对话框，可以重新确定图表的源数据。

在"数据区域"选项卡的"数据区域"框可以通过鼠标选定数据源，如图 4-89 所示，选择系列产生在列，则数据源的行标题作为系列；选择系列产生在行，则数据源的列标题作为系列。

在"系列"选项卡的"系列"列表框可以添加与删除图表的系列。如图 4-90 所示。

4. 设置图表选项

单击"下一步"，弹出"图表向导—4 步骤之 3—图表选项"对话框。如图 4-91 所示。

"标题"选项卡：用于为图表添加图表标题、分类轴标题、数据轴标题。

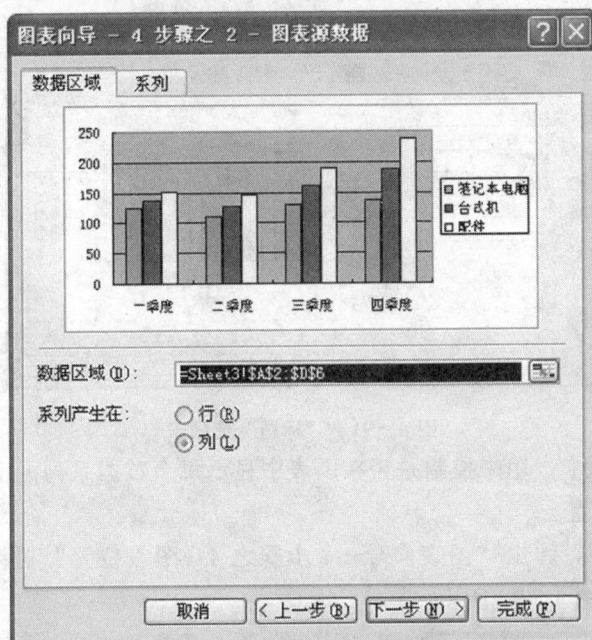

图 4—89　"数据区域"选项卡

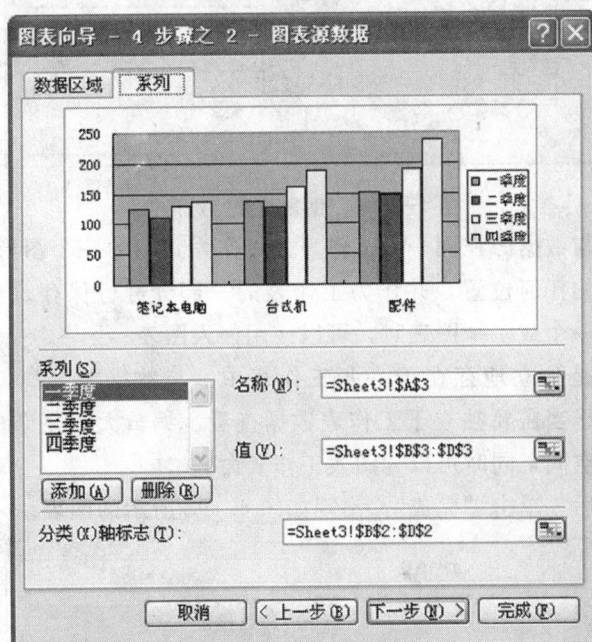

图 4—90　"系列"选项卡

"坐标轴"选项卡：用于控制是否显示 X 轴和 Y 轴，默认情况两者都显示。

"网格线"选项卡：用来控制是否显示网格线。

"图例"选项卡：用来控制是否显示图例及图例的位置。

"数据标志"选项卡：用来控制是否显示数据标志及其显示方式。

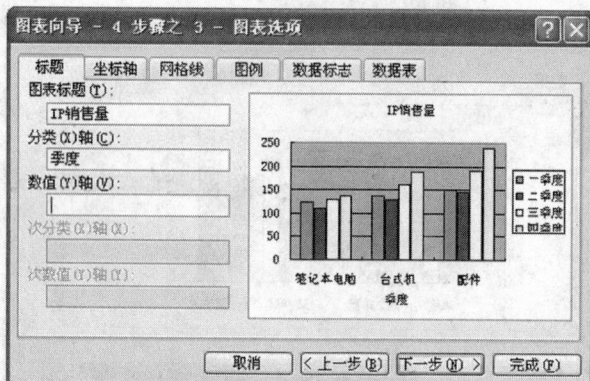

图 4—91　"标题"选项卡

"数据表"选项卡：用来控制是否在图表中显示每个数据系列的值。

5. 指定图表位置

单击"下一步"，弹出"图表向导—4 步骤之 4—图表位置"对话框，在此选择图表的存放位置。如图 4—92 所示。

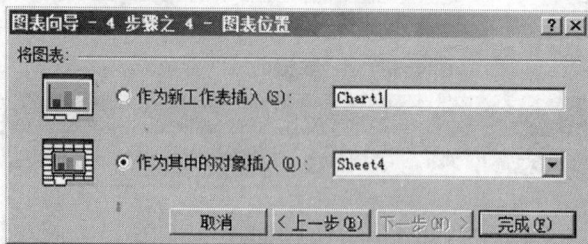

图 4—92　"图表位置"对话框

嵌入图表：是与数据源在同一张工作表上，作为其中的一个图形对象插入工作表，可以放置在工作表的任何位置，并作为工作表的一部分进行保存。当需要与工作表数据一起显示或打印一个或多个图表时，可以使用嵌入图表。

图表工作表：是独立地存在于一张工作表中，与数据源分离，这种工作表称为"图表单"。一般用于当需要独立于工作表数据查看、编辑大而复杂的图表，或希望节省工作表上的屏幕空间，同时可以为图表工作表命名。

完成上面操作后，单击"完成"，出现如图 4—93 所示的图表。

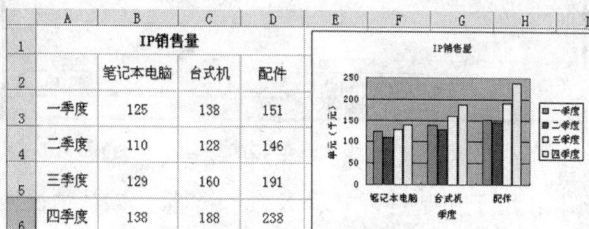

图 4—93　图表结果

4.8.2　图表的组成

将光标移至图表的各个部分，会出现浅黄色的方框，提示图表的组成部分名称。图表的组成如图 4-94 所示。

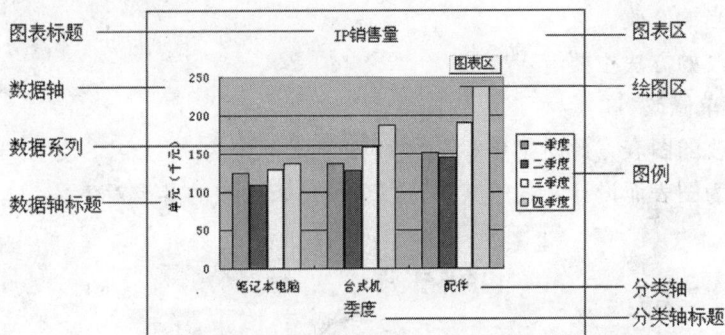

图 4-94　图表的组成

1. 图表区

整个图表及全部元素，当光标移至图表的空白处，可以选定图表区。

2. 坐标轴

图表绘图区用作度量参照的边界。二维图表的 Y 轴（垂直轴）或三维图表的 Z 轴通常为数值轴，包含数据；二维图表的 X 轴（水平轴）或三维图表的 X、Y 轴通常为分类轴。

3. 绘图区

在二维图表中，以坐标轴为界并包含所有数据系列的区域。在三维图表中，此区域以坐标轴为界并包含数据系列、分类名称、刻度线标签和坐标轴标题。

4. 数据系列

在图表中绘制的相关数据点，这些数据源自数据表的行或列。图表中的每个数据系列具有唯一的颜色或图案并且在图表的图例中表示。可以在图表中绘制一个或多个数据系列。注意：饼图只有一个数据系列。

5. 网格线

可添加到图表中以便于查看和计算数据的线条。网格线是坐标轴上刻度线的延伸，并穿越绘图区。

6. 图例

图例是一个方框，用于显示图表中的数据系列或分类指定的图案或颜色。

7. 图表标题

一般置于图表正右上方，用于表示图表的名称。

8. 三维背景墙和基底

包围在许多三维图表的区域，用于显示图表的维度和边界。绘图区中有两个背景墙和一个基底。

4.8.3　图表的编辑

Excel 2003 允许在图表创建后对其进行编辑。图表的编辑有图表的移动、复制、删除、图表选项的修改等。当对源数据表进行修改后，并不需要重建图表，只需对图表进行一些适当的修改。

对图表修改的方法主要有：

1. 通过菜单修改

选择要修改的图表，此时菜单栏的"数据"菜单变为"图表"。如图 4－95 所示。此菜单是专门为图表而设计，通过菜单可以方便编辑图表的各个对象。

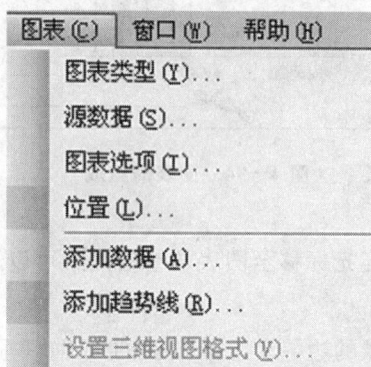

图表(C)　窗口(W)　帮助(H)

图表类型(Y)...
源数据(S)...
图表选项(I)...
位置(L)...
添加数据(A)...
添加趋势线(R)...
设置三维视图格式(V)...

图 4－95　图表菜单

2. 通过工具栏修改

"图表"工具栏包含专门对图表进行格式化的按钮和"图表对象"列表框，通过"图表对象"列表框，可以选择图表中的不同对象进行编辑。"图表"工具栏上的按钮大多数与"图表"菜单对应。如图 4－96 所示。

图 4－96　图表工具栏

3. 通过图表向导修改

选中"图表"，单击"常用"工具栏上"图表向导"（　）按钮，弹出"图表向导"对话框，使用向导对图表进行修改。

4. 使用快捷键修改

选中图表某一区域，单击鼠标右键，从弹出的快捷菜单中选择相应的命令。如图 4－97 所示。

5. 鼠标键盘直接修改

添加数据：如果在图表中要添加数据源中的某一列数据，可以直接选中这一列数据，拖拽到图表区。或者使用"复制"、"粘贴"命令，把数据源中要添加的数据添加到图表中，包括 X 轴的标记。

📄	图表区格式(O)...
	图表类型(Y)...
	源数据(S)...
	图表选项(I)...
	位置(L)...
	设置三维视图格式(V)...
	图表窗口(W)
✂	剪切(T)
📋	复制(C)
📋	粘贴(P)
	清除(A)
	置于顶层(T)
	置于底层(K)
📄	指定宏(N)...

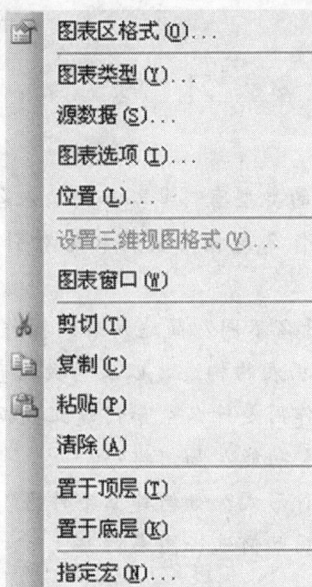

图 4—97　图表快捷键

删除数据：可以从图表上删除一组数据系列（包括 X 轴的标记）。方法是：先选中要删除的数据系列，选择"编辑"→"清除"→"系列"命令，也可直接按"Del"键。

4.8.4　图表的格式化

创建图表后，可以为图表格式化，这样可以突出某些数据的显示。对于图表中各种不同的对象，可使用不同的格式、字体、颜色和图案。设置步骤如下：

①选中图表：这时图表周边有八个"黑色"的控点。

②选择要格式化的图表对象：如果用鼠标难准确选择，可采用图表工具栏中的"图表对象"列表框，在列表框中选择所需的对象。

③格式化图表对象，选中要格式化的图表对象后，然后单击工具栏上的"格式化"（🖼）按钮或双击图表对象或采用快捷菜单，都可对图表对象进行各种格式的设置。

小　结

由于在日常工作、生活中经常需要管理数据，所以熟练应用 Excel 2003 程序有助于提高处理数据的效率。

本章主要介绍了 Excel 2003 工作表的输入、格式设置，以及对工作表的计算、图表、分析三大功能的各种操作，还重点介绍了函数的运用，函数是本章难点也是重点，学好函数是用好 Excel 2003 的关键。用户多操作多练习才能掌握操作要点。

习　题

1. 在 Excel 2003 中，数据的类型有哪些？如何输入各种不同类型的数据？

2. 在 Excel 2003 公式中，什么是相对引用和绝对引用？复制单元格中的公式中，两类地址是如何变化的？

3. "复制"和"填充"有什么不同？简述两者的操作方法。

4. 简述 Excel 2003 中，数据表的构造，以及对数据表可以实现哪些操作？

5. 什么是数据透视表？其作用是什么？如何建立数据透视表？

6. 什么是数据表的"排序"功能？如何排序？

7. 高级筛选的条件区有几种形式？如何建立条件区？

8. 简述图表的组成，并说明如何选择图表对象。

第 5 章　演示文稿软件 PowerPoint 2003

学习目标

本章主要介绍演示文稿软件 PowerPoint 2003 的应用。通过本章的学习，掌握以下技能：

1. 在演示文稿中输入内容
2. 设置演示文稿的外观格式
3. 为演示文稿添加多媒体效果
4. 放映演示文稿

5.1　演示文稿工作环境

PowerPoint 是演示文稿的制作软件，利用 PowerPoint 可以很方便地创建以幻灯片为基本元素的集文字、图形、图像、声音以及视频剪辑等具有多媒体特性的演示文稿。将自己所要表达的信息组织在一组图文并茂的称为幻灯片的画面中，并利用 Power-Point 提供的多媒体技术，通过多种途径演示自己创作的内容，从而达到集声形于一体的最佳效果。

应用 PowerPoint 程序创建的文件称为"演示文稿"，而"幻灯片"是组成演示文稿的每一张页面。演示文稿不仅包括放映的幻灯片，还包括演讲者自己使用的备注页。备注页的备注内容不放映，但可以打印。

5.1.1　启动

可以通过以下方法之一启动 Microsoft Office PowerPoint 2003 程序：

• 通常桌面上会有 Microsoft Office PowerPoint 2003 程序的快捷图标，则可以双击打开。这是最常用的方法。

• 执行"开始"→"程序"或（"所有程序"）→Microsoft Office→Microsoft Office PowerPoint 2003 命令。

5.1.2　界面介绍

启动 Microsoft Office PowerPoint 2003 程序，屏幕显示的界面如图 5-1 所示。

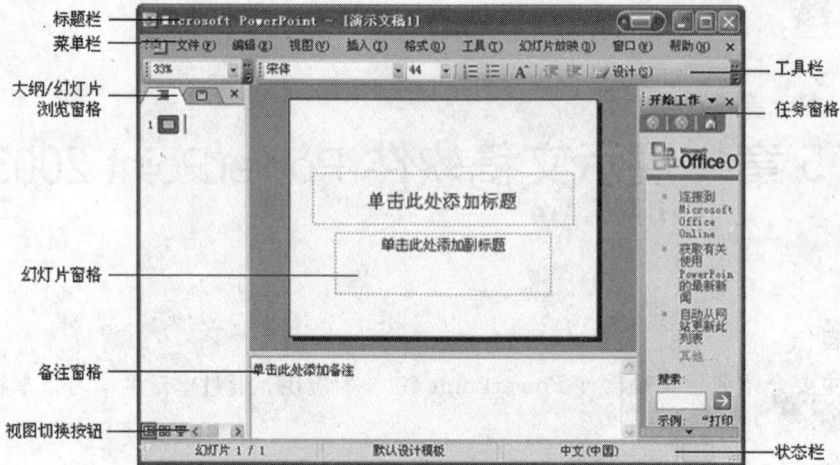

图 5—1 PowerPoint 2003 工作界面

1. 标题栏

标题栏显示该文档的文件名，在标题栏的右侧是"最小化"、"向下还原"（或者是"最大化"）、"关闭"命令按钮。

2. 菜单栏

菜单栏由"文件"、"编辑"、"视图"、"插入"、"格式"、"工具"、"幻灯片放映"、"窗口"与"帮助"9个菜单命令组成，而每个菜单命令又由下拉式级联子菜单构成。通过选择不同的菜单命令，可以对 PowerPoint 2003 文档的各个对象进行操作。

3. 工具栏

一些常用的命令可以在不同工具栏上，通过命令按钮的形式显示出来，界面上通常显示"常用"、"格式"和"绘图"工具栏。要显示或隐藏某一类工具栏，可以通过执行"视图"→"工具栏"命令，在出现的级联子菜单中选择。

4. 大纲/幻灯片浏览窗格

在此处可以切换大纲、幻灯片浏览窗格，便于编辑与浏览演示文稿。

5. 幻灯片窗格

在此处可以编辑幻灯片的文字、图片等内容，还可以对幻灯片设置外观。

6. 备注窗格

用于编辑幻灯片的备注文字，可以打印以便在演讲时查阅。

7. 视图切换按钮

在左下角有三个按钮，分别为"普通视图"、"幻灯片浏览视图"和"从当前幻灯片开始幻灯片放映"。

8. 任务窗格

一般位于窗口的右侧，用来显示设计演示文稿时经常用到的命令，方便用户操作。执行"视图"→"任务窗格"命令，可以打开或关闭任务窗格。任务窗格标题栏上有一个下拉箭头，通过选择下拉菜单里的选项，可以打开不同任务窗格，如图 5—2 所示，任务窗格的标题栏上也有"关闭"命令按钮。PowerPoint 2003 程序的许多命令操作需要在任务窗格执行。

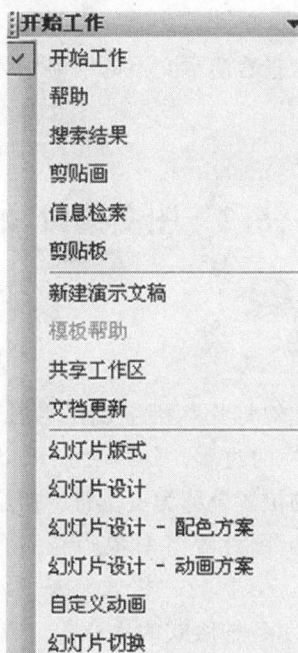

图 5-2　任务窗格

9. 状态栏

状态栏显示演示文稿的编辑状态。

5.1.3　视图

视图是呈现工作的一种方式，为了便于用户以不同的方式观看自己设计的幻灯片内容或效果，PowerPoint 2003 提供了多种视图显示模式：普通视图、幻灯片浏览视图等。每种视图各不相同，分别适应不同需要的场合。

1. 普通视图

普通视图是打开 PowerPoint 2003 程序后的默认视图。可以执行"视图"→"普通"命令切换到普通视图，也可以通过"视图切换"按钮进行切换。

普通视图下窗口被分成三个区域：幻灯片、大纲/幻灯片和备注窗格。可以拖动之间的分隔线，调整三个区域的大小。

在幻灯片窗格中，可以查看和编辑每张幻灯片中的对象布局效果，包括文本的外观，插入的图形、影片和声音对象等，还可设置动画效果和超级链接。这是制作一张幻灯片的主要场所。

大纲窗格可组织演示文稿中的内容框架，输入演示文稿中的所有文本，重新排列幻灯片等。该窗格仅显示演示文稿的文字内容，即只有标题和主要文字。

备注窗格可以添加或查看当前幻灯片的演讲备注信息。

2. 幻灯片浏览视图

可以执行"视图"→"幻灯片浏览"命令切换到幻灯片浏览视图，也可以通过"视图切换"按钮进行切换。

在幻灯片浏览视图中，可以查看演示文稿的缩略图，方便调整每张幻灯片的位置，观看幻灯片的动画预览效果。

5.2　图文编辑

5.2.1　幻灯片版式

一个演示文稿是由若干张"幻灯片"所组成，相当于演示文稿的页面。制作演示文稿的过程，也就是设计幻灯片的过程。幻灯片上可以有文字、图形、声音等对象。某个对象以及在幻灯片中占据的位置统称为占位符。初始的占位符用虚线边框来表示。

版式指的是幻灯片中文本、图片等各对象占位符的排版形式。打开 PowerPoint 2003 程序，进入新建文档的状态，执行"格式"→"幻灯片版式"命令，在打开的"幻灯片版式"任务窗格中，显示各种版式的示意图。或直接单击"任务窗格"标题栏上的向下按钮，选择"幻灯片版式"，如图 5-3 所示。

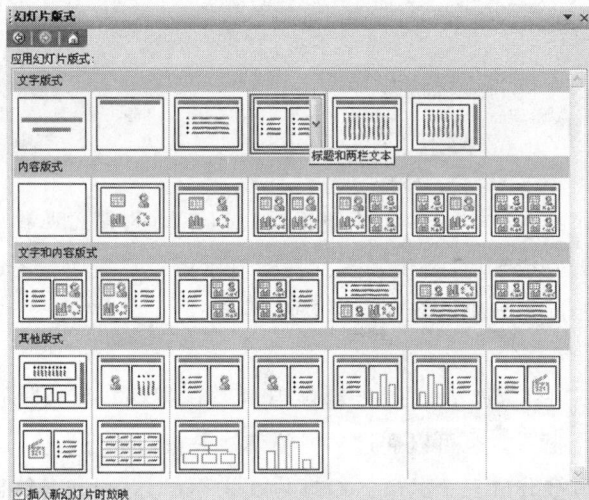

图 5-3　"幻灯片版式"任务窗格

PowerPoint 2003 提供了预置的 31 种版式，分为文字版式、内容版式、文字和内容版式以及其他版式。其中内容版式指的是图片、表格等元素。将光标移至版式示意图之上，将显示该版式的名称，以及下拉三角箭头。单击该三角箭头，可以选择应用于选定幻灯片命令，或者插入新幻灯片命令（即应用该版式的幻灯片）。

在每张新幻灯片中会出现一个或数个虚线边框的占位符。单击占位符后，通过拖动占位符的虚线边框可以调整起始位置；右击占位符，在弹出快捷菜单中选择"设置占位符格式"命令，可以设置占位符边框的颜色，填充颜色。如图5－4所示。

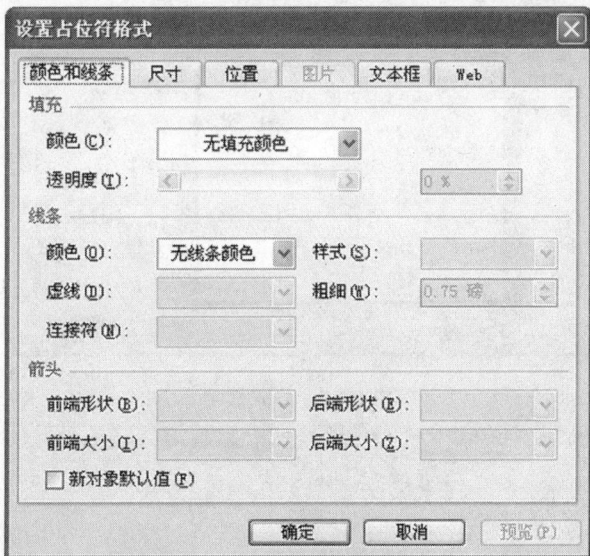

图 5－4 "设置占位符格式"对话框

5.2.2 插入新幻灯片

执行"插入"→"新幻灯片"命令，或者单击"格式"工具栏上的"新幻灯片"按钮，或者使用快捷键"Ctrl＋M"，则在当前幻灯片的后面插入一张新幻灯片。也可以在普通视图的大纲或幻灯片窗格中选定一张幻灯片后按回车键。

5.2.3 添加文字

1. 输入文字

输入文字的常规方法是依照占位符上的提示单击占位符，然后添加文字或其他内容。

例如，新建"演示文稿1"，对第一张幻灯片应用"标题和文本"版式，输入文字，设置标题的文本字体为"黑体"，主要文本为"仿宋"，如图5－5所示，最后保存文稿。

输入文本超过占位符时，在占位符左下角出现自动调整选项按钮，单击此按钮，可以选择是否"根据占位符自动调整文本"，通常选定该项。如图5－6所示。

2. 文字格式

选定需要设置的文字，执行"格式"→"字体"命令，或右击后在快捷菜单中选择"字体"命令，打开"字体"对话框进行设置。字号可以从下拉列表框中选取，或者在文本框中直接输入，如图5－7所示。

也可以利用"格式"工具栏对字体进行设置，主要有：加粗、倾斜、下划线、阴影、增大字号、减小字号、字体颜色等。

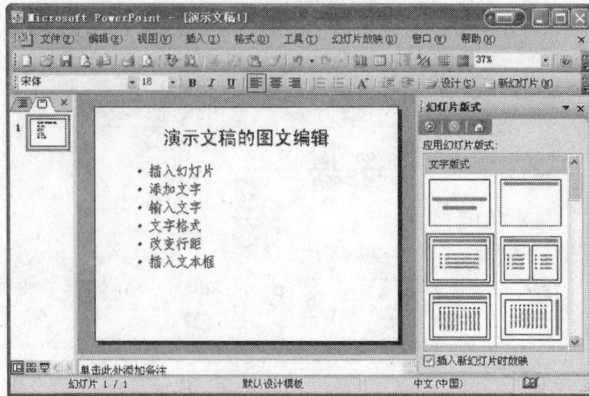

图 5—5 输入文字

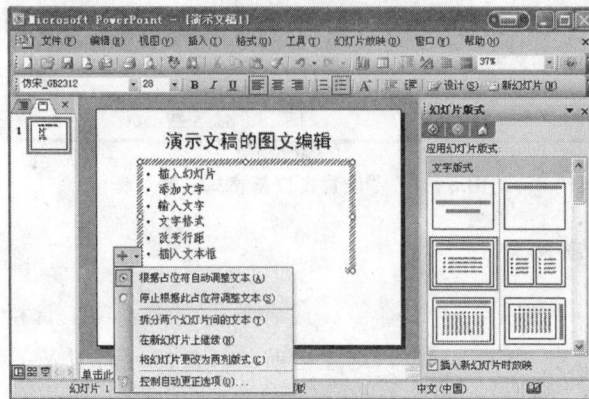

图 5—6 占位符提示菜单

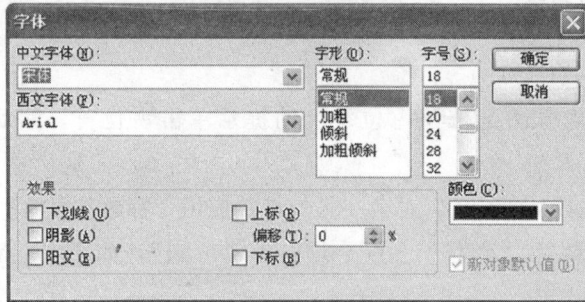

图 5—7 "字体"对话框

调整字体大小的快捷键：缩小"Ctrl＋［"、放大"Ctrl＋]"。

3. 改变行距

选定相应的文本，执行"格式"→"行距"命令，则可以改变文本的行距，以及段前、段后的间隔，如图 5—8 所示。

4. 插入文本框

如果要在幻灯片中输入文字，除了版式中自带的文本占位符外，还可以在幻灯片中插入文本框作为输入文字的载体。插入"文本框"方法是：执行"插入"→"文本

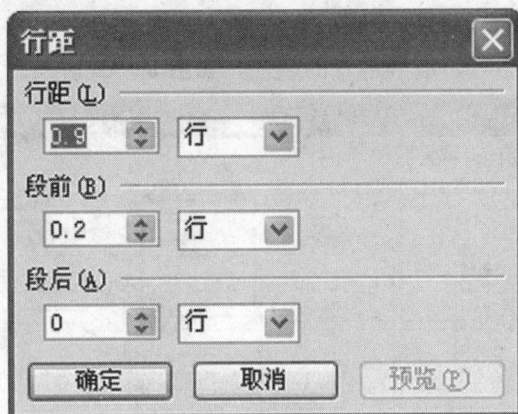

图 5—8　"行距"对话框

框"命令，或在绘图工具栏上单击"文本框"按钮，在幻灯片合适位置通过拖动生成文本框，然后在文本框内输入文字。

　　注意：在自定义的"文本框"中输入的文字，在"普通视图"的大纲中是不显示的。

5.2.4　项目符号和编号

　　对于一些同类项，可以添加项目符号或编号。

　　选定需要添加的文本，执行"格式"→"项目符号和编号"命令，在弹出的"项目符号和编号"对话框中，选择"项目符号"选项卡，可以设置项目符号的类型、大小、颜色。如图 5—9 所示。单击"图片"命令按钮，将弹出"图片项目符号"对话框，可以从中选用图片作为项目符号；单击"自定义"按钮，将弹出"符号"对话框，可以从中选用其字符作为项目符号。

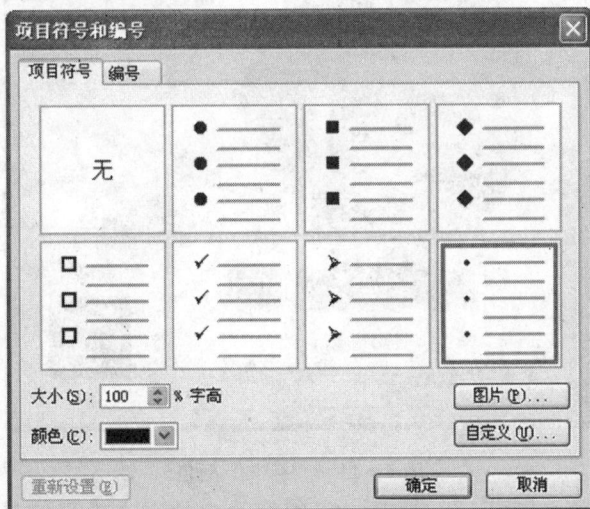

图 5—9　"项目符号"选项卡

选择"编号"选项卡，可以设置项目编号的类型、编号字符的大小（相对于文字的百分比高度）、起始序号、编号字符的颜色，如图5—10所示。

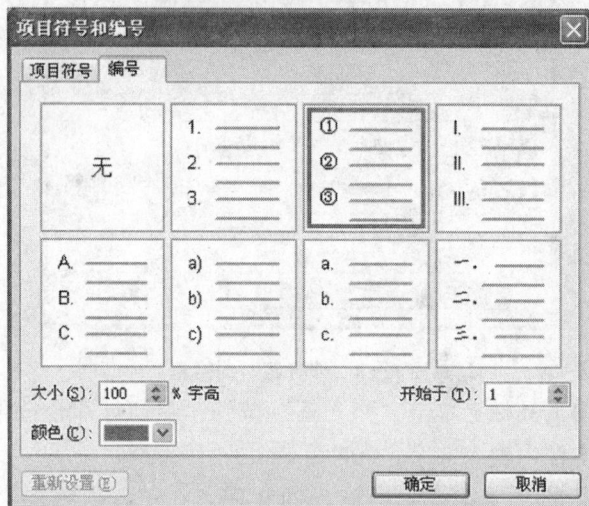

图5—10　"编号"选项卡

项目符号和编号的颜色设置有两个选项：一是标准颜色，二是自定义颜色。其标准颜色不显示名称，用户自己选定，如图5—11所示；自定义颜色一般采用RGB颜色模式：红、绿、蓝三原色的组合，三色的值取为0～255。如图5—12所示。

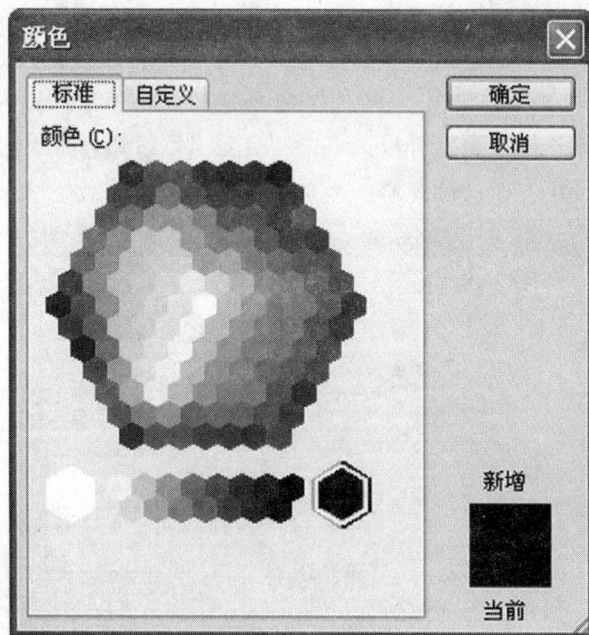

图5—11　"标准"颜色

例如，打开"演示文稿1"，把第一张幻灯片中的文本项目符号改为带圈的编号。如图5—13所示。操作步骤如下：

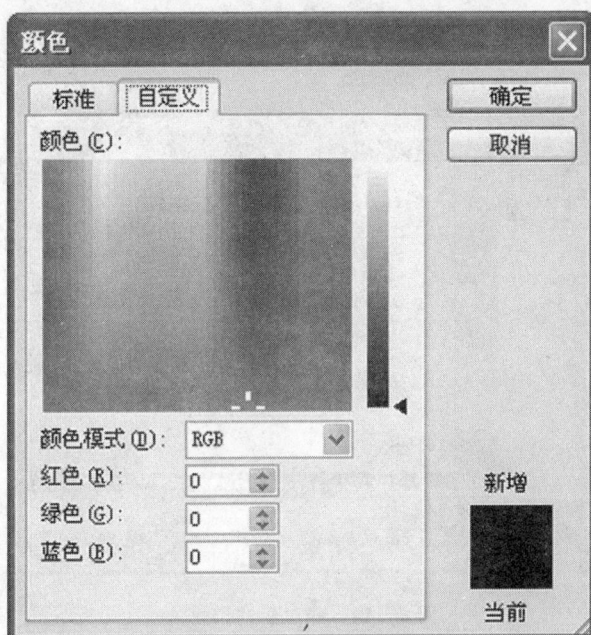

图 5—12　"自定义"颜色

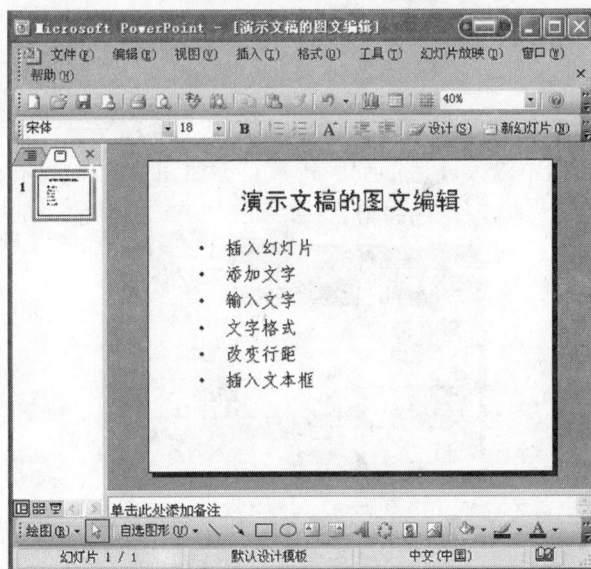

图 5—13　编辑前的幻灯片

①选中要修改的文本。

②选择"格式"→"项目符号和编号"，单击"编号"，选择带圈的模板。单击"确定"，完成设置后保存，效果如图 5—14 所示。

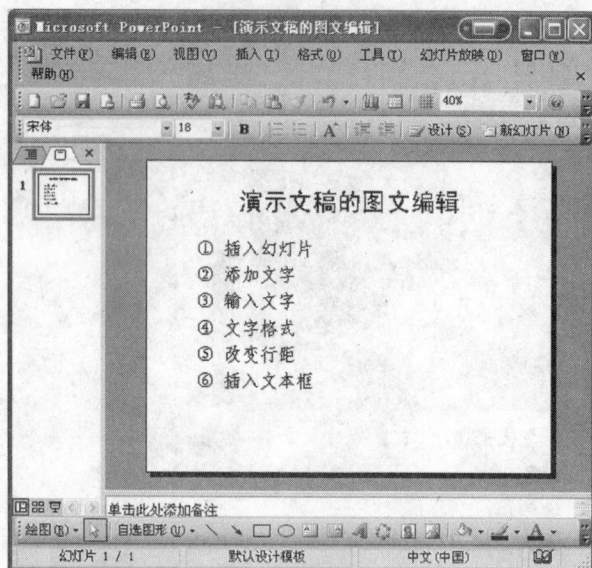

图 5—14　修改后的幻灯片

5.2.5　插入表格与图表

1. 插入表格与表格格式设置

（1）插入表格

利用表格来显示数据会显得简洁、清晰。执行"插入"→"表格"命令，在弹出的"插入表格"对话框中输入合适的列、行数目。如图 5-15 所示。单击确定，则在幻灯片中插入了如图 5-16 所示的表格。

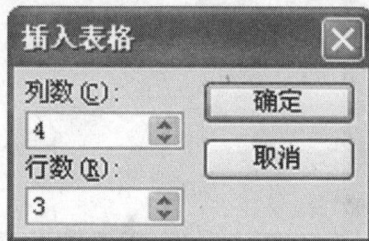

图 5—15　"插入表格"对话框

（2）设置表格格式

选定表格，执行"格式"→"设置表格格式"命令，或者右击，选择"边框和填充"命令，在弹出的"设置表格格式"对话框中选择"边框"选项卡，可以设置表格的边框，如图 5-15 所示；选择"填充"选项卡，可以设置表格的填充颜色和填充效果；选择"文本框"选项卡，可以设置单元格的对齐方式，以及单元格内容与边框的内边距，如果希望文字竖排则选中将单元格内的文本旋转 90 度复选框。

例如，在"演示文稿 1"中插入表格和文本框。操作步骤如下：

①在"演示文稿 1"中，插入一张"标题和内容"版式的幻灯片，次序为第 2 张。

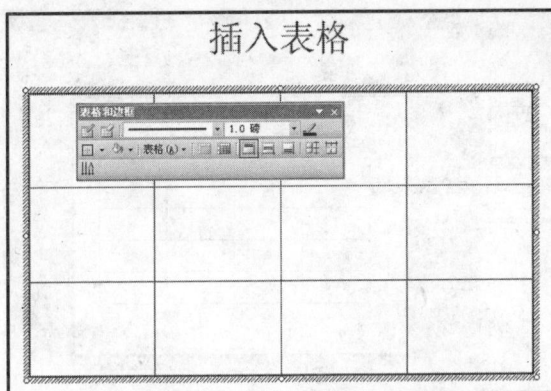

图 5—16　插入表格的幻灯片

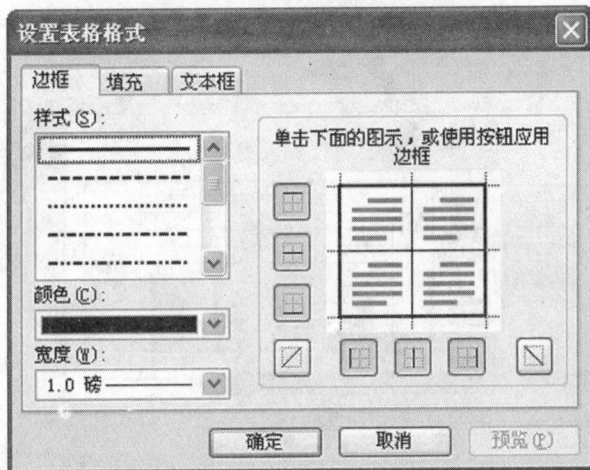

图 5—17　"设置表格格式"对话框

　　②选择"插入"→"表格"命令，添加一个 5 行 4 列的表格；或直接单击内容占位符内的"插入表格"图标进行添加，并在表格中输入数据。设置所有单元格格式对齐方式为"中部居中"。在幻灯片的右下方插入文本框，输入文字"学院教务处"。如图 5—18 所示。

2. 插入图表

　　利用图表可以直观表示数据，一目了然。图表插入后，用户还可根据需要进行相应的格式设置。

　　例如，在"演示文稿 1"中插入图表。操作步骤如下：

　　①在"演示文稿 1"中，插入一张"标题和内容"版式的幻灯片，次序为第 3 张。

　　②执行"插入"→"图表"命令，插入图表；或单击内容占位符内的"插入图表"图标进行图表的插入，这是一张内置的模板图表。如图 5—19 所示。

　　③输入数据表。在打开的数据表中，单击数据表左上角的全选按钮后按 Delete 键清除所有内容，然后输入上一张幻灯片表格的数据。或通过复制源数据，再粘贴。选择"数据"菜单中的"列中数据"。

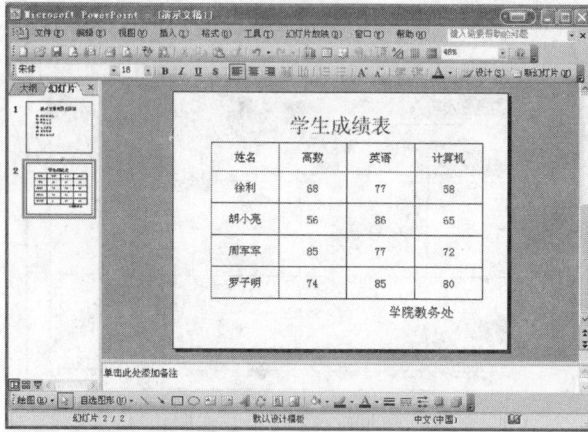

图 5—18　建立表格幻灯片

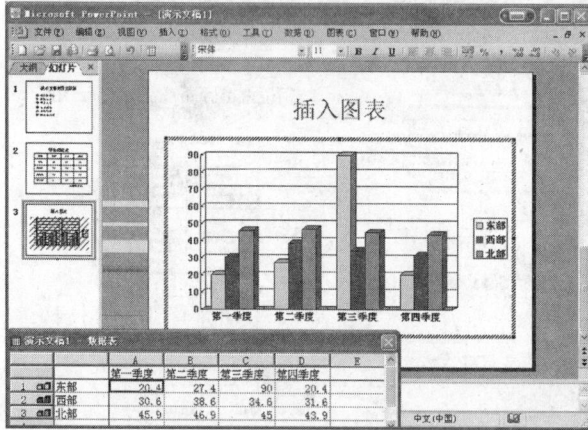

图 5—19　插入图表

④设置图表类型。插入图表操作"图表类型"默认的是簇状柱形图。在图表区右击，在出现的快捷菜单中选择"图表类型"命令，然后在弹出的"图表类型"对话框中选择"簇状柱形图"。如图 5—20 所示。

⑤在图表区右击，在出现的快捷菜单中选择"图表选项"命令，弹出"图表选项"对话框，如图 5—21 所示，可以输入图表的标题，并可以对坐标轴、网格线、图例、数据标签和数据表设置等进行设置。

⑥右击图表的系列，在弹出的快捷菜单选择"设置数据系列格式"，弹出"数据系列格式"对话框。如图 5—22 所示。选择"图案"选项卡设置线条的样式、颜色、粗细等，然后选择"数据标签"选项卡，选择显示数据的值。完成图表后的效果如图 5—23 所示。

5.2.6　插入图片文件

幻灯片中图片来源有三种：剪贴画、来自于文件、自选图形。

1. 插入剪贴画

剪贴画是程序已预先安装的一系列图片，用户可以根据需要选择其中的图片。操

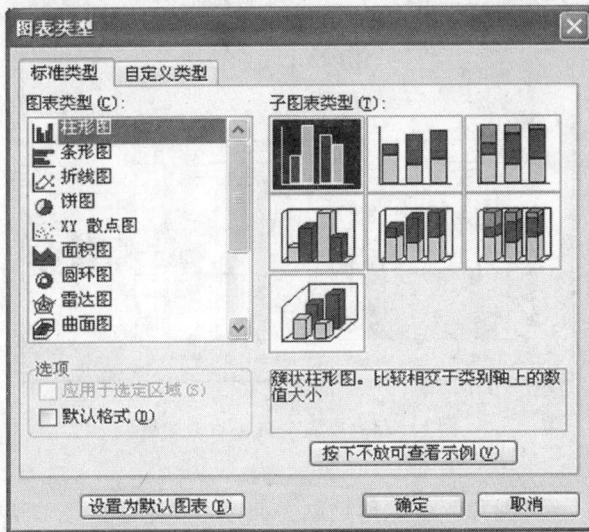

图 5—20　"图表类型"对话框

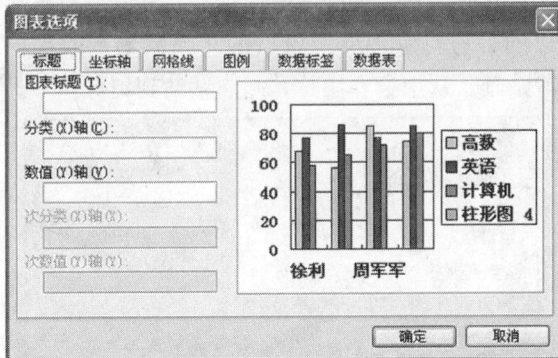

图 5—21　"图表选项"对话框

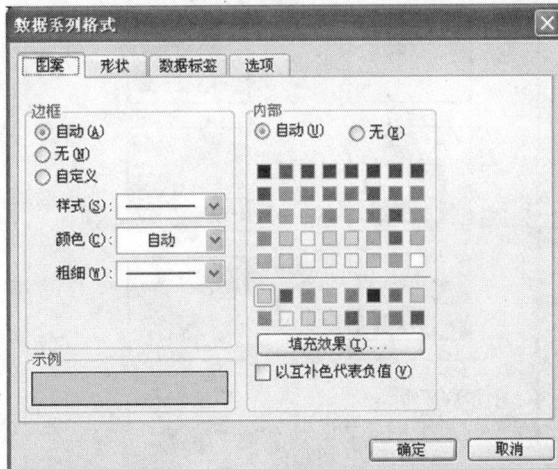

图 5—22　"数据系列格式"对话框

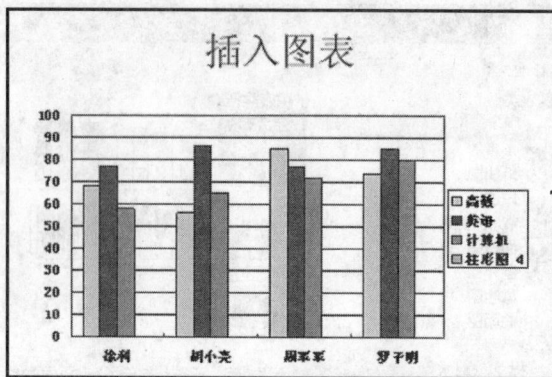

图5—23 图表格式化后的效果

作方法是：

①执行"插入"→"图片"→"剪贴画"命令，"任务窗格"切换到"剪贴画"页面，输入搜索文字可显示此类图片，双击图片或单击图片右边的按钮，选择"插入"命令，就在幻灯片中插入了此张图片。如图5—24所示。也可在剪贴画任务窗格中选择"管理剪辑"选项，在弹出的"剪辑管理器"窗口的"收藏集列表"窗口中，展开文件夹，可以浏览不同类型的剪贴画。从中选择图片，复制粘贴到幻灯片中。如图5—25所示。

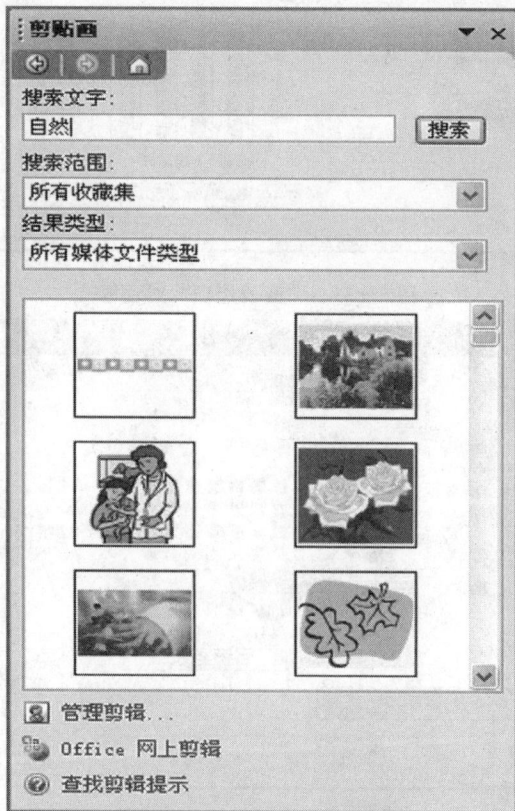

图5—24 "剪贴画"页面

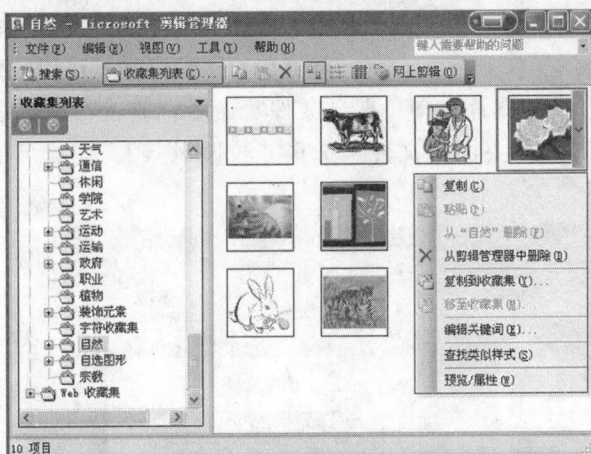

图 5—25　"剪辑管理器"窗口

　　②单击内容占位符里的"插入剪贴画"图标，弹出"选择图片"对话框，如图 5—26 所示，可以输入关键字进行搜索。在搜索到需要的图片上双击，即可插入图片。

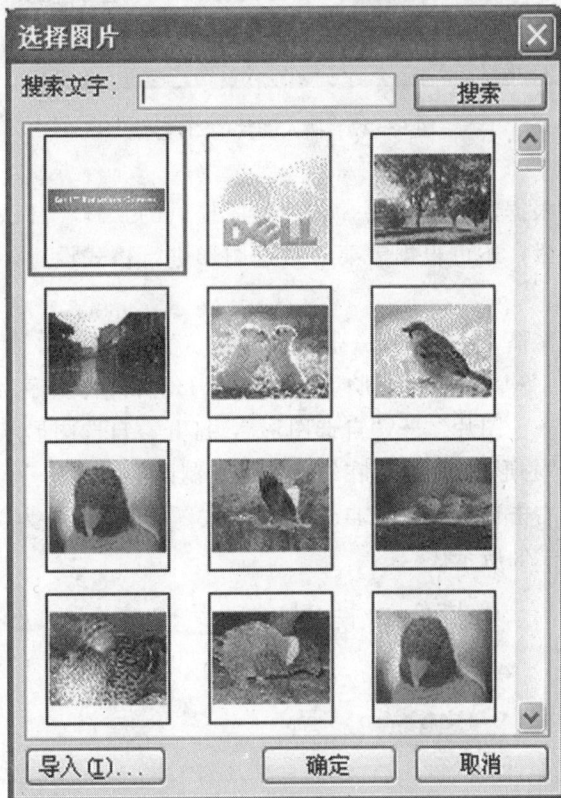

图 5—26　"选择图片"对话框

2. 插入来自于文件图片

　　用户可以把保存在计算机中的图片文件插入到幻灯片中，用来装饰幻灯片，达到美化的效果。

例如，在"演示文稿 1"中插入来自于文件的图片。操作方法是：

①在"演示文稿 1"中，插入一张"标题内容"幻灯片，次序为第 4 张。

②执行"插入"→"图片"→"来自文件"命令，或者在内容占位符中单击"插入图片"对话框中选择需要图片文件，选择"校园风景"。完成后的效果如图 5－27 所示。

图 5－27　插入图片的幻灯片

3. 自选图形

自选图形是用户根据文档的需要，利用程序提供的工具，自己所绘画的图形。在文档中插入自选图形后，还可根据需要对自选图形进行格式设置，如添加文字、加边框底纹等。

例如，在"演示文稿 1"中插入一张"自选图形"的幻灯片。操作方法是：

①在"演示文稿 1"中，插入一张"标题内容"幻灯片，次序为第 5 张。

②选择"插入"→"图片"→"自选图形"，打开"自选图形"工具栏，从工具中"基本图形"中选择"心形"，用鼠标在幻灯片上绘制图形。

③选中幻灯片，右击选择"设置自选图形格式"，填充颜色为"红色"。插入自选图形后的效果如图 5－28 所示。

插入自选图形和艺术字

图 5－28　插入自选图形的效果

4. 设计艺术字

艺术字是以用户输入的普通文字为基础，通过添加阴影、改变文字的大小和颜色等，可以把文字变成多种预定义的形状，用来突出和美化这些文字。

例如，在"演示文稿 1"中插入艺术字。操作方法是：

①在"演示文稿 1"中，插入一张新幻灯片，次序为第 6 张。

②执行"插入"→"图片"→"艺术字"命令。

③在"艺术字库"中选择一种式样，在"编辑'艺术字'文字"对话框中输入文字，设置文字字体、字号、字型，然后单击"确定"。

插入自选图形和艺术字后的效果如图 5－29 所示。

插入自选图形和艺术字

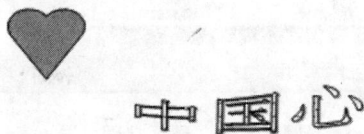

图 5－29　插入艺术字的幻灯片

5.3　外观设计

赏心悦目的幻灯片外观，可以衬托演示文稿的内容，吸引观众的注意力。控制幻灯片外观的方法有 3 种：模板、母版和配色方案，它们使演示文稿的所有幻灯片具有一致的外观。

5.3.1　使用幻灯片母版

幻灯片视图是由其对应的母版控制的，它使视图具有统一的外观形式。母版包括幻灯片母版、标题母版、讲义母版、备注母版。

幻灯片母版是一张具有特殊作用的幻灯片，它控制着当前演示文稿中除标题幻灯片之外的所有幻灯片，使它们具有相同的外观形式。通过在幻灯片母版中预设格式的占位符实现对标题、文本、页脚内容特征的控制。

幻灯片母版主要有两种操作方式：新建和修改。而最为常用的是对幻灯片母版的修改，包括调整演示文稿里标题、文本、页眉和页脚等对象的位置与样式。

一个演示文稿可以有多个母版，而每个母版可以应用多张幻灯片。当修改母版后，应用了该母版的所有幻灯片都会作相应的改变。

例如，修改"演示文稿 1"的母版。

①打开"演示文稿 1"，执行"视图"→"母版"→"幻灯片母版"命令，打开母版视图。如图 5－30 所示。

②将光标移至屏幕左侧的母版示意图，则显示该母版有哪几张幻灯片使用的提示。

③选定每 1 张"母版"，单击"单击此处编辑母版标题样式"，则选定这些文字，

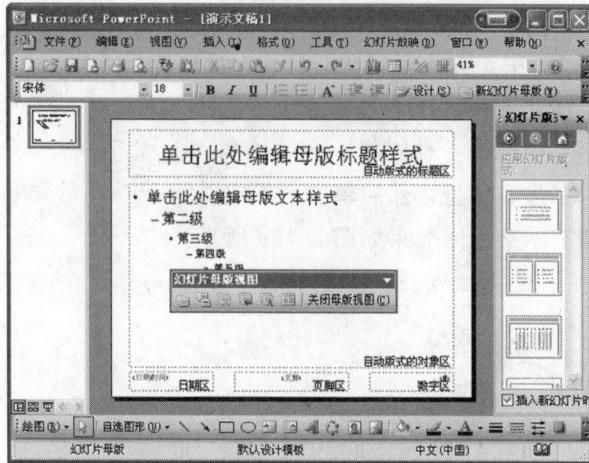

图 5-30　母版视图

在"字体"对话框中设置为"黑体"，字号为"40"。如图 5-31 所示。

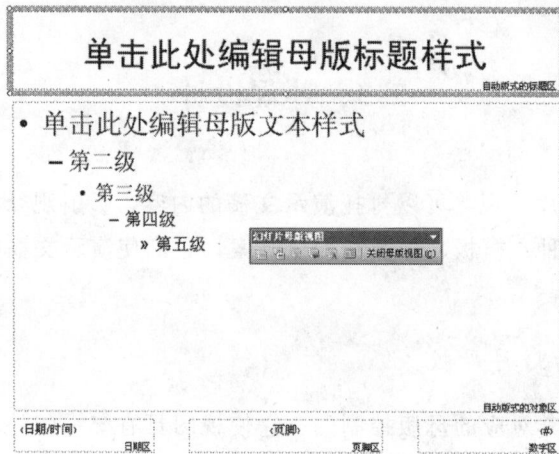

图 5-31　修改母版

④单击"单击此处编辑母版样式"以及"第二级"等字符及项目符号和编号进行相应的格式设置。

⑤通过鼠标拖动调整日期区占位符、页脚占位符、编号占位符（显示为＜＃＞数字区）。

⑥选定编号占位符里的"＃"，将其设置为"Arial"字体，字号为"24"。

⑦幻灯片母版设置完成后，单击"幻灯片母版视图"工具栏上的"关闭母版视图"按钮，回到普通视图，可以发现所有幻灯片的格式已改变。如图5-32 所示。

5.3.2　设计模板

PowerPoint 2003 程序提供了许多预设的设计模板。设计模板包括文本格式、占位符位置以及背景等样式，使用设计模板可以方便、快捷、统一地设置演示文稿。

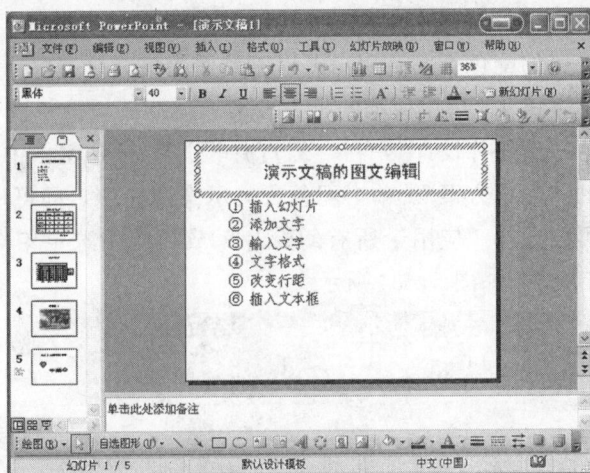

图 5-32　应用母版

例如，在"演示文稿1"中应用"万里长城"设计模板。

①打开"演示文稿1"。

②选择"格式"→"幻灯片设计"命令，打开"幻灯片设计"任务窗格，将鼠标移至每个设计模板的缩略图上时，会显示设计的名称。

③选择"万里长城"双击或单击任务窗格里的模板图例右侧，再单击下拉箭头，在下拉列表里可以选择"应用于所有幻灯片"命令。如图5-33所示。

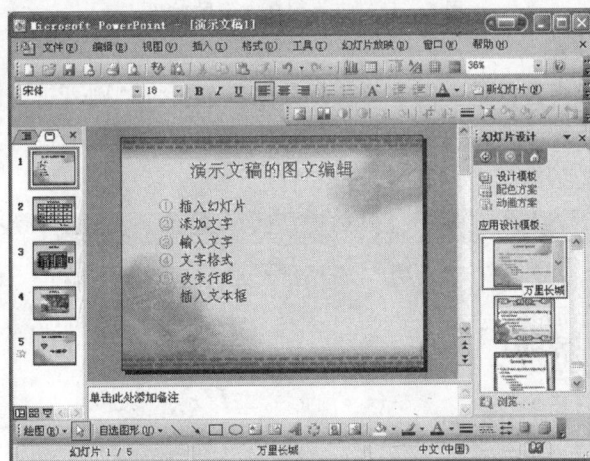

图 5-33　应用设计模板的效果

5.3.3　配色方案

配色方案是由背景颜色、线条和文本的颜色等8种颜色搭配而成，也就是给演示文稿配色的一套颜色设置。这些颜色分别应用到幻灯片上所存在的对象，如果对设计模板的颜色配置不满意，还可以重新设置配色方案。

1. 标准配色方案

系统已定义较完美的配色方案，用户可以直接使用格式化幻灯片。

例如，对"演示文稿1"应用标准的配色方案。

选择"格式"→"幻灯片设计"，在"幻灯片设计"任务窗格中选择"配色方案"选项，则出现标准的"配色方案"。单击配色方案示意图右侧，即可以出现一个下拉箭头，在下拉列表里可以选择"应用于所有幻灯片"或"应用选定幻灯片"命令，选择为"应用于所有幻灯片"。如图5-34所示。

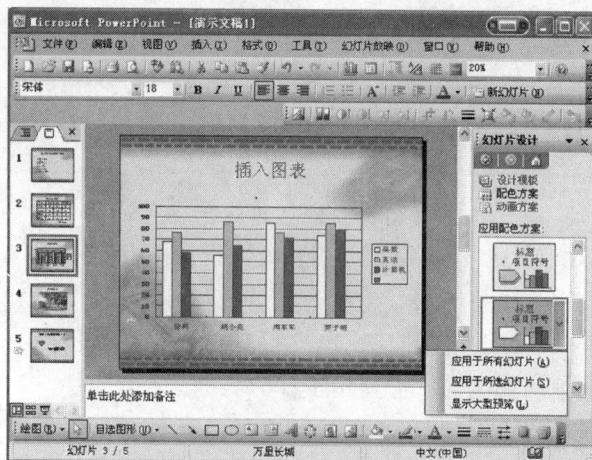

图5-34　应用配色方案的效果

2. 自定义配色方案

如果希望进一步调整背景、文字等各部分的颜色设置，则可进行以下操作：

①单击"幻灯片设计—配色方案"任务窗格下方的"编辑配色方案"选项。

②打开"自定义"选项卡。如图5-35所示。

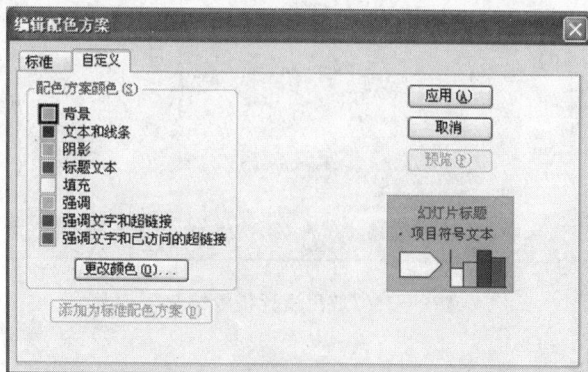

图5-35　"编辑配色方案"对话框

③选择需要进行更改的幻灯片组成部分，然后单击"更改颜色"按钮。

④在打开的对话框设置颜色。

例如，修改"演示文稿1"的设计模板的文本和线条配色。

在打开的"编辑配色方案"对话框的"自定义"选项卡中选择"文本和线条"，单击"更改颜色"按钮。在弹出的"文本和线条颜色"对话框中，将颜色设置为：红色10，绿色0，蓝色100。如图5-36所示。

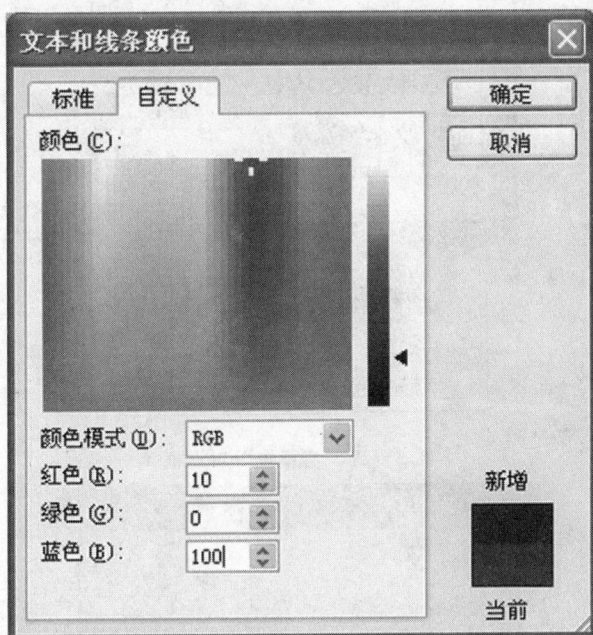

图 5-36　"文本和线条颜色"对话框

5.3.4　背景

可以给演示文稿或幻灯片插入图片、图案、纹理等作为背景。

例如，为"演示文稿1"添加"白色大理石"纹理背景，选择"全部应用"演示文稿。

①执行"格式"→"背景"命令。

②在弹出的"背景"对话框下部的下拉列表框中选择"填充效果"命令。如图5-37所示。

③在弹出的"填充效果"对话框中选择"纹理"选项卡，则可以为演示文稿添加纹理背景，本例选择"白色大理石"纹理背景。如图5-38所示。如果选择"图片"选项卡，则通过单击"选择图片"按钮可以选择需要的图片作为背景；如果选择"渐变"或"图案"选项卡，则可以添加相应的背景效果。

④设置完成后回到"背景"对话框，单击"全部应用"按钮将该背景效果应用于演示文稿。如果单击"应用"按钮则将该背景效果应用于当前幻灯片。

注意：当背景是一幅图片时，则无法通过编辑"配色方案"来改变背景的颜色设置。应当执行"格式"→"背景"命令来改变背景的图片。

5.3.5　页眉与页脚

通过"页眉与页脚"操作可以为演示文稿统一添加编号、日期、页脚。

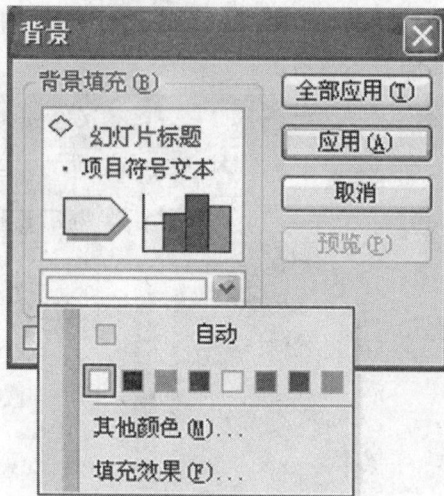

图 5—37　"背景"对话框

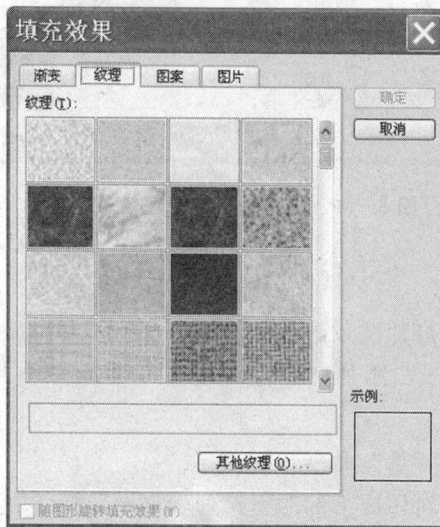

图 5—38　"纹理"选项卡

例如，对"演示文稿 1"设置页眉和页脚。

①执行"视图"→"页眉和页脚"命令，在弹出的"页眉和页脚"对话框的"幻灯片"选项卡中进行设置。如图 5—39 所示。

②选定"标题幻灯片中不显示"页眉和页脚。这样，除了演示文稿的第一张幻灯片（也就是标题幻灯片）外，其他幻灯片均显示编号、日期和时间以及页脚。如图 5—40 所示。

注意：在幻灯片中，页眉和页脚不一定位于幻灯片的顶部或底部，其位置可以通过母版进行调整。

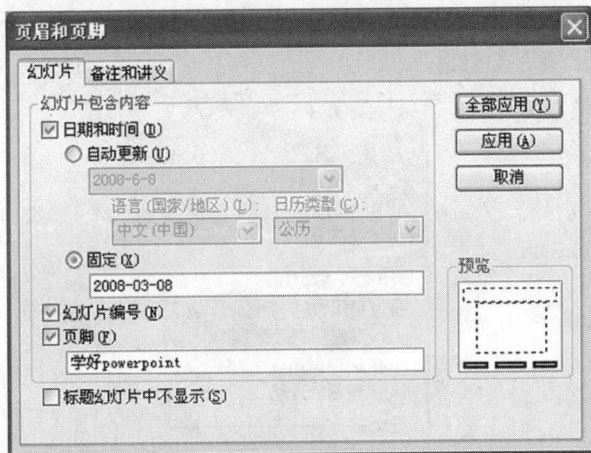

图 5—39　"页眉和页脚"对话框

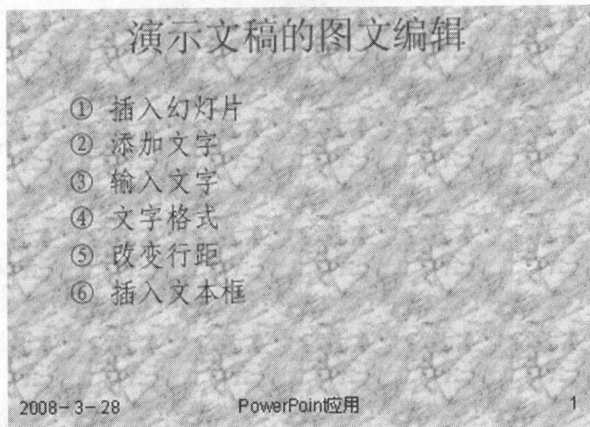

图 5—40　插入时间、页脚和编号的效果

5.4　多媒体效果

5.4.1　动画方案

为演示文稿添加一些动画效果，可以使演示文稿显得生动活泼，吸引观众的注意力。

动画方案是 PowerPoint 2003 自带的一组动画设计效果，用户利用动画方案可以简单快捷地设置整个演示文稿的动画效果。

例如，对"演示文稿 1"应用"升起"动画方案。

①执行"幻灯片放映"→"动画方案"命令，在"幻灯片设计—动画方案"任务窗格中选择"升起"的动画选项，如图 5—41 所示，则应用于当前幻灯片的所有对象。如果单击任务窗格下方的"应用于所有幻灯片"选项，则该动画应用于整个演示文稿

的所有幻灯片的各个对象。

　　②选择"应用于所有幻灯片"。

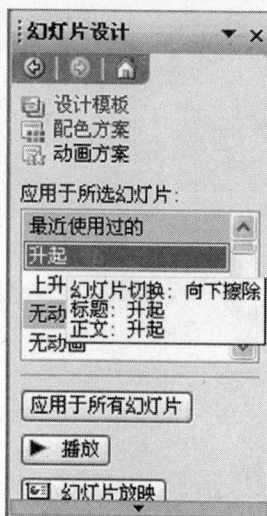

图 5—41　应用动画方案

5.4.2　自定义动画

　　为了使演示文稿的动画效果富有变化，还可以对某张幻灯片里某个对象进行自定义动画。

　　例如，为"演示文稿 1"最后一张幻灯片上的自选图形"心形"及艺术字"中国心"设置自定义动画。

　　①执行"幻灯片放映"→"自定义动画"命令，打开"自定义动画"任务窗格。

　　②选定"心形"图形，单击"自定义动画"任务窗格的"添加效果"按钮。然后在出现的菜单中执行"进入"→"缓慢进入"命令。如图 5—42 所示。在"自定义动画"任务窗格设置该动画为"开始：单击时，方向：自左侧，速度：非常慢"，如果不需要该动画，可单击"删除"。如图 5—43 所示。

图 5—42　"添加效果"设置

图 5-43 自定义 "飞入" 效果

注意：在"自定义动画"任务窗格的"开始"项意思是指动画何时开始，其中"单击时"是指单击鼠标才开始动画，"之前"是指与前一动画同时进行，"之后"是指前一动画结束后才开始本动画。"方向"项是指对象运动方向。"速度"项是指动画的速度。

③选定艺术字"中国心"，单击"自定义动画"任务窗格中的"添加效果"按钮，然后在出现的菜单中执行"强调"→"其他效果"命令。

④在弹出的"添加强调效果"对话框中选择"闪烁"，然后单击"确定"按钮。如图 5-44 所示。在"自定义动画"任务窗格设置该动画为"开始：单击时，速度：快速"。如图 5-45 所示。

⑤为"心形"自选图形添加较为复杂的动画。选定"心形"后单击"自定义动画"任务窗格的"添加效果"按钮，然后到出现的菜单中执行"动画路径"→"其他动作路径"命令。如图 5-46 所示。

⑥在弹出的"添加动作路径"对话框中选择"心跳"，之后单击"确定"按钮。如图 5-47 所示。

⑦回到普通视图，幻灯片上出现了一个虚线的"心跳"路径，类似对图片的操作，用户可以利用快捷菜单编辑其大小、顶点与位置。如图 5-48 所示。在"自定义动画"任务窗格的动画列表中选择该动画，单击其下拉三角箭头，选择"效果选项"。如图 5-49 所示。

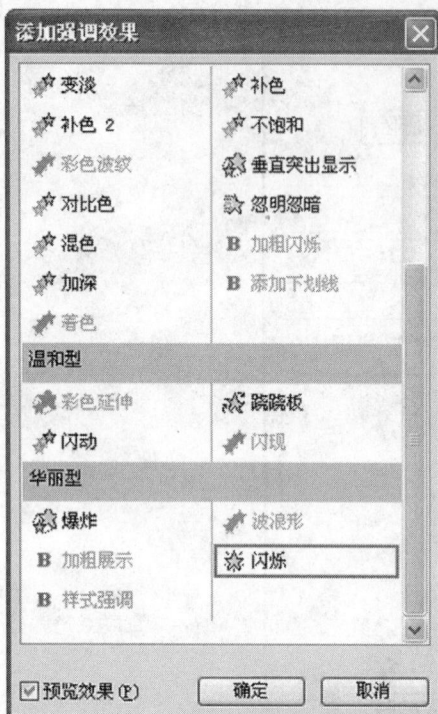

图5—44　添加强调效果

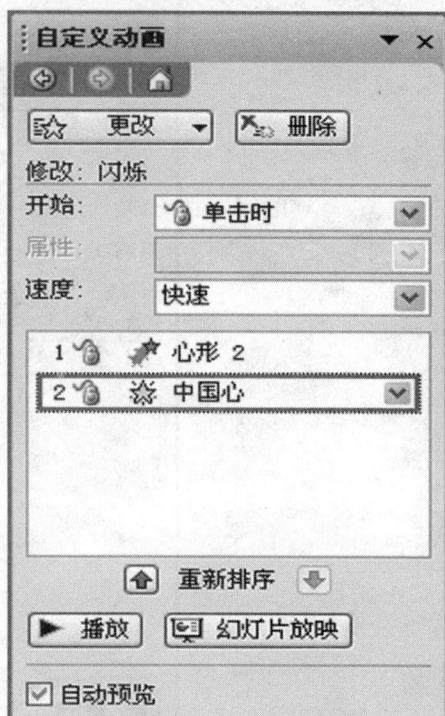

图5—45　自定义"闪烁"效果

图5—46　添加动作路径动画效果

⑧在弹出的"心跳"对话框中选择"效果"选项卡，设置声音为"鼓掌"。如图5—50所示。选择"计时"选项卡，设置开始："之前"，速度："非常慢（5秒）"（输入文本"5秒"），重复："2"。如图5—51所示。

完成各项设置后，单击"自定义动画"任务窗格下方的"播放"按钮（在播放时该命令按钮会变为"停止"按钮），则可以预览该幻灯片上的所有动画效果。选定动画列表中的动画，通过"重新排序"的上、下箭头，可以调整动画的顺序。如图5—52所示。

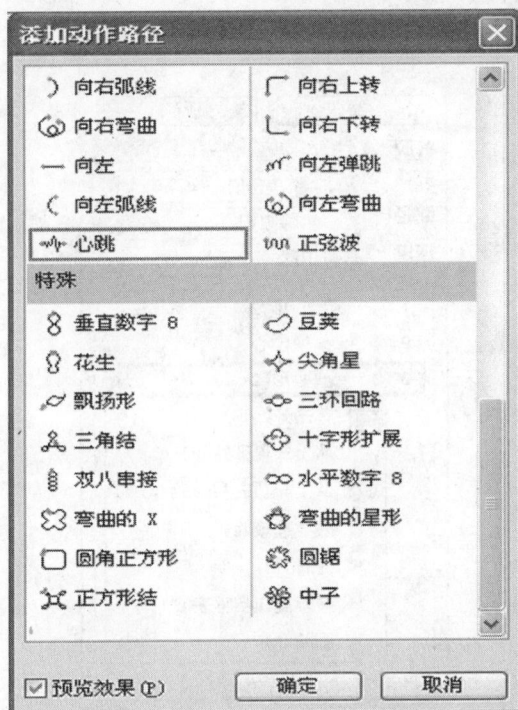

图 5—47 "添加动作路径"对话框

图 5—48 自定义动画的动作路径的编辑

5.4.3 插入声音文件

可以在放映幻灯片时，增加音响效果，播放声音文件。

例如，在"演示文稿 1"中添加"朋友.mp3"文件。

①选定第一张幻灯片。

②执行"插入"→"影片和声音"→"文件中的声音"命令，在弹出的对话框中选择需要"朋友.mp3"声音文件。在出现的询问对话框中，选择"自动"播放声音。

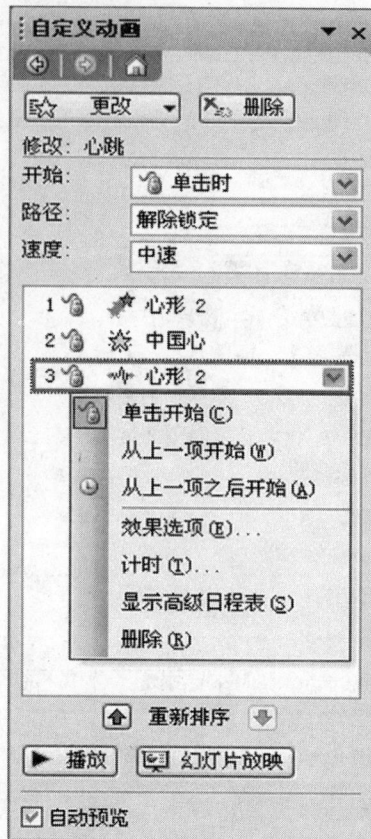

图 5—49　自定义"心跳"效果

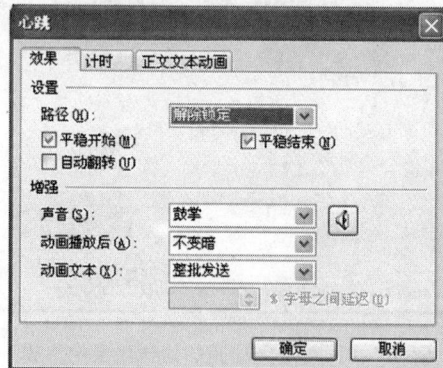

图 5—50　"心跳"声音效果

如图 5—53 所示。

　　③插入声音后，会在当前幻灯片出现一个声音图标，图标大小可以调整。如图 5—54 所示。

　　④以上操作实际上只是在当前的幻灯片中插入声音。放映演示文稿时，该幻灯片切换后，该声音文件会停止播放。如果希望在整个演示文稿的放映过程中播放声音，在幻灯片中选择声音图标，在弹出的快捷菜单中选择"自定义动画"命令，在打开的

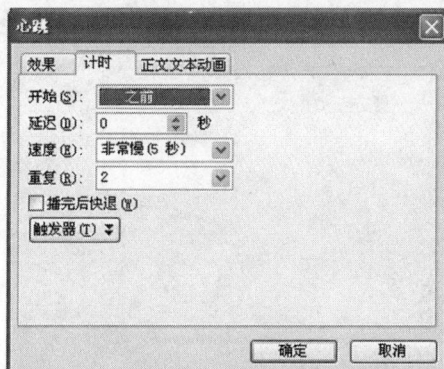

图 5—51　"心跳"动作设置

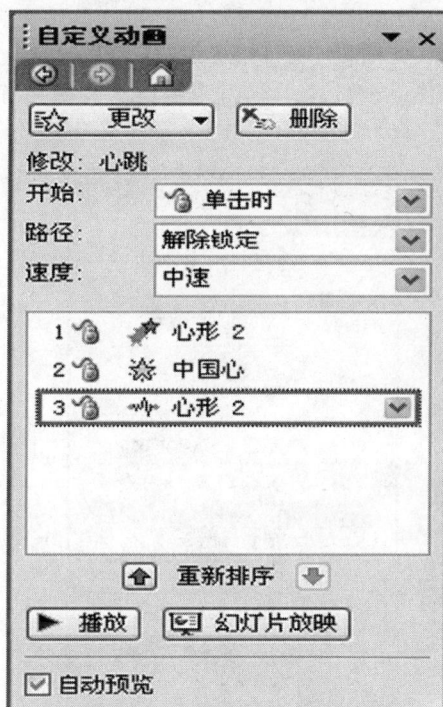

图 5—52　"播放"效果

图 5—53　声音播放动作

"自定义动画"任务窗格可以发现有"朋友.mp3"声音文件。如图 5—55 所示。

　　⑤在"朋友.mp3"声音文件下拉列表中选择"效果选项"命令，在弹出的"播放声音"对话框中选择"效果"选项卡，设置"开始播放"为"从头开始"；"停止播放"

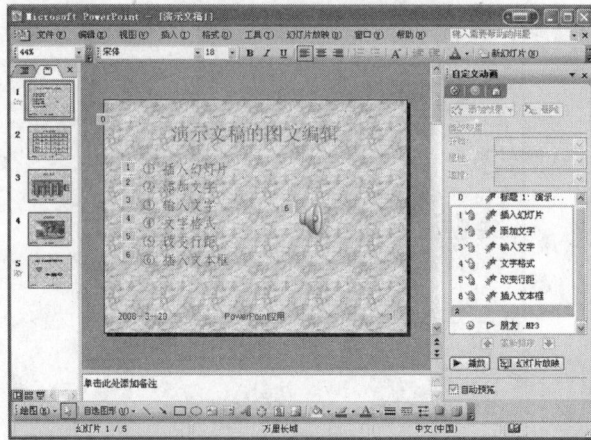

图 5-54　插入声音的幻灯片

为"在 8 张幻灯片后"。如图 5-56 所示。因为本演示文稿共有 5 张幻灯片，所以如果
有增加则需要更改本设置。

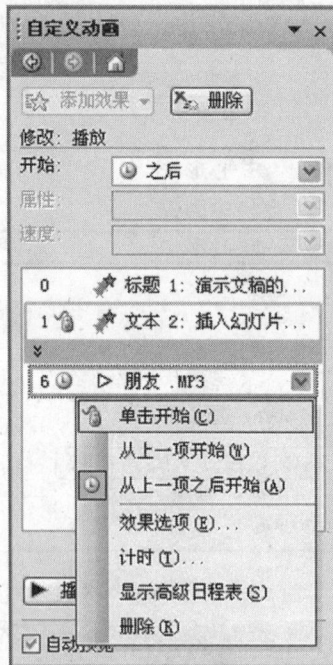

图 5-55　设置声音效果

　　⑥选择"计时"选项卡，在"开始"列表中有三个选择分别为"单击时"、"之前"
和"之后"。如图 5-57 所示。"单击时"表示通过单击鼠标触发动画事件；"之前"表
示在上一个动画开始同时，当前动画事件同时进行；"之后"表示在上一个动画播放完
后，当前动画事件才开始。

　　⑦选择"声音设置"选项卡。选定"幻灯片放映时隐藏声音图标"复选框，这样，
在播放时不出现声音图标。如图 5-58 所示。

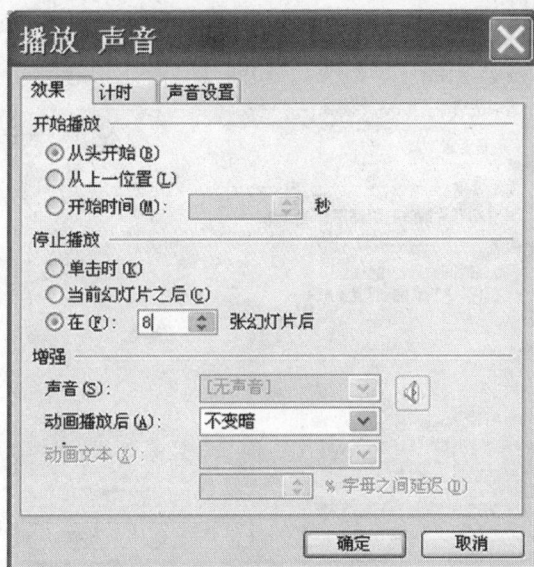

图 5-56　"效果"选项卡

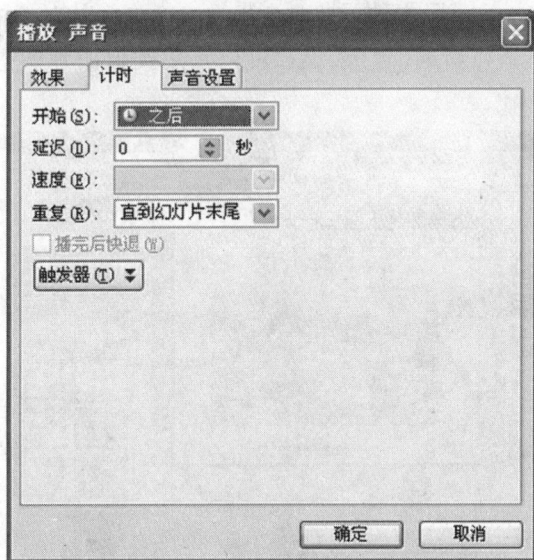

图 5-57　"计时"选项卡

5.4.4　插入影片

1. 插入影片

可以在幻灯片中插入视频文件，以增加幻灯片的播放效果。

例如，在"演示文稿 1"中，插入影片文件"shaky_car.avi"。

①在演示文稿中插入新幻灯片，次序为第 6 张。

②执行"插入"→"影片和声音"→"文件中的影片"命令，在打开的对话框中选择"shaky_car.avi"。

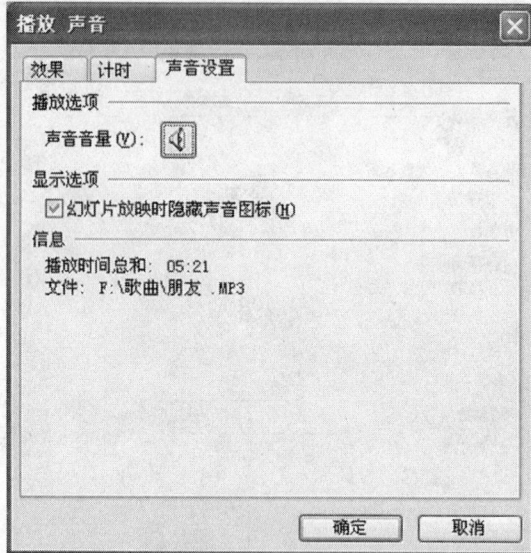

图 5－58　　"声音设置"选项卡

③插入"shaky_car.avi"文件,此时会出现一个询问的对话框,选择"是"自动播放影片。此时文件显示在新的幻灯片上,可以采用类似图片的操作调整其大小、位置。如图 5－59 所示。

图 5－59　插入影片的幻灯片

④选定幻灯片上的"shaky_car.avi"文件右击,在快捷菜单中选择"编辑影片对象"命令,在弹出的"影片选项"对话框中勾选"缩放至全屏"复选框,则在放映演示文稿时,当播放该影片时,会自动全屏播放。如图 5－60 所示。

2. 插入 Flash 文件

Flash 文件是动画文件,要在演示文稿中直接插入,播放 Flash 文件,必须先安装 Flash 插件。方法是:

①执行"视图"→"工具栏"→"控件工具箱"命令,如图 5－61 所示,在控件工具箱中单击"其他控件"按钮(位于控件工具箱的最末),选择"Shockwave Flash

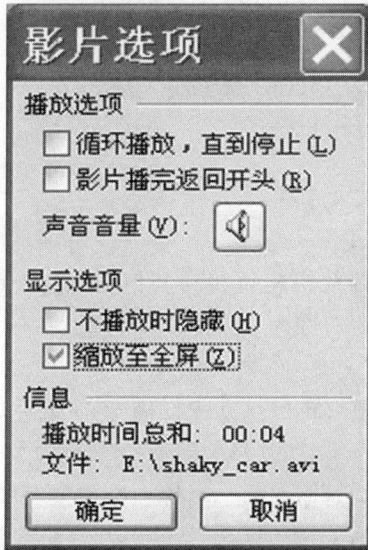

图 5—60　设置"影片选项"

Object"选项。

图 5—61　"控件工具箱"

②在需要插入 Flash 文件的幻灯片中通过拖动画一个"叉矩形框"。

③右击"叉矩形框",在弹出的快捷菜单中选择"属性"命令。

④在弹出的"属性"对话框中,在"Movie"项后输入 Flash 文件的路径及文件名,然后关闭该对话框。如图 5—62 所示。

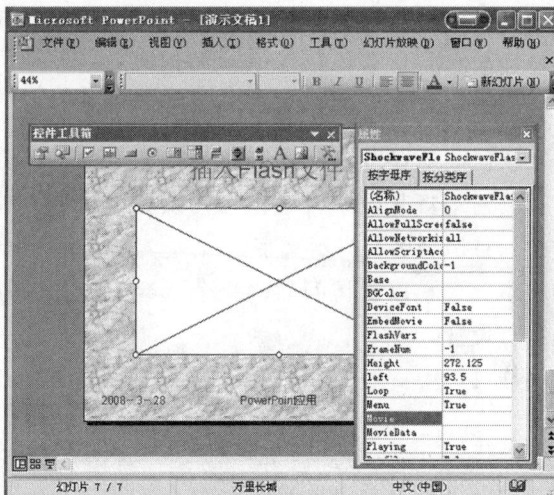

图 5—62　设置"属性"对话框

5.5　放映与保存

5.5.1　超链接

利用超链接，可以使幻灯片快速跳转到其他幻灯片，或者打开其他文件，这样可以方便演讲者快速切换所需的幻灯片或其他文件。

1. 添加超链接

选定幻灯片上的某个对象（可以是文本、图片），右击，在弹出的快捷菜单中选择"超链接"命令。

在弹出的"插入超链接"对话框的"链接到"区域有四个选择。如图5－63所示。

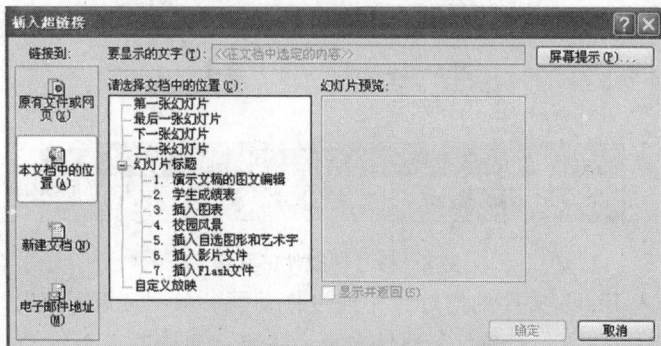

图5－63　"插入超链接"对话框

- 原有文件或网页：链接到计算机中的文件。
- 本文档中的位置：链接到本演示文稿的其他幻灯片。
- 新建文档：链接到新建的文档。
- 电子邮件地址：链接到电子邮件地址。

单击"屏幕提示"按钮，则弹出"设置超链接屏幕提示"对话框，输入屏幕提示文字后，在放映演示文稿的幻灯片时，将鼠标指向设置了超链接的文本，则光标变成一个"手指指向"图标，且出现屏幕提示文字。

设置了超链接的文本颜色，以及访问后的颜色都会有变化，其颜色可以通过编辑设计模板的配色方案进行设置。

例如，在"演示文稿1"中，插入超链接，链接到"powerpoint学习指南.doc"文件。操作方法如下：

①在第一张幻灯片中选定"插入幻灯片"文本，单击右键，在快捷菜单中选择"超链接"。在弹出"插入超链接"对话框中，选择"原有文件或网页"。如图5－64所示。

②单击屏幕提示按钮，在弹出"设置超链接屏幕提示"对话框输入屏幕提示文字

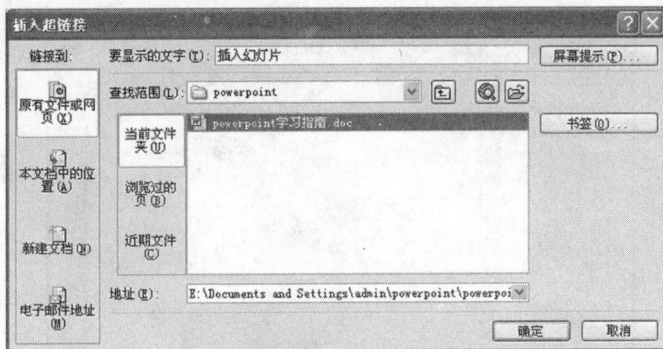

图 5—64　"插入超链接"对话框

"powerpoint 学习指南 . doc"，如图 5－65 所示。之后单击"确定"按钮。

图 5—65　"设置超链接屏幕提示"对话框

③通过单击查找范围的下拉三角箭头找到"powerpoint 学习指南 . doc"文件，单击"确定"。

这样，在放映演示文稿时，当鼠标指向该幻灯片相应的内容时，光标会变成一个手指指向的图标，此时单击，则会打开超链接的文件。

2. 删除超链接

选定幻灯片上的超链接，右击，在弹出的快捷菜单中选择"删除超链接"命令。

5.5.2　动作按钮

用户可以在幻灯片上添加动作按钮，通过单击动作按钮快速跳转到其他幻灯片。这些动作按钮实际上是预设默认超链接的图形。

例如，在"演示文稿1"中的第1张幻灯片上插入一个"前进或下一项"的动作按钮。

①选定第1张幻灯片，执行"幻灯片放映"→"动作按钮"命令，单击"动作按钮：前进或下一项"图标。

②将光标移至第1张幻灯片，光标变成十字形状，拖动鼠标可以画出一个图形。如图 5－66 所示。

③此时自动弹出"动作设置"对话框（该对话框也可以右击动作按钮，在弹出的快捷菜单中选择动作设置命令弹出），默认动作设置是单击鼠标超链接到下一张幻灯

图 5－66　插入动作按钮

片，因此单击"确定"按钮即可。如果希望鼠标移过时就打开超链接，则在鼠标移过选项卡中进行设置。如图 5－67 所示。

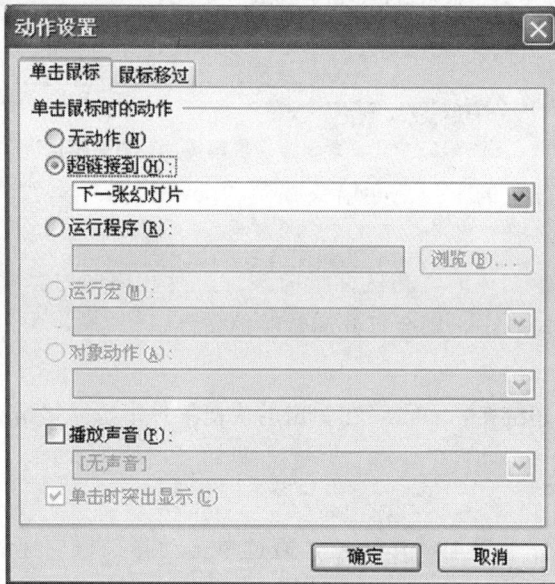

图 5－67　"动作设置"对话框

在放映演示文稿时，当单击或鼠标移过该按钮图形，则前进到下一张幻灯片。

5.5.3　幻灯片切换

为演示文稿的各张幻灯片添加切换效果，可以吸引观众的注意力，提醒观众更换了演示内容。

例如，为"演示文稿 1"添加切换效果，间隔时间为 2 秒，速度为"慢速"，声音为"微风"，允许单击鼠标切换。

①执行"幻灯片放映"→"幻灯片切换"命令，打开幻灯片切换任务窗格。

②在任务窗格中选择"水平百叶窗"的切换效果，设置切换速度为"慢速"，切换声音为"微风"，换片方式为"单击鼠标时"、"每隔 00:02"并选择"应用于所有幻灯片"。如图 5-68 所示。

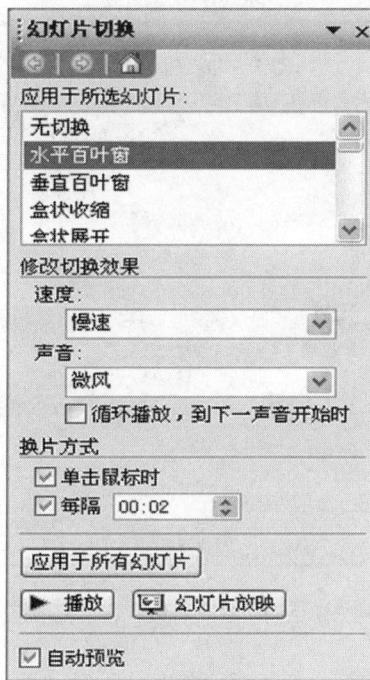

图 5-68 "幻灯片切换"对话框

③单击播放按钮，可以预览切换的效果。

5.5.4 幻灯片放映

1. 排练计时

执行"幻灯片放映"→"排练计时"命令，这时进行演示文稿预演，同时会出现"预演"提示框。如图 5-69 所示。按演讲的节奏切换幻灯片，所有幻灯片切换完成后，会弹出一个对话框，可以保存该演示文稿的排练时间。如图 5-70 所示。

图 5-69 "预演"提示框

回到幻灯片浏览视图，则在每张幻灯片的左下方均显示幻灯片切换的间隔时间。

2. 放映方式的设置

演示文稿可以随着演讲的过程放映，也可以自动播放。执行"幻灯片放映"→"设置放映方式"命令，可以在弹出的"设置放映方式"对话框中进行设置。如图 5-71 所示。

图 5—70 排练时间

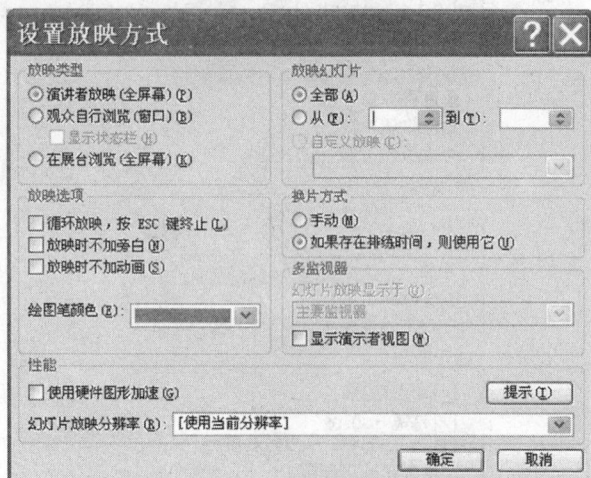

图 5—71 "设置放映方式"对话框

3. 自定义放映

自定义放映可以选择放映演示文稿的部分幻灯片。操作方法如下：

①执行"幻灯片放映"→"自定义放映"命令。

②在打开的"自定义放映"对话框中单击"新建"按钮。

③在打开的"定义自定义放映"对话框中设置幻灯片放映名称，如图 5—72 所示；选择"在演示文稿中的幻灯片"列表框中选择幻灯片，单击"添加"按钮添加到"在自定义放映中的幻灯片"列表框，然后单击"确定"按钮。

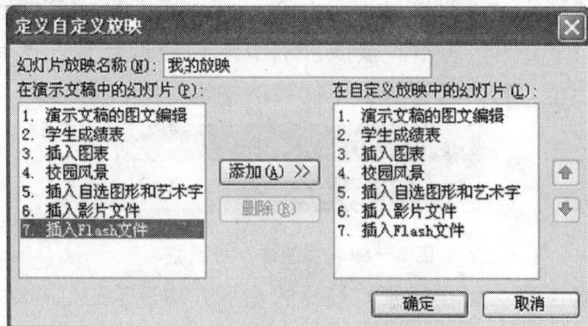

图 5—72 "定义自定义放映"对话框

④回到"自定义放映"对话框，选择自定义放映名称，如图 5—73 所示，然后单击"放映"按钮，即可播放。

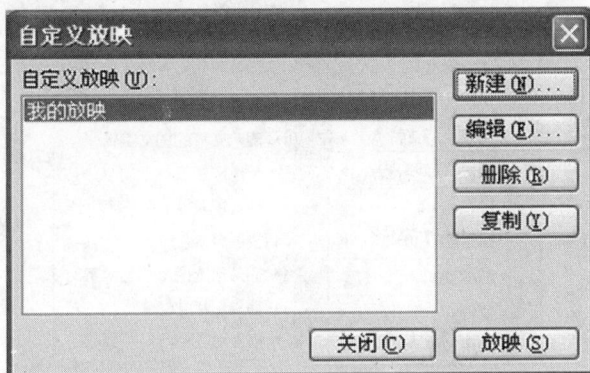

图 5—73　"自定义放映"对话框

4. 放映操作

（1）观看放映

打开演示文稿，按"F5"键（或者执行"幻灯片放映"→"观看放映"命令），则可以从头开始放映演示文稿。

如果按"Shift＋F5"键（或者单击左下角的"从当前幻灯片开始幻灯片放映"按钮），则从当前的幻灯片开始放映。

（2）播放时的鼠标操作

在放映时，光标默认显示为箭头，可以单击鼠标，前进到下一项或下一张幻灯片。用户也可以改变光标的外形，如设置为画笔以便在屏幕上绘画。方法是：单击右键，在弹出的快捷菜单中选择"指针选项"（见图 5—74），选择画笔的类型与颜色，则光标变成笔迹，可以在屏幕上画画。还可以用快捷菜单定位幻灯片（见图 5—75）。

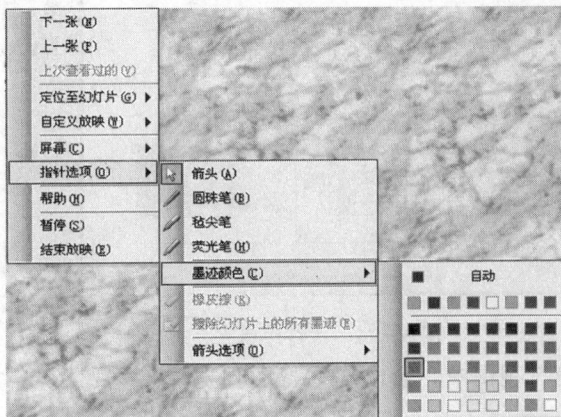

图 5—74　"指针选项"命令

选择"结束放映"命令，则停止放映。但通常按"Esc"键结束演示文稿的放映。

在播放演示文稿时，按"F1"键，将弹出"幻灯片放映帮助"对话框，其上有各操作的快捷键。熟练运用快捷键，可以使演示文稿的放映更加流畅。

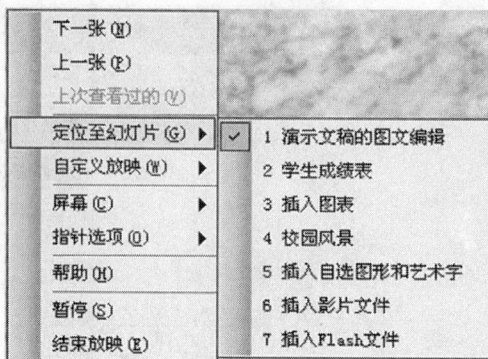

图 5—75　"定位至幻灯片"命令

5.5.5　打印

通常需要将演示文稿的内容打印出来，一般是在一张纸上打印多张幻灯片的内容。例如，打印"演示文稿 1"，要求每张纸上打印 4 张幻灯片的内容。

①选定需要打印的演示文稿，执行"文件"→"打印预览"命令（或单击"常用"工具栏上的"打印预览"按钮），打开"打印预览"视图。如图 5—76 所示。

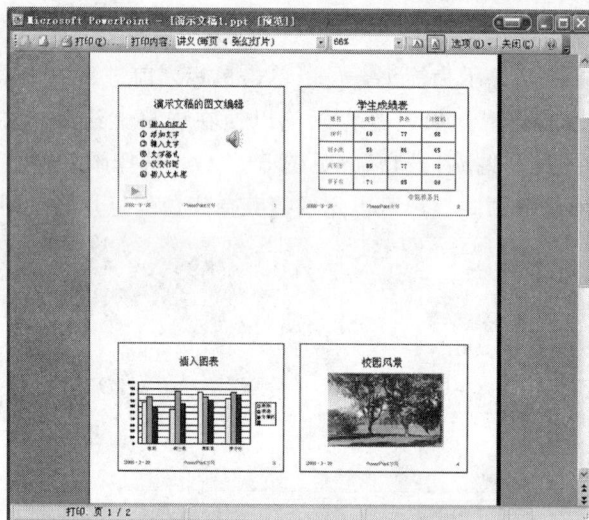

图 5—76　"打印预览"对话框

②在"打印预览"视图中，会出现"打印预览"工具栏，在"打印内容"下拉列表框里选择"讲义"（每页 4 张幻灯片）。

③默认的 A4 纸张是纵向的，选中"横向"单选按钮，将纸张转换为横向。

④执行"选项"→"页眉和页脚"命令。

⑤执行"选项"→"颜色/灰度"命令，设置为"纯黑白"。

⑥执行"选项"→"幻灯片加框"命令。

⑦单击"打印"按钮可以打印讲义。

5.5.6　保存

1. 保存类型

保存文稿的保存类型常见的有三种：一是"演示文稿"，扩展名为".ppt"，打开该类型的文件则进入到演示文稿的编辑视图，这是最常用的；二是"PowerPoint 放映"，扩展名为".pps"，打开该类型的文件则自动进入到演示文稿的放映状态，但不能进行编辑；三是"演示文稿设计模板"，扩展名为".pot"，可以使用该模板来制作其他演示文稿。

为了避免意外造成文件丢失，建议在演示文稿制作之初就保存为".ppt"，在制作过程中也要不时保存，保存命令的快捷键是"Ctrl+S"。

2. 打包

可以将一个或多个演示文稿打包到 CD 或其他文件夹，打包时默认将链接的文件与 PowerPoint 播放器同时打包，这样在没有安装 PowerPoint 程序或播放器的计算机上，也能播放演示文稿，方便演讲者将演示文稿携带到别处播放。

例如，将"演示文稿 1"打包到 U 盘的"我的演示文档"文件夹。

①执行"文件"→"打包成 CD"命令。

②在打开的"打包 CD"对话框中，将 CD 命名为"我的演示文档"。如果复制到指定文件夹，这个也是文件夹名。输入的文件夹名是在指定文件夹中不存在的。在打包过程中，程序自己建立这个文件夹。

③如果要添加其他演示文稿，单击"添加文件"按钮进行操作。

④单击"选项"按钮，在打开的"选项"对话框中进行设置。

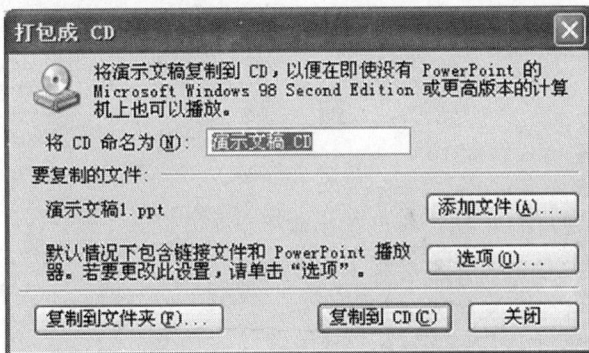

图 5—77　"打包成 CD"对话框

⑤"选项"默认选中"PowerPoint 播放器"、"链接的文件"复选框，如果使用了特殊字体则需选定"嵌入的 TrueType 字体"，同时可以设置打开、修改文件的密码。然后单击"确定"。

⑥如果要刻录光盘，则单击"复制到 CD"按钮后进行操作；如果要复制到其他文件夹，则单击"复制到文件夹"按钮后进行操作。

⑦打开演示文稿文件夹，运行 PowerPoint 播放器 pptview.exe 文件，可以选择打

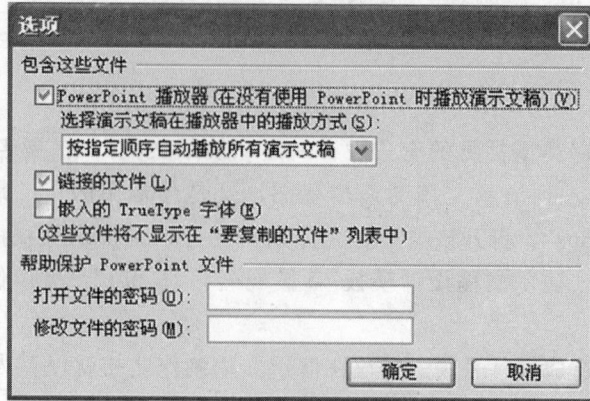

图 5—78　"选项"对话框

包的演示文稿进行放映。

小　结

　　本章介绍了 PowerPoint 2003 的界面组成、内容编辑、外观设计、多媒体效果的添加和放映等操作。PowerPoint 2003 是一门综合技术要求较高的操作软件，不仅要掌握 PowerPoint 2003 程序编辑的技术，还需了解其他知识技能，如色彩表达技巧、图片剪辑技术等。只有这样，才能制作出比较完美的演示文稿。

　　本章的重点是幻灯片的制作与编辑，幻灯片的设置与放映。难点是动画效果和母版的格式设置。

习　题

1. 幻灯片的视图有哪几种？各用在什么场合？
2. 简述幻灯片的母版的作用以及操作方法。
3. 简述模板的作用以及使用模板的方法。
4. 如何设置幻灯片的动画效果？
5. 简述如何在演示文稿中添加声音和影片？
6. 如何在演示文稿中添加超链接？
7. 什么是自定义放映？如何创建自定义放映？
8. 演示文稿打包的作用是什么？打包后，生成哪些文件？

第 6 章　计算机网络应用基础

学习目标

本章主要介绍了采用 IE 进行网站的浏览以及网页的保存，并重点介绍了 E-mail 的应用等。通过本章的学习，掌握以下技能：

1. 了解局域网的定义及作用
2. 利用 ADSL 进行上网
3. 采用 IE 浏览网站
4. 文件的上传和下载
5. 利用搜索引擎搜索资料
6. 设置局域网和共享文件

6.1　计算机网络应用基础

6.1.1　计算机网络概念

我们的时代已是信息的时代，信息技术得到前所未有的发展。其中，网络的发展使得信息的生产和交换变得迅速和便捷，用户可以通过网络传送电子邮件、发布新闻消息、进行实时聊天，还可以进行电子购物、电子贸易以及进行远程视频教育等。

计算机网络是现代通信技术与计算机技术相结合的产物。它把分布在不同地理区域的计算机与专门的外部设备用通信线路互联成一个规模大、功能强的网络系统，从而使众多的计算机可以方便地互相传递信息、共享硬件、软件、数据信息等资源。

6.1.2　计算机网络的基本组成

计算机网络由软件部分和硬件部分组成。其中，软件部分包括网络协议、网络操作系统、网络服务；硬件部分包括网络服务器、网络工作站、网络设备等。

1. 软件部分

①网络协议：通信双方必须遵守的规则、标准或某种约定的集合。常见的协议有 TCP/IP、IPX、AppleTalk 等。

②网络操作系统：网络操作系统是用以实现系统资源共享、管理用户对不同资源访问的系统程序，它是最主要的网络软件。常见的网络操作系统有：Win2003、Windows NT、Unix、Linux。

③网络通信软件：通过网络通信软件实现网络工作站之间的通信。

④网络管理软件：对网络资源进行管理和对网络进行维护的软件。

⑤网络应用软件：为网络用户提供服务并为网络用户解决实际问题的软件。

2. 硬件部分

①网络服务器：为网络中的其他计算机提供某种服务的计算机。常见的网络服务器有 WWW 服务器、FTP 服务器、电子邮件服务器、DNS 服务器等。

②网络工作站：网络工作站是网络用户实际操作的计算机，通常是 PC 机，主要完成信息浏览、文件传输、桌面数据处理等功能。

③网络连接设备：实现将处于不同地理位置上的计算机相互连接在一起的设备，如双绞线、同轴电缆、网卡、Modem、集线器、交换机、路由器等。

6.1.3 常见的网络拓扑结构

计算机网络的拓扑结构是把网络中各个站点相互连接的方法和形式，用相对简单的拓扑图形式画出来。网络拓扑主要有以下几种：

1. 总线型拓扑

总线型拓扑结构采用一个信道作为传输媒体，所有站点都通过相应的硬件接口直接连到这一公共传输媒体上，该公共传输媒体即称为总线。如图 6－1 所示。当一个站点要通过总路线进行传输时，它必须确定该传输介质是否正被使用，如果没有其他站点正在传输，就可以发送信号了，信号能被所有其他站所接收。

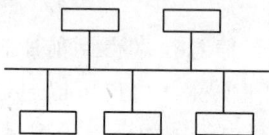

图 6－1 总线型拓扑结构

总线型拓扑结构的优点：

①总线结构所需要的电缆数量少。

②总线结构简单，又是无源工作，有较高的可靠性。

③易于扩充，增加或减少用户比较方便。

总线型拓扑的缺点：

①总线的传输距离有限，通信范围受到限制。

②故障诊断和隔离较困难。

2. 星型拓扑

星型拓扑是由中央节点和通过点到点通信链路接到中央节点的各个站点组成。如图 6－2 所示。中央节点执行集中式通信控制策略，因此中央节点相当复杂，而各个站点的通信处理负担都很小。星型网采用的交换方式有电路交换和报文交换，尤以电路交换更为普遍。这种结构一旦建立了通道连接，就可以无延迟地在连通的两个站点之间传送数据。目前流行的专用交换机 PBX（Private Branch exchange）就是星型拓扑结构的典型实例。

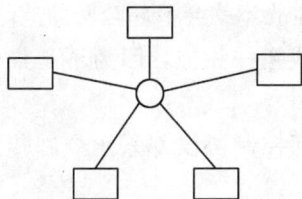

图 6—2　星型拓扑结构

星型拓扑结构的优点：

①控制简单。在星型网络中，任何一站点只和中央节点相连接，因而媒体访问控制方法很简单，致使访问协议也十分简单。

②故障诊断和隔离容易。在星型网络中，中央节点对连接线路可以逐一地隔离开来进行故障检测和定位，单个连接点的故障只影响一个设备，不会影响全网。

③方便服务。中央节点可方便地对各个站点提供服务和网络重新配置。

星型拓扑结构的缺点：

①电缆长度和安装工作量可观。因为每个站点都要和中央节点直接连接，需要耗费大量的电缆，安装、维护的工作量也骤增。

②中央节点的负担较重，形成"瓶颈"。一旦发生故障，则全网受影响，因而对中央节点的可靠性和冗余度方面的要求很高。

③各站点的分布处理能力较低。

3. 环型拓扑

环型拓扑结构是一个像环一样的闭合链路，在链路上有许多中继器和通过中继器连接到链路上的节点。也就是说，环型拓扑结构网络是由一些中继器和连接到中继器的点到点链路组成的一个闭合环。在环型网中，所有的通信共享一条物理通道，即连接网中所有节点的点到点链路。图 6—3 为环型拓扑结构。

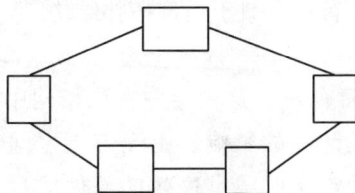

图 6—3　环型拓扑结构

环型拓扑的优点：

①电缆长度短。环形拓扑网络所需的电缆长度和总线拓扑网络相似，但比星型拓扑网络要短得多。

②增加或减少工作站时，仅需简单的连接操作。

③可使用光纤。光纤的传输速率很高，十分适合于环型拓扑的单方向传输。

环型拓扑的缺点：

①节点的故障会引起全网故障。这是因为环上的数据传输要通过接在环上的每一个节点，一旦环中某一节点发生故障就会引起全网的故障。

②故障检测困难。这与总线拓扑相似，因为不是集中控制，故障检测需在网上各个节点进行，因此就不很容易。

③环型拓扑结构的媒体访问控制协议都采用令牌传递的方式，在负载很轻时，信道利用率相对来说就比较低。

4. 树型拓扑

树型拓扑从总线拓扑演变而来，形状像一棵倒置的树，顶端是树根，树根以下带分支，每个分支还可再带子分支。如图 6－4 所示。树根接收各站点发送的数据，然后再广播发送到全网。树型拓扑的特点大多与总线拓扑的特点相同，但也有一些特殊之处。

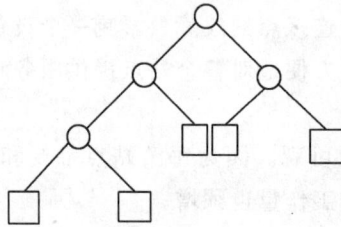

图 6－4　树型拓扑结构

树型拓扑的优点：

①易于扩展。这种结构可以延伸出很多分支和子分支，这些新节点和新分支都能容易地加入网内。

②故障隔离较容易。如果某一分支的节点或线路发生故障，很容易将故障分支与整个系统隔离开来。

树型拓扑的缺点：

各个节点对根的依赖性太大，如果根发生故障，则全网不能正常工作。从这一点来看，树型拓扑结构的可靠性有点类似于星型拓扑结构。

5. 网状型拓扑

网状型拓扑结构如图 6－5 所示。这种结构在广域网中得到了广泛的应用，它的优点是不受"瓶颈"问题和失效问题的影响。由于节点之间有许多条路径相连，可以为数据流的传输选择适当的路由，从而绕过失效的部件或过忙的节点。这种结构虽然比较复杂，成本也比较高，提供上述功能的网络协议也较复杂，但由于它的可靠性高，仍然受到用户的欢迎。

以上分析了几种常用拓扑结构的优缺点。不管是局域网还是广域网，其拓扑的选择，需要考虑诸多因素：网络既要易于安装，又要易于扩展；网络的可靠性也是考虑的重要因素，要易于故障诊断和隔离，以使网络的主体在局部发生故障时仍能正常运

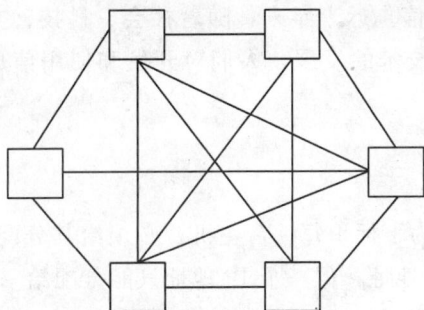

图 6—5　网状型拓扑结构

行；网络拓扑的选择还会影响传输媒体的选择和媒体访问控制方法的确定，这些因素又会影响各个站点在网上的运行速度和网络软、硬件接口的复杂性。

6.1.4　计算机网络的分类

计算机网络千变万化，可以从不同角度进行分类，常见的分类方法有如下几种：

1. 按网络的覆盖范围划分

这是划分网络最常用的方法，按照一个网络所占有的地理范围的大小划分成如下三种：

①局域网（LAN）：覆盖范围有限，一般不超过 10 公里，属于一个部门或一个单位自己组建的小型网络，比如一个宿舍里的网络，一个学校的校园网。

②广域网（WAN）：覆盖的范围很大，可达几千万公里，比如一个国家或洲际之间建立的网络。世界上最大的广域网是 Internet。

③城域网（MAN）：覆盖范围介于局域网和广域网之间，现在提得不多，多数情况下划入广域网的范畴。

2. 按网络的拓扑结构划分

按拓扑结构可分为：总线型、星型、环型、树型、网状型。

3. 按传输介质划分

根据网络所使用的传输介质可分为：双绞线网络、同轴电缆网络、光纤网络、微波网络和卫星网络等。

6.2　Internet 基础知识

6.2.1　Internet 简介

Internet 的汉语即因特网，它是一种国际性的计算机互联网络，又称国际计算机互联网。它以 TCP/IP 网络协议将各种不同类型、不同规模、位于不同地理位置的物理网络连接成一个整体。它最初是由美国政府及科研机构建立起来的，目的是方便美国政府及科研工作者互相通信。近十年来，随着社会、科技、文化和经济的发展，特别是计算机网络技术和通信技术的发展，人们对开发和使用信息资源越来越重视，强烈地刺激着因特网的发展。

6.2.2　IP 地址

在 TCP/IP 网络中，为了标识每一台主机，必须给其分配一个唯一的 IP 地址。同一台主机可以设置多个 IP 地址，但一个 IP 地址只能分配给一台主机，不能在 TCP/IP 网络中存在两台主机具有相同的 IP 地址。这里的主机不仅仅指计算机，还包括一些通信设备，如交换机、路由器，甚至是网络打印机。

目前使用的 IP 地址是 IPV4 版本，由 32 位二进制组成，分为 4 个字节，每 8 位二进制数位为一个字节，中间用点号"."分割，例如，11000000.10101000.01100101.00000101。通常 IP 地址采用点分十进制表示，也就是每个字节用十进制表示，所以上面的 IP 地址表示为：192.168.101.5。

IP 地址的结构如下：分为网络标识和主机标识（主机 ID）。网络标识表示计算机所在的是哪个网络，主机标识表示计算机在该网络中的标识。如图 6－6 所示。

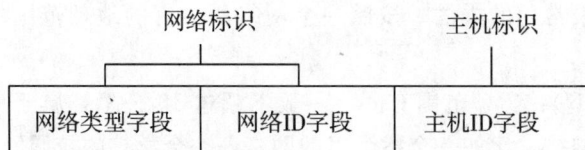

图 6－6　IP 地址结构

IP 地址分配的基本原则：为同一网络内的所有主机分配相同的网络标识号，同一网络内的不同主机分配不同的主机标识以区分主机，不同网络的主机具有不同的网络标识号，但是可以具有相同的主机标识。

当给主机分配了一个 IP 地址之后，还要配置一个子网掩码。子网掩码用来区分网络标识和主机标识，并判断目的主机的 IP 地址是属于本地网段还是远程网段。它是一个与 IP 地址对应的 32 位数字，其中用所有的"1"表示网络地址，所有的"0"表示主机地址。

IP 地址总共分为 5 类，即 A 类、B 类、C 类、D 类和 E 类，其中 A、B、C 类由 InterNIC（Inter 网络信息中心）在全球范围内统一分配，D、E 类作为特殊地址。各类 IP 地址的范围和默认子网掩码如表 6－1 所示。

表 6－1　IP 地址的范围

类　别	IP 地址范围	默认子网范围
A 类	0.0.0.0～126.255.255.255	255.0.0.0
B 类	128.0.0.0～191.255.255.255	255.255.0.0
C 类	192.0.0.0～223.255.255.255	255.255.255.0

备注：IP 地址 127.0.0.0～127.255.255.255 这些 IP 地址作为循环测试用的保留

IP 地址。

通过 IP 地址的第一个字节的数字，就可以判断该 IP 属于哪类 IP 地址。比如 IP 地址 202.116.191.1 的第一个字节是 202，查表可知其属于 C 类 IP 地址。

6.2.3　网址与域名系统

1. 使用域名的原因

IP 地址是个 32 位的二进制地址，用点分十进制来表示，但十分冗长，而且不便记忆。因此，人们研究了一种符号型标识，就像人类的姓名一样，用来标识一台计算机，这样一台计算机就同时可以使用 IP 地址和域名来标识。

2. 域名系统（DNS）/域名服务器

既然域名这么好记，那能不能不要 IP 地址呢？答案是否定的，因为虽然域名很方便记忆，但是这只是针对人来说，对于计算机来说，它只能识别数字 0 和 1，它是不能识别符号的，它能识别的只是二进制的 IP 地址。这样，人们为了方便记忆使用域名，而计算机却只能识别 IP 地址，那么就必须存在一个能将域名转为 IP 地址，或将 IP 地址转为域名的系统。

域名系统就是用于将域名和 IP 地址进行相互转换的。域名服务器就是用来处理域名和 IP 地址转换的计算机，也就是安装了域名系统的计算机。

所谓域名就是用一串符号来表示网络上的某个单位、机构、组织。要注册域名必须申请。域名是唯一的，它由 InterNIC 统一管理。

有了域名之后，就可以给一个组织里的某台计算机起个名字来标识它。通常每台计算机的标准名称包括域名和主机名，之间用原点分割，第一段是主机名，后面的是域名。如图 6-7 所示。

```
┌──────────────┐        ┌──────────────────┐
│ www │.163.com │        │ www │.pku.edu.cn │
└──────────────┘        └──────────────────┘
   ↑      ↑                 ↑        ↑
 主机名  域名             主机名     域名
```

图 6-7　域名的表示

标准名称的命名规则是从右到左越来越小，从右到左是顶级域名、次高域名、最低域名、主机名，各层间用原点"."分割，域名对大小写是不敏感的。

Internet 中的域名的顶层分为两大类：通用的和国家的。通用的域包括：com（商业），edu（教育机构），gov（政府），int（国际组织），mil（军事机构），net（网络机构）和 org（非营利组织）等。国家域是指为每个国家或地区所分配的顶层域名，如：中国内地为 cn，英国为 uk，澳大利亚为 au，中国香港为 hk，中国台湾为 tw。

在 Internet 中，域名具有唯一性，即独一无二的。为了做到这一点，在使用域名之前，首先得向管理域名的组织进行申请，管理域名的组织需要保证域名的唯一性。

综上所述，IP 地址和域名都可以用来表示网络上的某台计算机，那么 IP 地址和域名之间的关系又如何呢？IP 地址与域名地址是一对多的关系，也就是说多个不同的域名可以对应同一个 IP 地址。

6.2.4　利用 ADSL 接入 Internet

要使用 Internet，首先必须接入到 Internet。接入 Internet 有几种方式，各种方式都有一定的区别，可以选择适当的方式接入到 Internet。接入到 Internet 的方式一般有：普通拨号上网、ISDN 接入、ADSL 接入、DDN 接入以及无线接入等。下面介绍采用 ADSL 的方式接入到 Internet 中。

在 Windows XP 上，要利用 ADSL 上网，需经过 ADSL 硬件安装和建立 ADSL 的拨号连接。

（1）安装 ADSL 硬件

所需要的设备：计算机（带网卡）、网线、ADSL modem、电话线滤波器以及电话线。通过如图 6-8 所示的连接，把各设备连接起来。

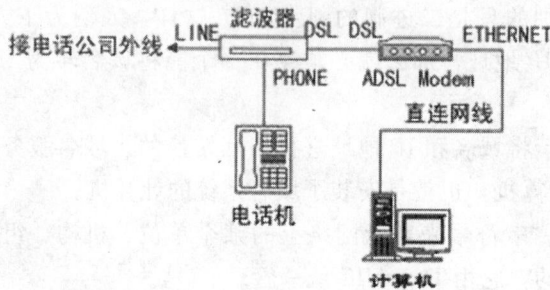

图 6-8　ADSL 连接图

（2）建立 ADSL 的拨号连接

打开"控制面板"→"网络和 Internet 连接"→"选择网络连接"，然后在左边窗格中单击"创建一个新的连接"，弹出"新建连接向导"对话框。如图 6-9 所示。然后单击"下一步"按钮。

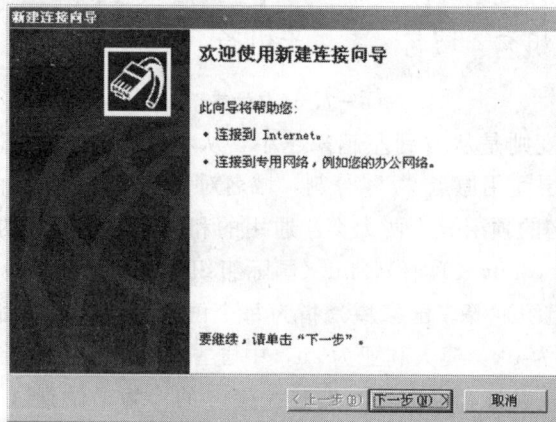

图 6-9　连接向导

出现如图 6-10 所示的对话框，并选中第一项"连接到 Internet"，然后单击"下一步"按钮。出现图 6－11 对话框，选择第二项"手动设置我的连接"，然后单击"下一步"按钮。

　　出现图 6－12 对话框，选择接入到 Internet 的方式，要采用 ADSL 方式接入，须选择第二项"用要求用户名和密码的宽带连接来连接"，并单击"下一步"按钮。

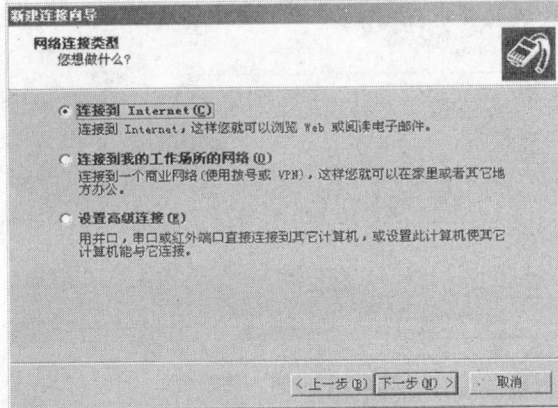

图 6－10　网络连接类型

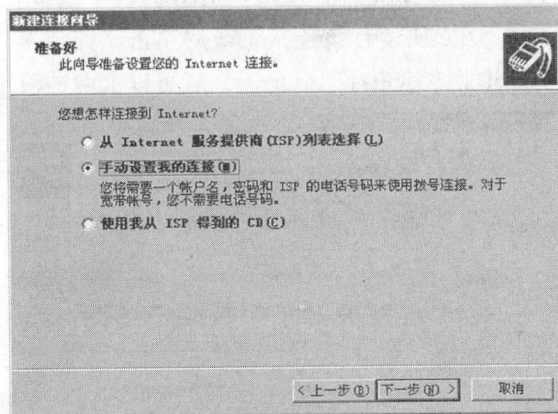

图 6－11　连接到 Internet 方式

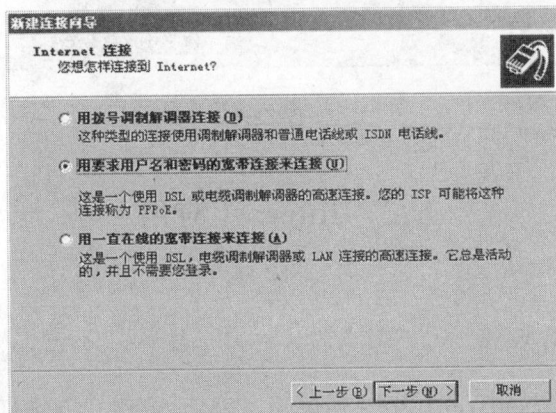

图 6－12　选择用户和密码方式

出现如图 6-13 所示的对话框，在 ISP 名称文本框中输入 ISP 名称或者一个随便的名称，如 ADSL。然后单击"下一步"按钮。

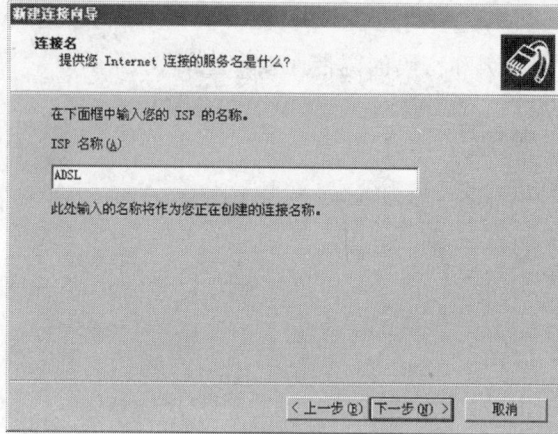

图 6-13　输入连接名

出现"Internet 账户信息"对话框，如图 6-14 所示，输入申请时服务商提供的用户名和密码。单击"下一步"按钮，然后在出现的对话框中选择"在我的桌面上添加一个到此连接的快捷方式"，方便运行该连接，最后单击"完成"，到此 ADSL 连接就完成了。双击桌面的 ADSL 图标连接到 Internet，就可以上网冲浪了。

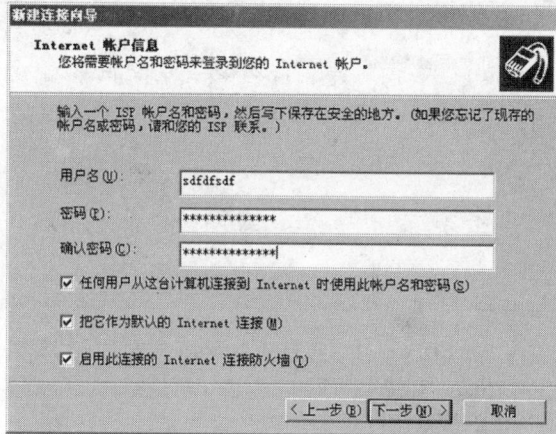

图 6-14　输入连接信息

6.3　Internet 应用

6.3.1　浏览 WWW

WWW（World Wide Web）即"环球信息网"，或称"万维网"。它采用 HTML（超文本标记语言）的文件格式，并遵循 HTTP（HyperText Transfer Protocol，超文

本传输协议）。它最主要的特征就是有许多超文本链接（Hypertext links），通过上面的超文本链接，可以打开新的网页或者新的网站，可以到世界任何网站上调来我们所需要的文本、图像和声音等信息资源。

1. URL

URL（Uniform Resource Locator）即"统一资源定位器"，它是用来标识 Web 上文档的标准方法，也就是 Web 上可用的每种资源（HTML 文档、图像、视频、声音等）的地址。URL 一般由三部分组成：

（1）访问资源的传输协议

由于不同的网络资源使用不同的传输协议，因此，其 URL 也略有不同。除了前面所说的 HTTP 传输协议之外，常用的还有 FTP 文件传输协议。例如，对于域名为 whut. edu. cn 的服务器，如果我们要浏览它上面的网站的首页，那么 URL 为 http：//www. whut. edu. cn。如果我们要浏览它上面的 FTP 文件时，其 URL 为 ftp：//ftp. whut. edu. cn。

（2）服务器名称

对于 URL 为 http：//www. whut. edu. cn 中的 www. whut. edu. cn，就是我们所要访问的网站的服务器名称。其中，www 为所提供服务的名称，而 whut. edu. cn 为其域名。

（3）目录或文件名

同一个服务器上，可能有很多个目录或文件供访问，为了准确地定位它们，需要明确地标明。例如，要访问 www. nhic. edu. cn 服务器下的 info 目录下面的 news. htm 文件，就要写成 http：//www. whut. edu. cn/info/news. htm。

2. 浏览网站

在保证我们的计算机已经连接到 Internet 之后，我们就可以利用 Windows XP 上面的 Internet Explorer 来浏览网站了。使用鼠标双击桌面上的 Internet Explorer 图标就可以启动该浏览器。

（1）地址栏

要访问一个网页，首先得知道它的地址，即上面所述的 URL，Internet Explorer 的地址栏就是输入 URL 的地方，如图 6－15 所示，为访问网易网站首页。在地址栏中输入要访问的地址 http：//www. 163. com，然后按下"Enter"键即可。

一般地，如果采用域名访问网站时，前面的传输协议可以省略。例如，要访问 www. 163. com 的首页，只要在地址栏中输入 www. 163. com 后按下"Enter"键即可，Internet Explorer 会根据该地址的 www 在地址前面自动加上"http：//"。但是，当使用 IP 来进行访问时，就要自己输入传输协议。

（2）保存网页

通过保存我们所浏览过的网页，我们就可以在以后不连接到 Internet 的情况下再浏览它。保存网页的方法同一般的文档保存方法差不多，通过 Internet Explorer 浏览器中的"文件"菜单中的"另存为"选项，调出"保存网页"对话框，就可以保存该网页了，如需要，可以对该网页重命名，在"文件名"文本框中输入名称。另外，还

图 6—15　使用 IE 上网

可以选择网页保存的类型，有四种类型供选择，下面分别进行说明。

①网页，全部（＊.htm；＊.html）类型。

选择这一类型进行网页保存时，保存该网页的 html 文件以及网页上的图片，并且图片文件和 html 分开保存。

②Web 档案，单一文件（＊.mht）。

选择这一类型对网页进行保存，该网页将全部保存成一个文件，不再分离图片。

③网页，仅 html（＊.htm；＊.html）。

选择这一类型对网页进行保存时，只保存该网页的 html 文件，其他的不进行保存。

④文本文件（＊.txt）。

选择这一类型进行保存时，把该网页转换成文本格式，保存成记事本格式的文件类型。如果只需要保存网页上的文本，可以选择这一类型。

（3）保存网页中的图片

网页上的图片，可以单独地进行保存。保存图片时，只要用鼠标右击该图片，然后选择"图片另存为"选项，就可以进行保存。另外，Windows XP 中的 Internet Explorer 浏览器提供了保存图片的快捷方式，当鼠标停留到图片的下面时，出现一个快捷按钮，通过单击上面的"保存"图标就可以打开保存对话框。

6.3.2　电子邮件

电子邮件（Electronic mail，简称 E-mail）是一种信息的载体，在计算机上编写，通过 Internet 发送和接收。电子邮件已经成为人们日常生活中进行联系的一种通信手段，它具有快速、简便、价廉等特点。而且多媒体电子邮件不仅可以传送文本信息，而且可以传送声音、视频等多种类型的文件。

1. 电子邮件地址

要把信件送到收信人的手里，信件的地址将起到重要的作用。同样，电子信件的发送也要依靠地址来进行正确的传递。电子邮件地址的结构为：用户名@服务器域名。

该地址由符号"@"分开成两部分,左边为你的用户名,右边为你的邮箱所在的邮件服务器的域名。例如,在 www.126.com 网站上申请了一个用户名为 guangzhou 的邮箱,那么该电子邮件的地址就为:guangzhou@126.com。

2. 电子邮件服务器

在 Internet 上有很多处理电子邮件的计算机,为用户存储、转发电子邮件,称为邮件服务器。

电子邮件服务器有两种类型,发送邮件服务器(SMTP 服务器)和接收邮件服务器(POP3 服务器)。发送邮件服务器遵循的是 SMTP(Simple Mail Transfer Protocol,简单邮件传输协议)协议,其作用是将用户编写的电子邮件转交到收件人手中。接收邮件服务器采用 POP3 协议,用于将其他人发送给用户的电子邮件暂时寄存,直到用户从服务器上将邮件取到本地计算机上。在电子邮件地址@后的服务器,就是一个邮件服务器。通常,同一台电子邮件服务器既完成发送邮件的任务,又能让用户从它那接收邮件,这时 SMTP 服务器和 POP3 服务器的名称是相同的。

3. 写信与收信

电子邮件就好比我们在"邮局"申请了一个邮箱,传统的信件是由邮递员送到我们的家门口,而电子邮件则需要自己去"邮局"查看,只不过我们可以在家里通过计算机连接到该"邮局"。必须先登录到你的邮箱,下面的操作假设邮箱地址为 guang-zhou@126.com,直接使用网页收发电子邮件。操作方法是:

先打开 www.126.com 网站,即可看到登录界面。如图 6-16 所示。在对应的位置输入用户名:guangzhou,不要输入整个地址 guangzhou@126.com,在密码框中输入密码,单击登录即可登录到该邮箱中。guangzhou@126.com 邮箱登录成功后,可以看到如图 6-17 的界面。左边显示了"收信"与"写信"的链接,通过这两个链接,我们就可以进行收信与写信了。

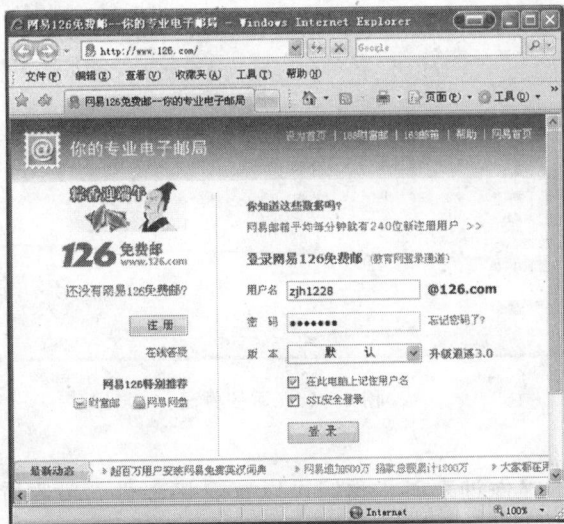

图 6-16　电子邮件登录界面

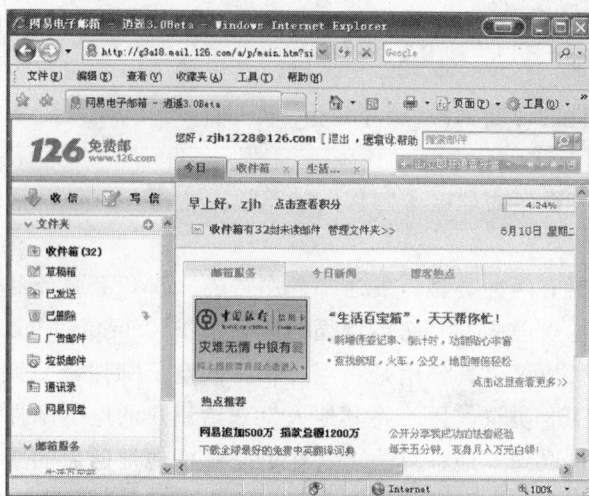

图 6—17 电子邮箱界面

（1）写信

成功地登录到邮箱之后，单击"写信"的链接，我们就可以写信。在写信件时，需要填写几个主要的部分：收信人地址、信件的主题、信的内容以及附件。图 6—18 是写信时的界面。其中的"收件人"文本框即为收信人的电子邮件地址，当同时要向多个人发送同一封信件时，用","或";"把多个地址隔开。填写好主题和内容。如果需要加入附件，可以单击"附件"链接，弹出选择文件对话框，在电脑中找到所要的文件，粘贴到该邮件上。完成这些之后，就可以单击"发送"链接来进行发送。

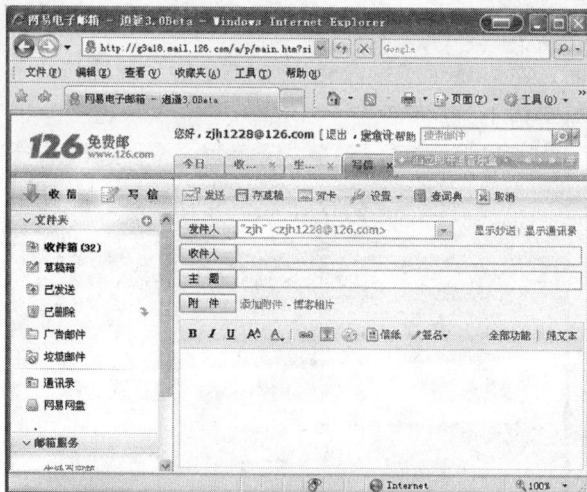

图 6—18 写信界面

（2）收信

当有人发送电子邮件过来时，我们可以查看该邮件。要收看电子邮件，先单击"收信"链接，在右边就会显示收到的所有电子邮件的列表。如图 6—19 所示。选择我们所要查看的邮件，然后双击它，这样，就可以显示该邮件的内容。如果有附件，可以通过右击该附件的链接地址，在弹出的快捷菜单中选择"目标另存为"，保存该附件，把该附件下载到电脑上。

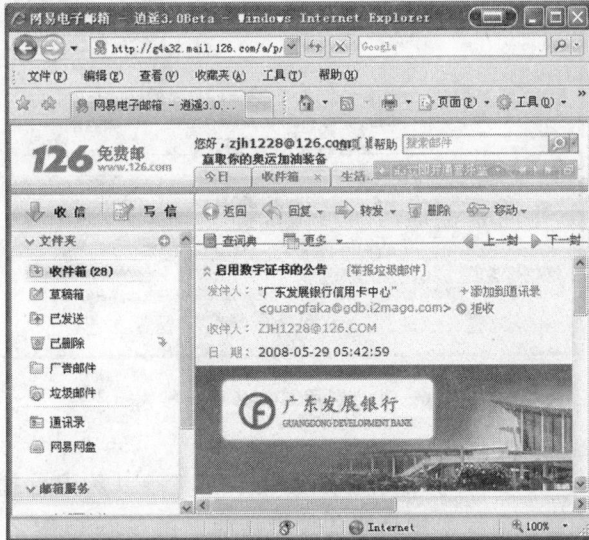

图 6—19　收信界面

6.3.3　信息搜索

Internet 好比一个信息量庞大的"百科全书"，一方面，它不仅提供了文字，还提供了图片、声音、视频，还有法律法规、科技发展、商业信息、娱乐信息、教育知识等；另一方面，由于 Internet 的信息量庞大，要获取有用的信息难于大海捞针。因此，就需要一种搜索服务，它将网上繁杂无章的信息整理成有条理性，按一定的规则进行分类。在这个信息的海洋里，我们如何寻找所需要的信息呢？使用的工具就是"搜索引擎"。

1. 搜索引擎

搜索引擎可以帮助用户从网络上快速地查找到所需的数据。搜索引擎实际上是提供查询服务的一类网站，主要包括信息搜集、信息的整理和用户查询。它从 Internet 上某个网页开始，然后搜集 Internet 上所有与该页有超级链接的网页，把网页中的相关信息经过加工处理后存放到数据库中，以便用户查询。主要搜索网站有：Google（google.com）、百度（www.baidu.com）等。

2. 简单搜索

搜索是通过关键词来完成的，关键词就是能表达主要内容的词语。关键词的准确与否决定了搜索的结果的有效性和准确度。进行搜索时，打开搜索网站，然后在搜索框内输入需要查询的关键词，然后单击"搜索"即可。如图6—20所示，使用 Google 进行搜索"搜索引擎定义"的信息。进行搜索时，输入的关键词可以是中文、英文、数字，或者中英文数字的混合体。

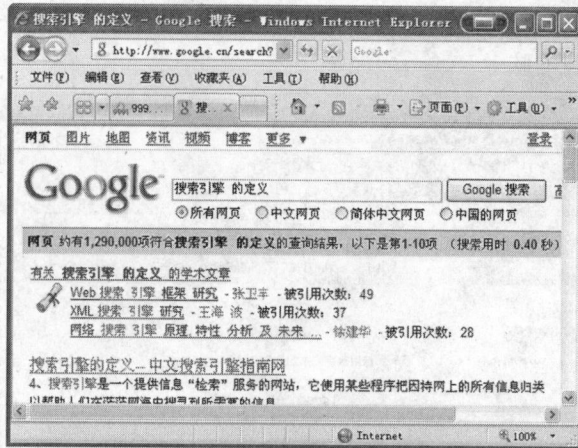

图 6-20 利用 Google 进行搜索

3. 高级搜索

在上面的搜索中，搜索出来的结果往往比较多，难以从中寻找我们需要的信息，为了提高搜索的准确度，需要采用高级的搜索功能。在 Google 搜索网站上，单击"高级搜索"的超链接后，就可以进入高级搜索的页面。如图6-21所示。

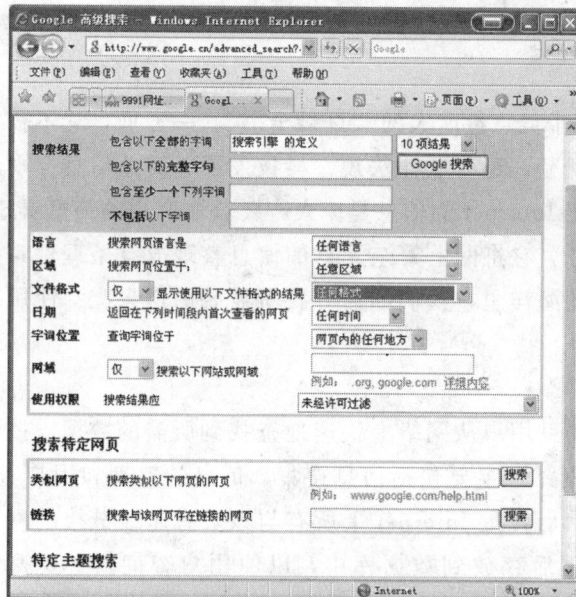

图 6-21 "高级搜索"界面

高级搜索主要包括：搜索结果的填写（可以填写多个关键字，关键字之间用空格分开）、语言的选择、网页的位置、文件格式、日期等内容。

6.3.4 下载与上传

1. 下载文件

下载文件的方法可以有很多种，常用的有直接从网站下载，还有采用专用下载软件进行下载。当在网站上提供下载的地址时，可以通过鼠标直接右击该地址的超链接，并选择"目标另存为"选项，然后就可以选择要保存的目录，进行直接下载。如果安装下载软件，在右击该超链接时，可以选择该软件进行下载。

如果要下载的文件是采用 FTP 进行传输时，可以通过在 Internet Explorer 地址栏中输入要下载的 FTP 地址按"Enter"后，将可以看到登录对话框，要求输入用户名和密码。

成功输入用户名和密码之后，就可以在浏览器中找到我们所要下载的文件，采用复制操作即可把该文件下载到我们的计算机上。同样，也可以采用常用的 FTP 软件来进行文件的下载。

2. 上传文件

对文件进行上传，人们比较常用的就是采用 FTP 协议，用来在两台计算机之间互相传送文件。对于文件的上传，一般采用一些 FTP 软件来完成，也可以采用 Internet Explorer 浏览器进行文件上传。下面介绍采用 IE 进行文件上传的操作。

采用 IE 进行文件上传的操作比较简单，首先打开 IE 浏览器，在地址栏中输入所要上传到的空间的 FTP 地址（主机地址）。例如，ftp://ftp.online.com，按回车键之后，一般会弹出一个验证窗口，在该窗口中输入用户名和密码，如果输入正确，就可以看到该 FTP 空间了，这时候，你就可以把所要上传的文件复制到该空间中，进行复制的过程需要一定的时间。放入到该空间的文件也可以进行修改操作，如删除、重命名等。同样，也可以采用常用的 FTP 软件来进行文件上传。

6.3.5　即时通信

相信大家都知道手机有一个互发信息的功能，一个用户通过一部手机，可以与另一方的人进行信息交流，这为我们的生活提供了极大的方便。在网络上，通过即时通信软件，我们同样可以实现这种功能，而且在费用上远远低于手机的信息费用。

即时通信（Instant Messaging，IM）是一种人们能在网上识别在线用户并与他们实时交换消息的技术。目前，比较有代表性的即时通信软件有：腾讯 QQ 和 MSN Messenger。

1. 腾讯 QQ

腾讯 QQ 是腾讯公司所开发的一款基于 Internet 的即时通信软件。通过该软件，我们可以和好友进行信息交流，语音视频聊天。另外，它还提供手机聊天、QQ 对讲机、聊天室、QQ 群组、文件传输和共享等功能。下面介绍如何使用 QQ。

（1）安装并申请 QQ 号

在 http://im.qq.com/qq 页面上可以下载到最新的 QQ 的正式版本，通过双击所下载的安装软件即可以进行安装。在使用 QQ 之前，我们还必须拥有一个 QQ 号码。在腾讯 QQ 网站上，通过填写一些基本信息后，可以申请到免费 QQ 号码。

（2）登录 QQ

有了 QQ 号码，在登录界面，输入号码及密码就可以进行登录了。登录成功后，就可以看到 QQ 的界面了。

（3）添加好友

在向好友发送信息之前，必须先把好友添加到 QQ 上。可以在主面板上单击"查找"来打开查找好友窗口，通过要查找的人的 QQ 的昵称或 QQ 号码来查找好友，然后就可以把好友添加到你的 QQ 上。

（4）发送与接收信息

在 QQ 的好友栏中，双击好友的头像，就可以向其发送信息了。要接收好友发送的信息，可以通过组合键"Ctrl＋Alt＋Z"来显示信息。

2. MSN Messenger

MSN Messenger 是微软公司推出的即时消息软件。该软件凭借自身的优秀的性能，目前在国内已经拥有了大量的用户群。使用 MSN Messenger 可以与他人进行文字聊天、语音对话、视频会议等即时交流，还可以通过此软件来查看联系人是否联机。MSN Messenger 界面简洁，易于使用，是与亲人、朋友、工作伙伴保持紧密联系的绝佳选择。使用您已有的一个 E-mail 地址，即可注册获得免费的 MSN Messenger 的登录账户。

6.3.6　论坛与博客

在网络上，我们可以通过即时通信软件进行实时的交流。另外，也可以使用论坛来发表自己对某问题的看法，参加问题的讨论，也可以通过论坛向别人发出请求或者帮助别人解决问题。论坛就如一个社区，有许许多多的人一起参与到其中，人们来自五湖四海，很多人互不认识。

随着新技术的推动以及网络新的观念的出现，Internet 从 Web1.0 进入了 Web2.0 时代。它为网络的用户带来了真正的个性化、去中心化和信息自主权，涌现了许多新的网络新事物，博客就是其中的一种。

博客是英文 Blog 的中文名称，而 Blog 是 web log 的缩写，因此也称网络日志。它可以表达个人思想、心声，也可以收集自己感兴趣的资料，比如新闻评论、别人的文章以及网站的链接地址等。虽然博客主要是用来组织个人的想法，但也可以获得别人的反馈以及进行交流，如论坛中的回复功能。

要获得个人博客，可以到一些博客网站进行申请。申请成功后，我们就可以拥有一个展现个性的空间了。博客最大的特点是可以进行个性化设置，这包括网页的图片、标题以及样式等，同时，也可以设置所要显示的内容栏目等。总之，博客是一个突出个性化的空间。

小　结

Internet 的应用已经深入到我们的生活中，本章主要介绍了采用 IE 进行网站的浏览以及网页的保存，并重点介绍了 E-mail 的应用，以及通过即时通信软件来进行交流，利用搜索引擎从信息海洋中搜索我们所需要的资料以及如何进行文件的共享等。熟练地掌握 Internet 常用的技术，不仅可以为生活带来便利，还可以为我们的学习、工作提供种种高效的途径。

习　题

1. 什么是计算机网络？
2. 简述计算机网络的基本组成。
3. 计算机网络分类方法有哪些？
4. 域名包括哪几部分？每部分的含义是什么？
5. 什么是 IP 地址？其作用是什么？
6. 什么是电子邮件？E-mail 地址由哪几部分组成？
7. 如何利用搜索引擎查找所需信息？
8. 什么叫博客？如何建立自己的博客？

第 7 章　多媒体技术基础

学习目标

本章主要介绍多媒体的基础知识。通过本章的学习，应掌握：

1. 多媒体的概念及技术与特性
2. 多媒体的组成元素，及多媒体的文件系统
3. 多媒体的制作软件及播放软件的应用
4. 多媒体的应用领域

7.1　多媒体技术的概述

多媒体技术是一门综合技术，它集声音、文字和图像于一体，已渗透到社会的各个领域，在工业、农业、教育、卫生、交通、军事等方面获得广泛的应用，并且与Internet 结合，使计算机的使用进入到丰富多彩的世界。掌握多媒体技术将对用户的生活、工作和学习环境带来巨大的变化。

7.1.1　多媒体

"多媒体"（Multimedia），可简单地理解为：一种以交互方式将文本、图形、图像、音频、视频等多种媒体信息，经过计算机设备的获取、操作、编辑、存储等综合处理后，以单独或合成的形态表现出来的技术和方法。特别是，它将图形、图像和声音结合起来表达客观事物，在方式上非常生动、直观，易被人们接受。

人们熟悉的报纸、杂志、电影、电视、广播等，都是以它们各自的媒体进行信息传播。有些是以文字作媒体，有些是以声音作媒体，有些是以图像作媒体，有些是以图、文、声、像作媒体。以电视为例，虽然它也是以图、文、声、像作媒体，但它与多媒体系统存在明显的区别：第一，电视观赏的全过程均是被动的，而多媒体系统为用户提供了交互特性，极大地调动了人的积极性和主动性；第二，人们过去熟悉的图、文、声、像等媒体几乎都是以模拟量进行存储和传播的，而多媒体是以数字量的形式进行存储和传播的。

7.1.2　多媒体技术

多媒体技术涉及面相当广泛，主要有：

1. 音频技术

音频技术发展较早，一些技术已经成熟并产品化，如数字音响已经进入寻常百姓家。音频技术主要包括音频数字化、语音处理、语音合成和语音识别。音频数字化目前是较为成熟的技术，多媒体声卡就是采用这种技术设计的。在这种技术的支持下，数字音响一改传统的模拟方式而达到了理想的音响效果。将正文合成语言的语言合成技术已达到实用阶段。难度最大的尚属语音识别，现在也有一些产品问世，相信在不久的将来会取得更大的突破和进展。

2. 视频技术

虽然视频技术发展时间不长，但其产品应用范围已很广大。视频技术包括视频数字化和视频编码。视频数字化是将模拟视频信号经模数转换变换为计算机可处理的数字信号。视频数字化后色彩、清晰度及稳定性都有了明显的提高。视频编码技术是将数字化的视频信号经过编码成为电视信号，从而可以录到录像带中或在电视上播放。对于不同的应用环境有不同的技术可供采用，从低档的游戏机到电视台广播级的编码技术都已成熟。

3. 数据压缩技术

视频和音频信号数字化后数据量大，同时传输速度要求高。例如，一幅 640×480 中等分辨率的彩色图像（每个像素 24b）数据量约为 7.37Mb/帧；如果是运动图像，要以每秒 30 帧或 25 帧的速度播放时，则视频信号传输速率为 220Mb/s。如果存在 600MB 的光盘中，只能播放 8 秒。目前微机的速度还无法满足要求，因此，数据的压缩是必要的。

压缩技术一直是多媒体技术的热点之一，在多媒体中数据的压缩主要指图像（视频）和音频的压缩，是计算机处理图像和视频以及网络传输的重要基础。图像压缩技术包括基于空间线形预测（DPCM）技术的无失真编码和基于离散余弦变换（DCT）和哈夫曼编码的有失真算法。前者虽无失真，但压缩比不大；后者虽有失真，但压缩超过 20 倍时，人眼视力就再不能分辨出是否失真了。

目前主要有三大编码和压缩标准。一是 JPEG（Joint Photographic Experts Group）标准，该标准是第一个图像压缩的国际标准，主要是针对静止图像；二是 MPEG（Moving Picture Experts Group）标准，这个标准实际上是数字电视标准，是针对全动态影像的；三是 H.26 标准，这是 CCITT 专家组为可视电话和电视会议而制定的标准，是关于视像和声音的双向标准。

4. 网络传输技术

由于压缩技术及相应产品的推出，为多媒体信息网络传输提供了基本条件。电话网的传输速度较慢，但图像压缩技术可使电话网传输图像成为可能。目前，在 9600 波特率电话网上已经实现了每秒一帧的小窗口视频图像的传输。就当前技术水平而言，在 ISDN 网（综合业务数字网）上实现可视电话和电视会议系统，通常可以达到每秒 10～15 帧的效果。

随着通信技术的不断发展，因特网和其他数据通信网的传输速度会不断地提高，再结合压缩技术，市场已经推出了远程图像传输系统、远程教育、远程医疗、动态视频传输系统、可视电话、电视会议、家用 CD（光盘）视盘等。所有这些技术和产品的发展都将对 21 世纪的社会进步产生重大影响。

7.1.3　多媒体特性

多媒体特性如下：

1. 媒体的多样性

以往的计算机中只能处理字符和图形，而在多媒体计算机中，不但可以处理字符、图形，还可以处理声音、图像等多种媒体。

2. 媒体的集成性

多媒体的集成性是指将多媒体有机地组织在一起，并建立起不同媒体之间的联系，做到图、文、声、像一体化。

3. 媒体的交互性

多媒体的交互性是指除了播放以外，还可通过人与计算机之间的"对话"进行人工干预，也就是说人们可通过软件系统的支持，对多媒体进行控制。

4. 媒体的实时性

多媒体处理的信息和时间密切相关，必须实时处理，比如新闻报道等，需及时采集、处理和传送。

5. 易扩充性

多媒体计算机可方便地与各种外部设备挂接，实现数据交换、监视控制等多种功能。此外，采用数字化信息有效地解决了数据在处理传输过程中的失真问题。

7.1.4　多媒体系统的组成

多媒体系统是指能够提供交互式处理文本、声音、图像和视频等多种媒体信息的计算机系统，由四个部分组成：多媒体硬件系统、多媒体操作系统、多媒体处理系统工具和用户应用软件。

1. 多媒体硬件系统

多媒体硬件系统包括计算机硬件、声音/视频处理器、多种媒体输入/输出设备及信号转换装置、通信传输设备及接口装置等。其中，最重要的是根据多媒体技术标准而研制成的多媒体信息处理芯片和板卡、光盘驱动器等。

2. 多媒体操作系统

多媒体操作系统或称为多媒体核心系统（Multimedia kernel system），具有实时任务调度、多媒体数据转换和同步控制、对多媒体设备的驱动和控制以及图形用户界面管理等。

3. 多媒体处理系统工具

多媒体处理系统工具或称为多媒体系统开发工具软件，是多媒体系统重要组成部分。

4. 用户应用软件

根据多媒体系统终端用户要求而研制的应用软件和面向某一领域的用户应用软件系统，是面向大规模用户的软件产品。

7.2　多媒体组成要素

从多媒体技术来看，多媒体是由文本、图形、图像、音频、动画以及视频等基本要素组成。每一种要素都有严谨而规范的数据描述，其数据描述的逻辑表现形式是文件。多媒体是以文件的形式存储数据。

7.2.1　文本

文本是以文字和各种专用符号表示的信息形式，是现实生活中使用得最多的一种信息存储和传递方式，是人与计算机之间进行信息交换的主要媒体。它主要用于对知识的描述性表示。

文本文件分为非格式化文本文件和格式化文本文件。非格式化文本只有文本信息没有其他任何有关格式信息的文本，又称为纯文本文件，如“.txt”文件。格式化文本文件是带有各种排版信息等格式的文本文件，如“.doc”文件。

7.2.2　图形和图像

多媒体中的图形和图像可以是人物画、景物照或者其他形式的图案，用它们来表达一个问题要比文字更具直观性，也更有吸引力。比如，用图案去介绍一个自然景观，就不会像文字说明那样，给人一种呆板和缺乏想象力的感觉。

图形是指用计算机绘制工具绘制的画面，如直线、圆、矩形等。图形的格式是一组描述点、线、面等几何图形的大小、形状及其位置、维数的指令集合。图形一般按各个成分的参数存储，可以对各个参数单独进行操作，如移动、缩放、旋转、扭曲等变换。

图像是由输入设备捕捉的实际场景或以数字化形式存储的任意画面。有矢量图与位图之分。位图以像素点为基准，存储每个点的参数，如位置、颜色、强度等信息。

常见的图形和图像的文件格式有：

1. BMP 文件格式

BMP 是 Windows 中的标准图像文件格式，是最简单、最常见的一种静态文件格式，有压缩和非压缩两种形式。可用非压缩文件格式存储图像数据，解码速度快，支持多种图像的存储，常见的各种 PC 图形、图像软件都能对其进行处理。

2. WMF 文件格式

WMF 图像文件是 Microsoft 公司为其 Windows 环境提供的有别于 BMP 文件的另一种文件格式。WMF 文件格式是以向量格式存储的，它的全称为 Windows Meta File，即 Windows 元文件。WMF 文件的扩展名为 ".wmf"，具有文件短小、图案造型化的特点，整个图形内容常由各独立组成部分拼接而成。

WMF 图像文件比 BMP 图像文件所占用的空间小得多，同时由于它是矢量图形文件，可以很方便地进行缩放、变形等操作。随着 Windows 系统的市场占有率不断扩大，基于 Windows 系统的应用软件也越来越多，同时由于 WMF 格式本身的优点，使得 WMF 图像文件越来越受欢迎和普及。

3. PNG 文件格式

PNG 是一种能存储位信息的位图文件格式，其图像质量远胜过 GIF。PNG 也使用无损压缩方式来减少文件的大小。目前，越来越多的软件开始支持这一格式。PNG 图像可以是灰阶的（位）或彩色的（位）。与 GIF 不同的是，PNG 图像格式不支持动画。

4. JPG/JPEG 文件格式

JPG/JPEG 是 24 位图像文件格式，也是一种高效率的压缩格式，是面向连续色调静止图像的一种压缩标准。由于其高效的压缩效率和标准化要求，目前已广泛用于彩色传真、静止图像、电话会议、印刷及新闻图片的传送上。

7.2.3　动画

动画是活动的画面，实质是一幅幅静态图像的连续播放。当多幅连续的图像以每秒 25 帧的速度均匀地播放，人们就会感到这是一幅真实的活动图像。动画的连续播放既指时间上的连续，也指图像内容上的连续。其画面是由软件制作的，如卡通片，通常将这种图像文件称为动画文件。

常见的动画文件有：

1. GIF 文件

GIF 是图形交换格式（Graphics Interchange Format）的英文缩写，主要用于图像文件的网络传输，扩展名为 ".gif"。GIF 图像文件的尺寸通常比其他图像文件小好几倍，这种图像格式得到了广泛的应用。目前，Internet 上大量采用的彩色动画文件多为这种格式的文件。

GIF 文件的制作也与其他文件不同，首先要在图像处理软件中制作好每一幅单帧画面，然后再用专门制作 GIF 文件的软件把这些静止的画面连接在一起，再定好帧与帧之间的时间间隔，最后再保存成 GIF 格式。比较常见的 GIF 制作软件有 GIF Construction Set、GIF Movie grar 等。

2. SWF 文件格式

SWF 是用 Flash 制作的一种动画文件格式，源文件的扩展名为 ".fla"。SWF 动画文件既可以独立播放，也可以嵌入网页、Office 文档进行播放，在网络中发挥越来越大的作用。

在网页中播放需在客户端安装 Shockwave 插件。

7.2.4　视频

视频是由一幅幅单独的画面序列组成，这些画面以一定的速度连续地投射在屏幕上，使观察者有图像连续运动的感觉，其画面是自然景物或实际人物的真实图像，如影视作品，通常将这种动态图像文件称为视频文件。

常见的视频文件类型有 AVI、MOV、MPG、DAT 等。

1. AVI 视频文件

AVI 是音频视频交互（Audio Video Interleaved）的英文缩写，AVI 文件格式只是作为控制界面上的标准，不具有兼容性，用不同压缩算法生成的 AVI 文件，必须使用相应的解压算法才能播放出来。AVI 文件目前主要应用在媒体光盘上，用来保存电影、电视的各种影像信息，有时也出现在 Internet 上，供用户下载、欣赏影片的精彩片断。

2. MPEG/MPG/DAT 视频文件

MPEG/MPG/DAT 文件格式是运动图像压缩算法的国际标准，它采用有损压缩方法减少运动图像中的冗余信息，同时保证每秒 30 帧的图像动态刷新率，几乎被所有的计算机平台共同支持。MPEG 标准包括 MPEG 视频、MPEG 音频和 MPEG 系统三个部分。MP3 音频文件就是 MPEG 音频的一个典型应用，而 CD、VCD、DVD 则是全面采用MPEG 技术所产生出来的新型消费类电子产品。MPEG 的平均压缩比为 50∶1，最高可达 200∶1，压缩效率非常高，同时图像和音响的质量也非常好，并且在微机上有统一的标准格式，兼容性相当好。

3. ASF 视频文件

ASF 视频文件是一个独立于编码方式的在 Internet 上实时传播多媒体的技术标准。

7.2.5　音频

现实世界中的各种声音必须转换成数字信号并经过压缩编码，计算机才能接受和处理。这种数字化的声音信息以文件形式保存，即通常所说的音频文件或声音文件。

1. WAVE 文件格式

WAVE 文件是计算机通过声卡对自然界里的真实声音进行采样编码，形成 WAVE格式的声音文件，它记录的就是数字化的声波，所以也叫波形文件。只要计算机中安装了声卡，就可以利用声卡录音。计算机不仅能通过麦克风录音，还能通过声卡上的Line-in 插孔录下电视机、广播、收音机以及放像机里的声音，另外，也能把计算机里播放的 CD、MIDI 音乐和 VCD 影碟的配音录制下来。

常用的录音软件有：Windows XP 附件中的"录音机"程序、声卡附带的录音机程序或专用录音软件。这些软件包可以提供专业水准的录制效果，并且可以对所录制的声音进行复杂的编辑，或者制作各种特殊效果。WAVE 文件的大小由采样频率、采样位数和声道数决定。

2. MIDI 文件格式

MIDI 文件是在音乐合成器、乐器和计算机之间交换音乐信息的一种标准协议。MIDI 文件就是一种能够发出音乐指令的数字代码。与 WAVE 文件不同，它记录的不是各种乐器的声音，而是 MIDI 合成器发音的音调、音量、音长等信息。因此，MIDI总是和音乐联系在一起，是一种数字式乐曲。

利用具有乐器数字化接口的 MIDI 乐器（如 MIDI 电子键盘、合成器等）或具有 MIDI 创作能力的计算机软件可以制作或编辑 MIDI 音乐。由于 MIDI 文件存储的是命令，而不是声音波形，所以生成的文件较小，只是同样长度的 WAVE 音乐的几百分之一。

3. MP3 文件格式

MPEG 音频文件的压缩是一种有损压缩，根据压缩质量和编码复杂程度的不同可分为三层，分别对应 MP1、MP2 和 MP3 这三种声音文件。MPEG 音频编码具有很高的压缩率，MP1 和 MP2 的压缩率分别是 4：1 和 6：1～8：1，而 MP3 的压缩率则高达 10：1～12：1。也就是说，一分钟 CD 音质的音乐，未经压缩需要 10MB 存储空间，而经过 MP3 压缩编码后只有 1MB 左右，同时其音质基本保持不失真。因此，目前使用最多的音频是 MP3 文件格式。

4. WMA 文件格式

WMA（Windows Media Audio）是继 MP3 后最受欢迎的音乐格式，在压缩比和音质方面都超过了 MP3，能在较低的采样频率下产生好的音质。WMA 有微软的 Windows Media Player 做后盾，目前网上的许多音乐纷纷转向 WMA 文件格式。

7.3　常用多媒体软件简介

常用的多媒体软件主要有各种图像设计软件，动画制作软件，声音、视频采集与编辑软件，多媒体开发工具和播放软件等。

7.3.1　多媒体素材编辑工具

1. 音频编辑

录制、编辑、播放声音的工具软件，常见的软件包括 Wave Studio、SoundEdit、超级解霸等。

2. 图形与图像编辑

通过扫描仪或者视频卡后得到的图像信息一般都需要处理，有时还要制作一些特殊的效果，需要专门的图像编辑软件。常见的软件包括 Photoshop、CorelDraw 等。

3. 动画制作软件

动画通常分为二维动画和三维动画。二维动画实现平面上的一些简单动画，常见软件包括 Animator Studio。三维动画可以实现三维造型、各种具有真实感的物体的模拟等，常见的软件为 3D Studio MAX。

4. 视频剪辑

视频信息通常经过视频采集卡从录像机或电视等模拟视频源上捕捉视频信号，在视频编辑软件中，与其他素材一起进行编辑和处理，最后生成高质量的视频剪辑。常见的软件包括 Video For Windows 和 Digital Video Producer。

7.3.2　多媒体应用软件制作工具

多媒体应用软件制作工具是指利用程序设计语言调用多媒体硬件开发工具或函数库来实现的，并能被用户方便地编辑程序，组合各种媒体，最终生成多媒体应用系统的工具软件。多媒体应用软件制作工具分为以下几类：

①以图标为基础的多媒体应用软件制作工具，数据是以对象或事件的顺序来组织的，并以流程图为主干，将各种图标、声音、视频和按钮等连接在流程图中，形成完整的系统，如 Authorware。

②以时间轴为基础的多媒体应用软件制作工具，数据或事件以时间顺序来组织，以帧为单位，如 Flash、Director。

③以页面为基础的多媒体应用软件制作工具，文件与数据是用页来组织的，如 Tool Book 等。

④以传统的编程语言为基础的多媒体创作工具，如 Visual C++，Visual Basic 等。

7.3.3　常见的多媒体播放软件

Windows 提供了许多用于音频媒体处理的软件，可以对音频信息进行采集、编辑、变换、效果处理和播放等。它们主要有 CD 播放器、Windows Media Player、录音机、音量控制、画图和图像处理。

1. CD 播放器

CD 播放器是 Windows 操作系统提供的多媒体播放软件，可以为 CD 唱盘编辑曲目表，选择播放音乐，具有多种播放形式。并且，CD 播放器还可以在后台播放，能够同时运行其他应用程序。利用 CD 播放器播放光盘中的曲目具体操作步骤如下：

①选择"开始"→"程序"→"附件"→"娱乐"→"CD 唱机"菜单命令，弹出"CD 播放器"窗口。

②将光盘放入光驱后，单击"播放"按钮，即可欣赏光盘中的音乐节目。

③在 CD 播放过程中还可以方便地实现曲目的暂停、停止、快速反转、快速向前播放，以及弹出 CD 光盘的操作。

2. 录音机

录音机与日常生活中所用的录音机的功能基本相同，具有播放、录音和编辑功能，在声卡的硬件支持下完成对声音信息的采集，将采集后的声音文件保存为标准的音波（WAV）文件。计算机具备了声卡、喇叭及麦克风等硬件后，就可以利用"录音机"功能来录制声音。

选择"开始"→"程序"→"附件"→"娱乐"→"录音机"菜单命令，屏幕显示如图 7-1 所示的"声音-录音机"窗口。

（1）"声音-录音机"窗口的组成

- 菜单栏：包括文件、编辑、效果、帮助等。
- 目前所在位置：指示目前执行的位置。

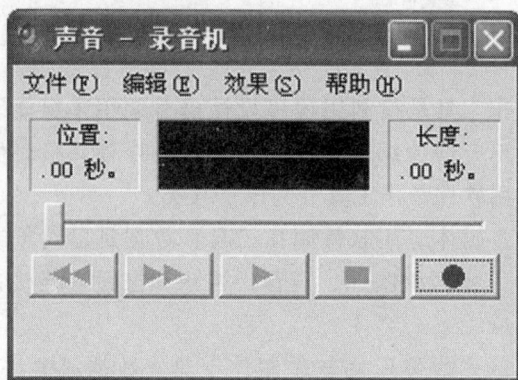

图7－1　"声音－录音机"窗口

- 声音的波形：显示声波形状。
- 声音的总长度：声音文件的长度。
- 滑标：改变执行的开始位置。
- 控制栏：播放、停止、倒退及前进等。

控制栏的按钮从左到右依次为：开始、结尾、播放、停止、录音。

（2）录制声音

① 新建声音文件。每次通过麦克风录音之前，应当先新建文件，清除内存里可能存在的声音信息，以便录制新的声音。

选择"文件"→"新建"菜单命令完成新建声音文件。

② 录制声音。先将麦克风对准要录制声音的来源，再单击"录音键"按钮开始录音。结束时单击"停止"按钮停止录音。

录制的过程中会产生声音的波形，滑标会随录制的时间而改变。

③ 保存声音文件。录好的声音可以单击"播放"按钮，试听录制的效果，满意后将声音以文件形式保存起来。选择"文件"→"保存"菜单命令，在屏幕显示的"另存为"对话框中选择声音文件类型"WAV"及其位置和文件名，单击"保存"按钮后即完成保存声音文件。

（3）播放声音文件

① 读入声音文件。选择"文件"→"打开"菜单命令，在对话框中选择声音文件名，单击"打开"按钮，或双击所选文件图标，打开声音文件。

② 声音文件的播放。对于读入的声音文件，单击"播放"按钮后进行播放。

（4）编辑声音文件

编辑功能用来剪辑声音或插入其他声音。

① 调整声音效果。选择"效果"菜单，从中选择要调整的项目，单击"播放"按钮播放。

② 剪辑声音文件。将滑标移到要剪辑的开始位置，选择"编辑"菜单，选择"删除当前位置以前的内容"菜单命令，单击"确定"按钮，将当前位置之前的声音删除。同样，也可以将当前位置以后的声音删除。

3. Windows Media Player

媒体播放机是 Windows 系统中用于播放多文件的设备。利用媒体播放器并配以相应的驱动程序，可直接播放有关的文件。使用媒体播放器的具体操作步骤如下：

选择"开始"→"程序"→"附件"→"娱乐"→"Windows Media Player"菜单命令，屏幕显示的 Windows Media Player 窗口。如图 7—2 所示。

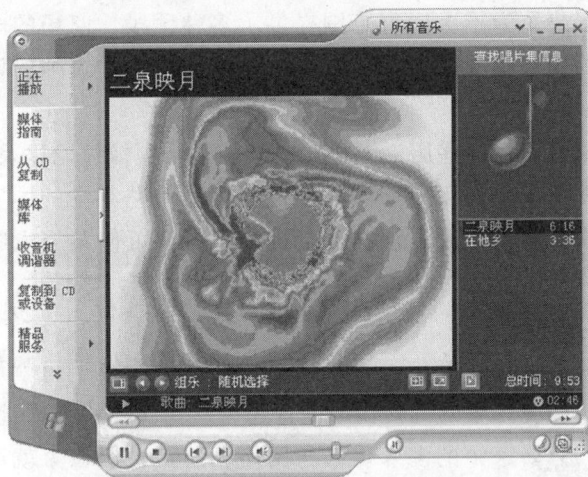

图 7—2　"媒体播放器"完整界面

在 Windows Media Player 中有"自动环绕"和"自动重复"功能，利用"自动重复"功能，用户可反复收听同一音乐。对功能的设置可通过"查看"菜单中的"选项"功能完成。

Windows Media Player 可以播放多种文件格式，如 AVI、ASF、ASX、WAV、WMA、WAX 等。

7.3.4　多媒体技术的应用

随着多媒体技术的不断发展，计算机已成为越来越多的人朝夕相处的伙伴，成为许多人的良师益友。作为人类进行信息交流的一种新的载体，多媒体正在给人类日常的工作、学习和生活带来日益显著的变化。

目前，多媒体应用领域正在不断拓宽。在文化教育、技术培训、电子图书、观光旅游、商业及家庭应用等方面，已经出现了不少深受人们喜爱的以多媒体技术为核心的多媒体电子出版物。它们以图片、动画、视频片段、音乐及解说等易接受的媒体素材将所反映的内容生动地展现给广大读者。

1. 教育和培训

教育和培训可以说是最需要多媒体的场合。带有声音、音乐和动画的多媒体软件，不仅更能吸引学生的注意力，也使他们如同身临其境。它可将过去的知识、别人的感受，变成像自己的亲身经历一样来学习，也使得抽象和不好理解的基本概念，转变为具体和生动的图片来解释，极大地改善了人们的学习环境，提高了学习效率。

当多媒体技术与网络技术相结合时，可将传统的以校园教育为主的教育模式，变为以家庭教育为主的教育模型，更能体现和适应现代社会发展的教育新方式，使得教育和培训完全意义地走向家庭。这种新的受教育模式，使被教育者不仅能学到图、文、声并茂的新知识、新信息，也可在家跨越时间和国界，学到国际上各种最新知识。

2．商业和出版业

在商业领域，多媒体为扩大销售范围提供了多种手段。商场的电子触摸屏可以为顾客提供各种商品的销售情况。而在建筑领域，多媒体将建筑师的设计方案变成了完整的模型。

利用多媒体，出版商将一些历史人物、文学传记、剧情评论以及采访录像等信息，存入电子出版物中发行，使得用户能够方便地阅读和剪贴其中的内容，将它们排版到报纸、杂志或文章中。利用这种方法在网上进行宣传，可使某个人物或某著作更能引起公众的瞩目。

3．服务业

以多媒体为主体的综合医疗信息系统，已经使医生远在千里就可为病人看病。病人不仅可身临其境地接受医生的询问和诊断，还可从计算机中及时地得到处方。因此，不管医生身处何方，只要家中的多媒体已与网络相连，人们在家就可从医生那里得到健康教育和医疗等指导。

在家居设计与装潢业，房地产公司使用多媒体，不仅可以展现整个居室的平面结构，还可把购房人带到"现场"，让他们"身临其境"地看到整幢房屋的室外和室内情况。

在观光旅游方面，多媒体光盘使人们足不出户就能够"置身"于自己心中向往的旅游胜地，轻轻松松地去"周游"整个世界，并从中感受各地的风土人情。例如，清华大学出版社出版的《颐和园》，即是一个利用多媒体技术设计制作的反映颐和园全貌的电子产品。

4．家庭娱乐

以游戏软件为代表的一类多媒体电子产品增添了家庭娱乐的新型项目，使家庭生活更加充实、丰富多彩。

在家里人们可以自行地制作出工作和家庭生活的多媒体记事簿，将工作经历、值得留念的事件等记录下来，以供他人欣赏和借鉴。

5．多媒体通信

采用多媒体视听会议，同时进行数据、话音、有线电视等信号的传输，不仅使与会者共享图像和声音信息，也共享存储在计算机内的有用数据。特别是对于已在网络上的每个与会者，都可通过计算机的窗口建立互动，通报和传递各种多媒体信息。

多媒体技术的产生赋予计算机新的含义，它标志着计算机已融入我们生活的方方面面，让我们的生活丰富多彩。

小　结

　　本章主要介绍了多媒体技术的概念、主要特性、多媒体元素的简介、常用多媒体软件以及多媒体在各领域的应用。

　　多媒体技术是一门综合的技术，涉及多方面的知识，希望用户扩展自己的知识面，努力学会使用多媒体，使生活更加充实。

习　题

1. 什么叫多媒体？多媒体有哪些主要特性？
2. 多媒体的组成要素有哪些？
3. 简述多媒体系统的组成。
4. 常见的图形和图像文件格式有哪些？
5. 视频和音频文件有哪些格式？

第 8 章　常用工具软件

学习目标

本章主要介绍一些实用的工具软件，这些软件有助于方便、快捷、高效地使用计算机。通过本章的学习，掌握以下技能：

1. 压缩文件，数据备份与恢复的应用
2. 杀毒软件、上网助手的运用
3. 电子邮件的应用

8.1　文件压缩软件 WinRAR 的应用

WinRAR 程序是一个压缩文件管理工具。它能创建和解压 RAR 和 ZiP 格式的压缩文件。本节介绍的版本是 WinRAR 3.70 简体中文版。

1. WinRAR 主界面

WinRAR 程序主界面，如图 8-1 所示，包括菜单栏、工具栏、小型"向上"按钮、驱动器列表和文件列表框。

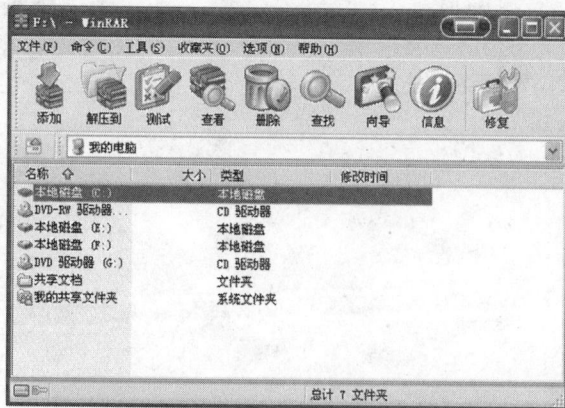

图 8-1　WinRAR 程序主界面

菜单栏包括："文件"、"命令"、"工具"、"收藏夹"、"选项"和"帮助"以及相应的级联菜单。

工具栏包括的命令按钮有：

添加：将文件、文件夹添加到压缩文件中。

解压到：将文件解压。

测试：对选定的文件进行测试。

查看：查看文件。

删除：删除文件。

查找：单击后将弹出"查找文件"对话框，输入条件后（可以使用通配符 * 与?）可以查找文件。如图 8—2 所示。

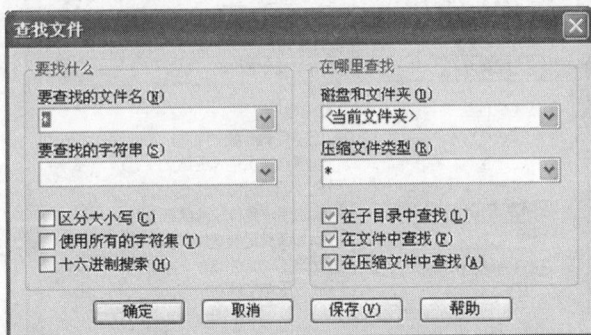

图 8—2　"查找文件"对话框

向导：单击"向导"命令按钮，可以按打开的向导进行解压或创建压缩文件。如图 8—3 所示。

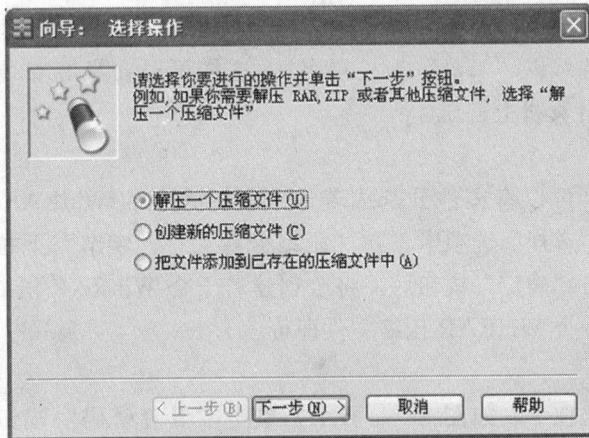

图 8—3　"向导"操作界面

信息：显示所选定的压缩文件的信息。

修复：可以修复所选定的被破坏的压缩文件。

在工具栏中的"向上"按钮会将当前文件夹改变到上一级，驱动器列表则用以选择当前的磁盘。

文件列表位于工具栏的下面，显示当前的文件夹，如果双击文件列表下的文件夹，则显示该文件里的内容；如果双击 WinRAR 压缩文件，则显示压缩文件里包含的文件内容，包括名称、大小、类型和修改时间；如果选择其中的文件双击，则打开该文件。

2. 压缩文件

在程序的主界面的文件列表框中，选定需要压缩的文件或文件夹后，单击工具栏上的"添加"按钮，弹出"压缩文件名和参数"对话框。如图 8－4 所示。

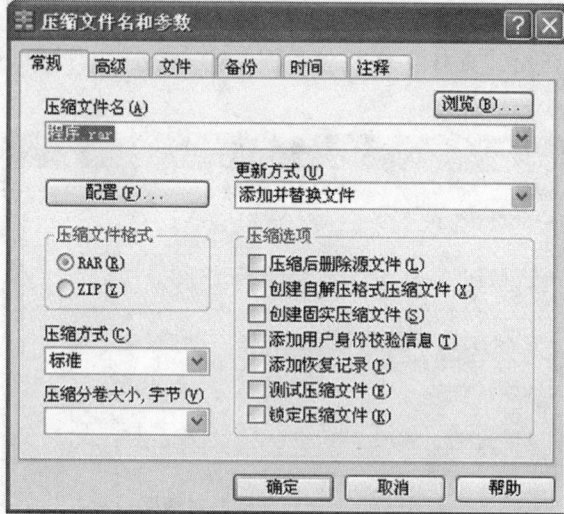

图 8－4　"常规"选项卡

（1）创建自解压格式压缩文件

选择"常规"选项卡，选中"创建自解压格式压缩文件"复选框，则将文件压缩为自解压可执行文件（以".exe"为扩展名），这样可以在没有安装解压程序（例如 WinRAR 软件）的计算机上解压。

（2）文件分割

在压缩文件时，可以将文件分割成若干个限定大小的 WinRAR 压缩文件进行创建。方法是，选择"常规"选项卡，在"压缩分卷大小，字节"下拉列表中选择或输入限定的大小，单击"确定"按钮后，将会创建若干个 WinRAR 压缩文件。如果要解压，只需解压其中一个 WinRAR 压缩文件即可。

（3）设置密码

选择"高级"选项卡，如图 8－5 所示，单击"设置密码"按钮，然后在弹出的"带密码压缩"对话框中输入密码。那么，要解压文件就必须输入相应的密码。

进行必需的设置后，单击"确定"按钮，这时开始对所选的内容进行压缩。如图 8－6 所示。

也可在"我的电脑"中，查找到要压缩的文件或文件夹，点右键，在弹出的快捷菜单中选择有关的压缩命令，进行压缩操作。如图 8－7 所示。也可在已存在的压缩文件中添加文件，操作的方法是：将后者拖动到前者的图标上。

3. 文件解压

简捷的文件解压操作方法如下：

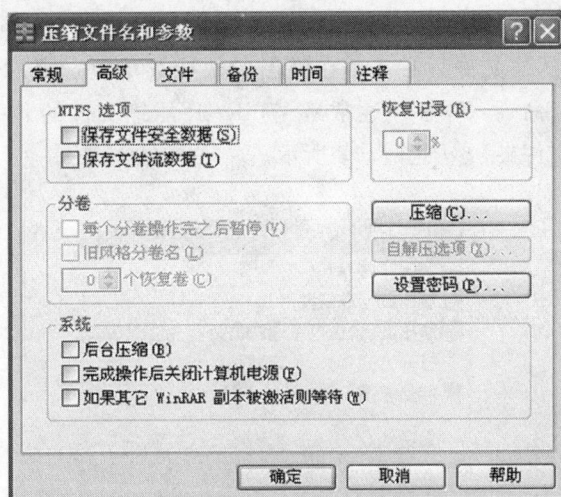

图 8-5　"高级"选项卡

图 8-6　压缩过程

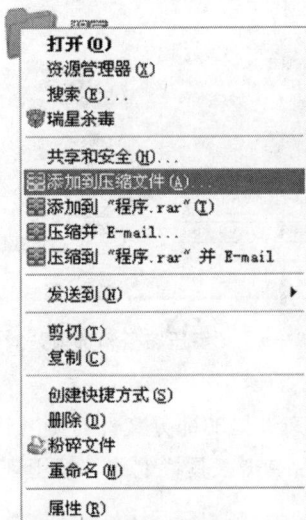

图 8-7　对象的"快捷菜单"

（1）选定解压文件

选定 WinRAR 压缩文件后右击，在弹出的快捷菜单上选择"解压到当前文件夹"或"解压到＊＊＊"命令（＊＊＊通常是 WinRAR 压缩文件的名称，解压时自动创建以＊＊＊为名称的文件夹）。如图 8－8 所示。

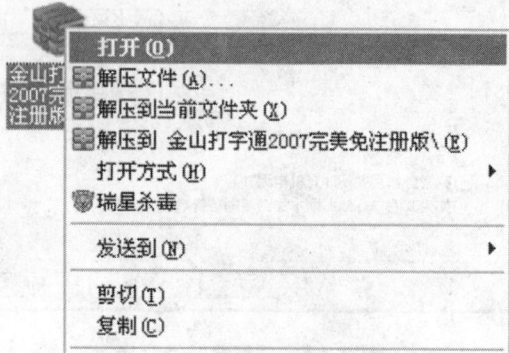

图 8－8　解压的快捷菜单

（2）解压路径和选项

如果在快捷菜单中选择解压文件命令（或者单击工具栏上的"解压到"按钮），则打开"解压路径和选项"对话框，从中可以选择存放解压文件的目标文件夹，如果所需文件夹不存在，则自动新建文件夹。如图 8－9 所示。

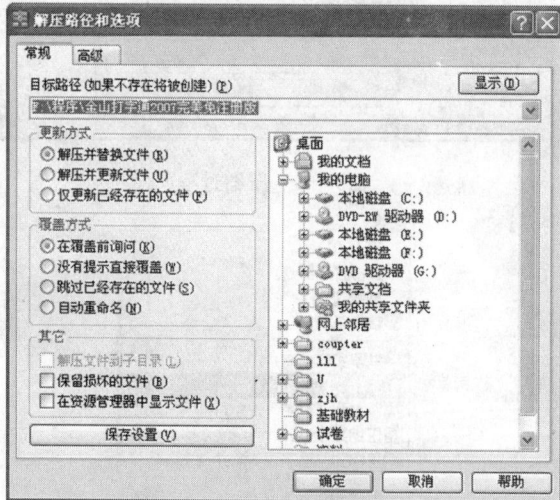

图 8－9　"解压路径和选项"对话框

（3）解压部分文件

如果要解压 WinRAR 压缩文件里的部分文件，则双击 WinRAR 压缩文件，在文件列表中选择需要解压的文件，然后单击工具栏上的"解压到"按钮。

（4）修复受损的文件

如果解压 WinRAR 压缩文件发现某文件有损坏，则在 WinRAR 主界面选定该文件，再单击工具栏上的"修复"按钮。

（5）防范自解压文件的安全隐患

直接双击 WinRAR 自解压格式（扩展名为 ".exe"）压缩文件即可解压。但是，由于此类压缩文件可能捆绑了木马病毒，因此对于陌生 WinRAR 自解压格式压缩文件，应先选定后右击，如果弹出的快捷菜单中有 "用 WinRAR 打开" 命令，则表明该文件是一个自解压文件，此时可以将该文件的扩展名由 ".exe" 改为 ".rar"，然后用 Win-RAR 程序打开，以策安全。

4. 文件管理器

WinRAR 是一个压缩和解压缩文件，同时也是一款文件管理器。在文件列表中所有文件都会被显示出来，包括隐藏的文件、文件的扩展名。可以像 Windows 的 "资源管理器" 一样进行复制、删除、移动、打开文件操作。例如，可以利用这项功能进行手工删除病毒。

8.2　数据备份与恢复 Ghost 软件的应用

8.2.1　Ghost 的特点和运行方式

Ghost（幽灵）软件是美国赛门铁克公司推出的一款出色的硬盘备份还原工具，可以实现 FAT16、FAT32、NTFS、OS2 等多种硬盘分区格式的分区及硬盘的备份还原。俗称克隆软件。

1. 特点

既然称之为克隆软件，说明其 Ghost 的备份还原是以硬盘的扇区为单位进行的，也就是说可以将一个硬盘上的物理信息完整复制，而不仅仅是数据的简单复制；克隆人只能克隆躯体，但这个 Ghost 却能克隆系统中所有的数据，包括声音动画图像，连磁盘碎片都可以帮你复制。Ghost 支持将分区或硬盘直接备份到一个扩展名为 ".gho" 的文件里（称为镜像文件），也支持直接备份到另一个分区或硬盘里。

2. 运行方式

至今为止，Ghost 只支持 DOS 的运行环境，这不能说不是一种遗憾。我们通常把 Ghost 文件复制到启动软盘（U 盘）里，也可将其刻录进启动光盘，用启动盘进入 DOS 环境后，在提示符下输入 Ghost，回车即可运行 Ghost，首先出现的是关于程序启动界面。如图 8−10 所示。

按 "OK" 键进入 Ghost 操作界面，出现 Ghost 菜单，主菜单共有 4 项，从下至上分别为 Quit（退出）、Options（选项）、Peer to Peer（点对点，主要用于网络中）、Lo-cal（本地）。一般情况下，我们只用到 Local 菜单项，其下有三个子项：Disk（硬盘备份与还原）、Partition（磁盘分区备份与还原）、Check（硬盘检测），前两项功能是我们用得最多的。

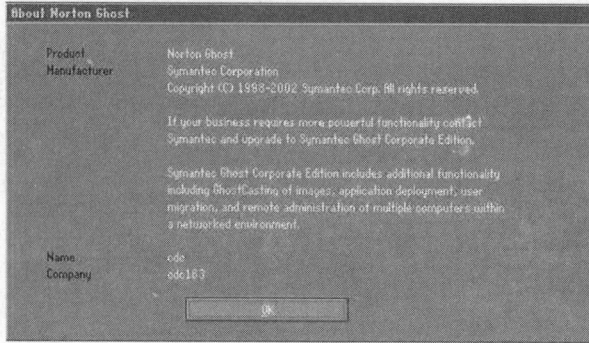

图 8—10　运行界面

8.2.2　分区备份

1. 菜单解释

• Disk：磁盘。

• Partition：即分区，在操作系统里，每个硬盘盘符（C 盘以后）对应着一个分区。

• Image：镜像，镜像是 Ghost 的一种存放硬盘或分区内容的文件格式，扩展名为".gho"。

• To：到，在 Ghost 里，简单理解即为"备份到"的意思。

• From：从，在 Ghost 里，简单理解即为"从……还原"的意思。

2. Partition 菜单简介

其下有三个子菜单：

• To Partition：将一个分区（源分区）直接复制到另一个分区（目标分区）。注意操作时，目标分区空间不能小于源分区。

• To Image：将一个分区备份为一个镜像文件。注意存放镜像文件的分区不能比源分区小，最好是比源分区大。

• From Image：从镜像文件中恢复分区（将备份的分区还原）。

3. 分区镜像文件的制作

①运行 Ghost 后，用光标方向键将光标从"Local"经"Disk"、"Partition"移动到"To Image"菜单项上，如图 8—11 所示，然后按回车键。

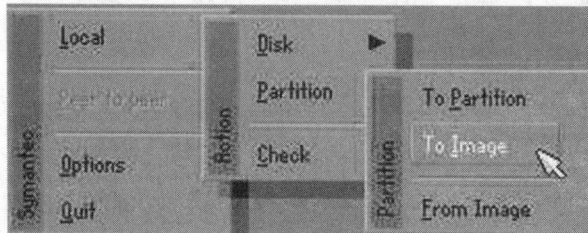

图 8—11　Local 菜单

②出现选择本地硬盘窗口，如图 8－12 所示，再按回车键。

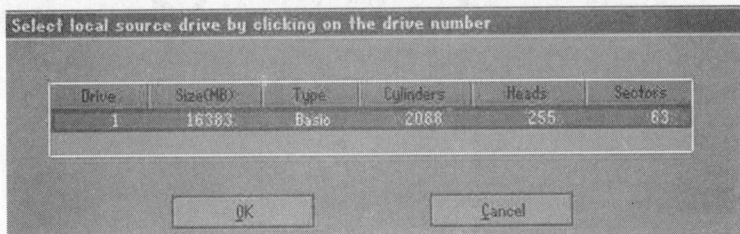

图 8－12　选择本地硬盘

③出现选择源分区窗口（源分区就是你要把它制作成镜像文件的那个分区）。如图 8－13 所示。用上下光标键将蓝色光条定位到我们要制作镜像文件的分区上，按回车键确认我们要选择的源分区，再按一下 Tab 键将光标定位到 OK 键上（此时"OK"键变为白色）。

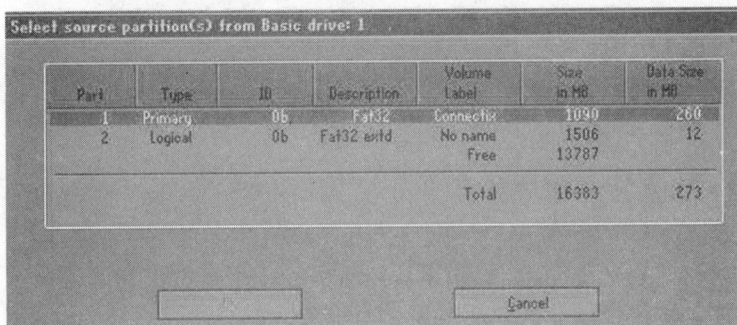

图 8－13　选择分区对话框

④进入镜像文件存储目录，默认存储目录是 Ghost 文件所在的目录，在"File name"处输入镜像文件的文件名，也可带路径输入文件名（此时要保证输入的路径是存在的，否则会提示非法路径），如输入"d：\ sysbak \ cwin"，表示将镜像文件"cwin. gho"保存到"d：\sysbak"目录下，如图 8－14 所示，输好文件名后，再按回车键。

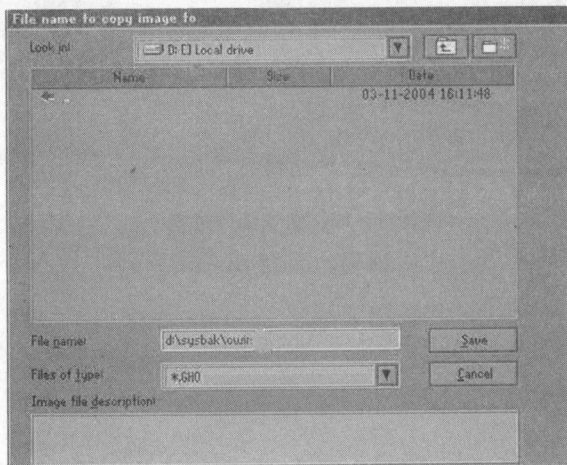

图 8－14　选择存放路径

⑤接着出现"是否要压缩镜像文件"窗口，如图 8－15 所示，有按钮"No"（不压缩）、"Fast"（快速压缩）、"High"（高压缩比压缩），压缩比越低，保存速度越快。一般选 Fast 即可，用向右光标方向键移动到"Fast"上，按回车键确定。

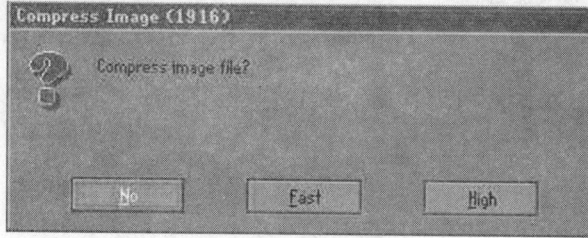

图 8－15　镜像选项

⑥接着又出现一个提示窗口，如图 8－16 所示，用光标方向键移动到"Yes"键上，按"回车"键确定。

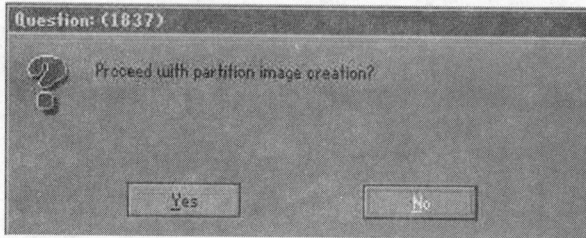

图 8－16　提示框

⑦Ghost 开始制作镜像文件。如图 8－17 所示。

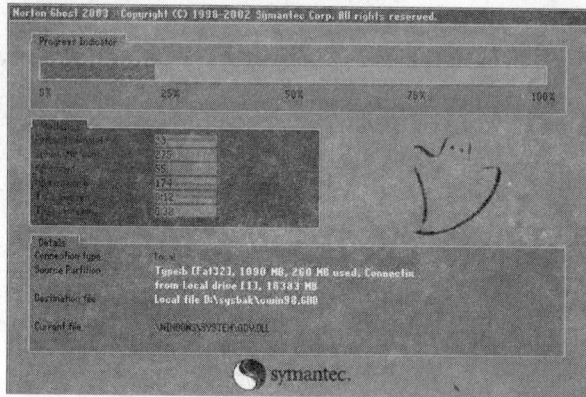

图 8－17　制作镜像过程

⑧建立镜像文件成功后，会出现提示创建成功的窗口。如图 8－18 所示。按"回车"键即可回到 Ghost 界面。

⑨先按"Q"键，再按"回车"键后即可退出 Ghost。至此，分区镜像文件制作完毕。

图 8—18 结束制作过程

8.2.3 从镜像文件还原分区

制作好镜像文件，我们就可以在系统崩溃或运行不稳的情况下进行还原，这样又能恢复到制作镜像文件时的系统状态。下面介绍镜像文件的还原。

①在 DOS 状态下，进入 Ghost 所在目录，输入"Ghost"后回车，即可运行 Ghost。

②出现 Ghost 主菜单后，用光标方向键移动到菜单"Local"—"Partition"—"From Image"，如图 8—19 所示，然后按"回车"键。

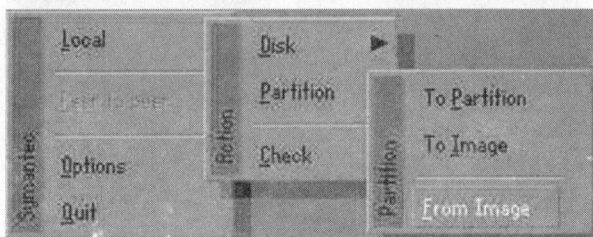

图 8—19 程序主界面

③出现"镜像文件还原位置窗口"，如图 8—20 所示，在 File name 处输入镜像文件的完整路径及文件名（你也可以用光标方向键配合 Tab 键分别选择镜像文件），如 d:\sysbak\cwin.gho，再按回车键。

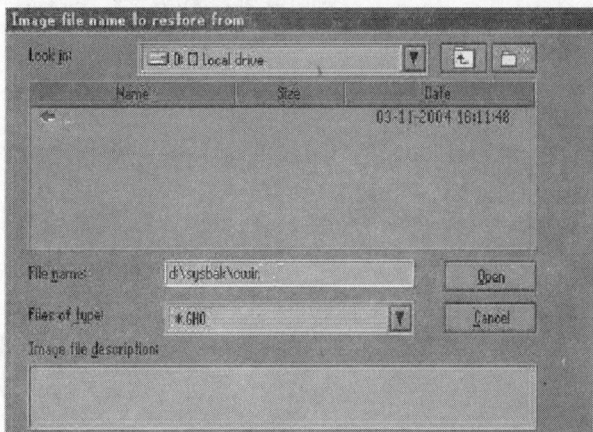

图 8—20 选择镜像文件

④出现从镜像文件中选择源分区窗口，直接按"回车"键。

⑤又出现选择本地硬盘窗口，如图8－21所示，再按"回车"键。

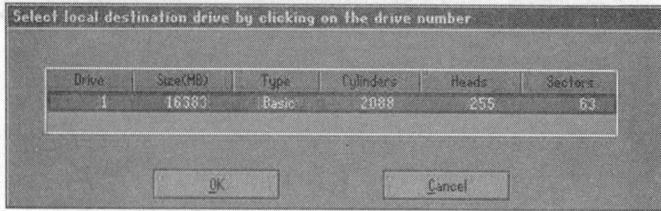

图8－21　选择本地硬盘

⑥出现选择从硬盘选择目标分区窗口，我们用光标键选择目标分区（即要还原到哪个分区），按"回车"键。

⑦出现提问窗口，如图8－22所示，按"Yes"键，Ghost开始还原分区信息。

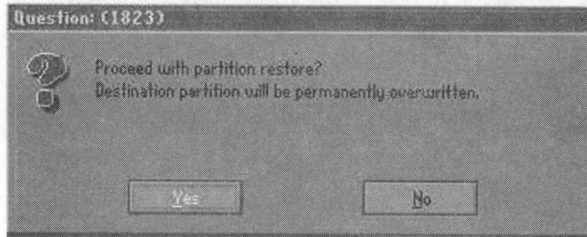

图8－22　提示对话框

⑧很快就还原完毕，出现还原完毕窗口，如图8－23所示，按"Reset Computer"键重启电脑，即可完成分区的恢复。

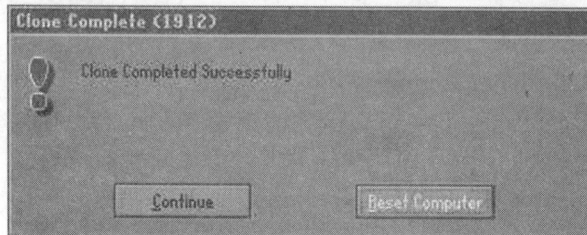

图8－23　结束对话框

8.2.4　硬盘的备份及还原

Ghost的Disk菜单下的子菜单项可以实现硬盘到硬盘的直接对拷（"Disk"－"To Disk"）、硬盘到镜像文件（"Disk"－"To Image"）、从镜像文件还原硬盘内容（"Disk"－"From Image"）。

在多台电脑的配置完全相同的情况下，我们可以先在一台电脑上安装好操作系统及软件，然后用Ghost的硬盘对拷功能将系统完整地"复制"一份到其他电脑，这样装操作系统可比传统方法快很多。

Ghost的Disk菜单各项使用与Partition大同小异，而且使用也不是很多，在此就不赘述了。

8.2.5 Ghost 使用方案

（1）最佳方案

完成操作系统及各种驱动的安装后，将常用的软件（如杀毒、媒体播放、办公软件等）安装到系统所在盘，接着安装操作系统和常用软件的各种升级补丁，然后优化系统，最后你就可以用启动盘启动到 DOS 下做系统盘的克隆备份了。注意：备份盘的大小不能小于系统盘。

（2）补救措施

如果你因疏忽，在装好系统一段时间后才想起要克隆备份，那也没关系，备份前你最好先将系统盘里的垃圾文件清除，清除注册表里的垃圾信息，然后整理系统盘磁盘碎片，整理完成后到 DOS 下进行克隆备份。

（3）恢复克隆备份

当你感觉系统运行缓慢（此时多半是由于经常安装卸载软件，残留或误删了一些文件，导致系统紊乱）、系统崩溃、中了比较难杀除的病毒时，你就要进行克隆还原了。有时如果长时间没整理磁盘碎片，你又不想花上半个小时甚至更长时间整理时，你也可以直接恢复克隆备份，这样比单纯整理磁盘碎片效果要好得多。

（4）最后强调

在备份还原时一定要注意选对目标硬盘或分区。

8.3 瑞星杀毒软件的应用

目前计算机病毒无孔不入，必须防范与清除病毒，因此杀毒软件是计算机必备的软件。瑞星杀毒软件是用户较多的国产杀毒软件。本节就介绍瑞星杀毒软件 2008 版的应用。

1. 扫描查毒、杀毒

（1）快捷扫描

为避免外来病毒的入侵，可以对一些陌生的外来文件、文件夹，例如，从电子邮箱网页下载的或 U 盘里复制的文件，可以通过快捷扫描进行查毒、杀毒。操作步骤如下：

① 选定扫描目标（磁盘、文件夹或文件）右击，在弹出的快捷菜单中选择"瑞星杀毒"命令（只要安装了瑞星杀毒软件，则会有该命令），即可启动瑞星杀毒软件对此目标进行查、杀毒操作。如图 8-24 所示。

② 如果瑞星杀毒软件发现病毒，则会将文件名、所在文件夹、病毒名称和状态显示在"病毒列表"对话框窗口中。在"病毒列表"对话框中选定右击，在弹出的快捷菜单中：

- 选择"查找目标"命令：将定位到文件所在的位置。

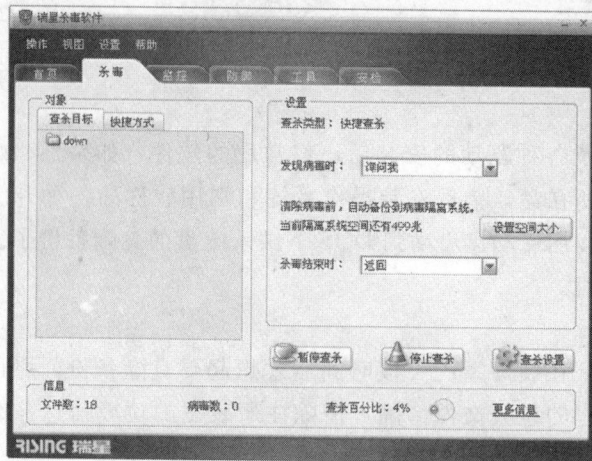

图 8—24 扫描病毒

- 选择"删除此文件"命令：将删除此文件，如果文件在压缩包中，将删除整个压缩包。
- 选择"清除此病毒"命令：将对这个文件重新杀毒。
- 选择"清除所有病毒"命令：将对列表中所有项重新杀毒。
- 选择"删除所选结果"命令：将从列表中删除被选项。
- 选择"关闭列表"命令：可关闭病毒列表。

③ 在扫描过程中可以随时单击瑞星杀毒软件主界面的"暂停"按钮暂停当前操作，单击"继续"按钮则可继续当前操作，也可以单击"停止"按钮结束当前扫描。

④ 杀毒结束后，将弹出"杀毒结束"对话框显示扫描结果。

（2）手动扫描

启动瑞星杀毒软件，打开主界面，在"查杀目标"左窗格中显示待查杀病毒的目标，默认状态下，所选本地硬盘、内存、引导区和邮箱都为选中状态。

单击主界面上的"杀毒"按钮，即开始扫描所选目标，发现病毒时程序会询问用户如何处理。如图 8—25 所示。

（3）指定查杀文件类型

在默认设置下，瑞星杀毒软件是对所有文件进行查杀病毒的。为节约时间，可以有针对性地指定文件类型进行查杀病毒。方法如下：

在程序主界面执行"设置"→"详细设置"命令，展开"瑞星设置"对话框左侧的列表，从中选择"手动扫描"，在"查杀文件类型选项"中指定文件类型后按"确定"按钮即可。如图 8—26 所示。

同样，快捷扫描也可以如此设置。

（4）定时扫描

可以设定瑞星杀毒软件在设定的时间自动启动，对预先设置目标进行扫描。方法如下：

执行"设置"→"详细设置"命令，展开"瑞星设置"对话框左侧的列表，从中

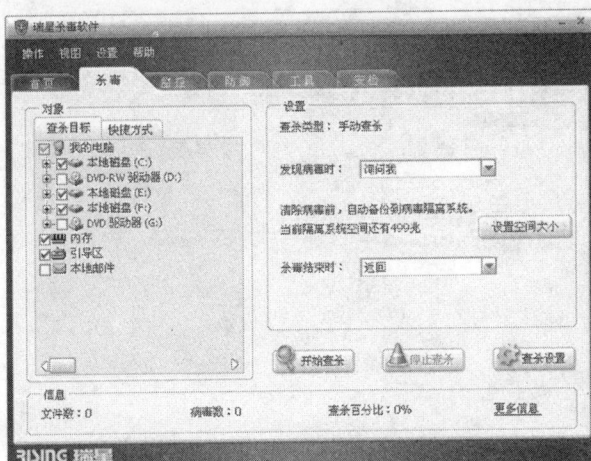

图 8-25　手动扫描

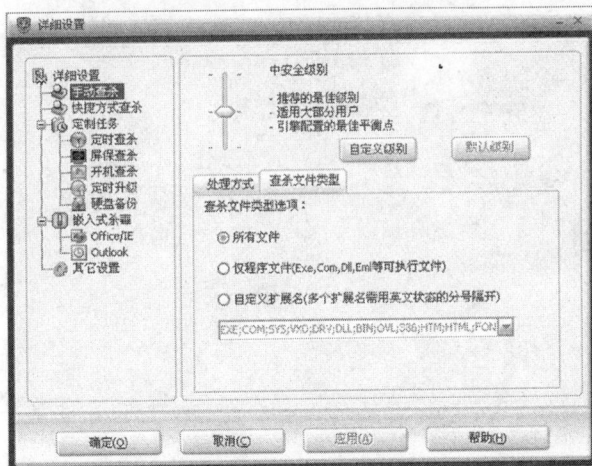

图 8-26　定制查毒

选择"定制任务"，在右侧的"定制任务设置"选项中选中"使用定时查杀"复选框。如图 8-27 所示。然后选择"定时扫描"，在右侧的"定时查杀"选项中设置扫描的时间。如图 8-28 所示。单击右下方的"查杀文件类型"，还可以设置扫描内容。

2. 监控中心

瑞星监控中心包括文件监控、内存监控、邮件监控、网页监控、引导区监控、注册表监控和漏洞攻击监控，可以在打开陌生文件、收发电子邮件和浏览网页时查杀和截获病毒。

（1）启动监控中心

执行"开始"→"程序"（"所有程序"）→"瑞星杀毒软件"→"瑞星监控中心"命令，即可启动瑞星监控中心。

启动瑞星计算机监控中心后，随即在通知区域出现小雨伞图标："绿色打开"代表所有监控均处于有效状态，"黄色打开"代表部分监控处于有效状态，"红色收起"代表所有监控均处于关闭状态。右击该小雨伞图表，在出现的快捷菜单中可以选择"禁

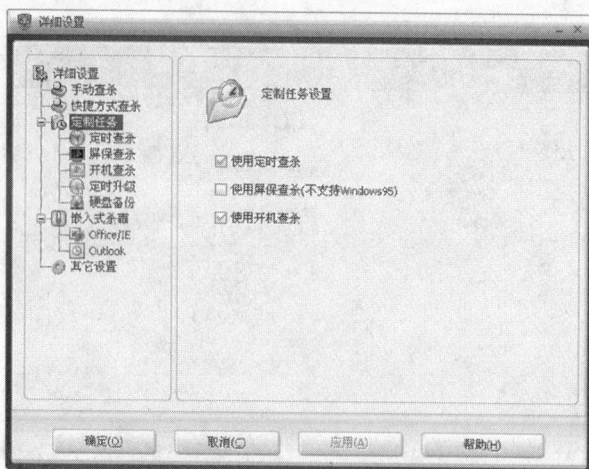

图 8-27　设置定时查毒

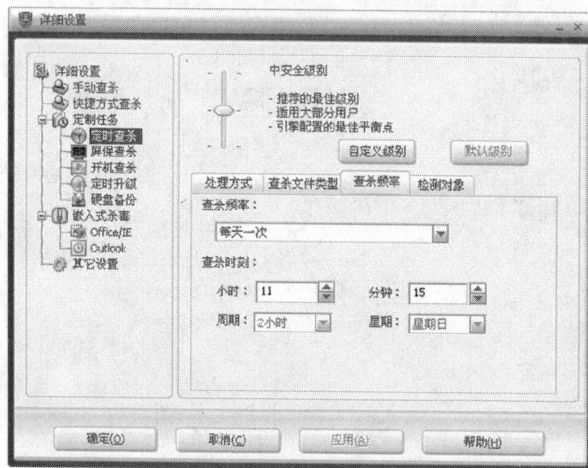

图 8-28　设置查毒的具体时间

用所有监控"命令或"开启所有监控"命令。

（2）监控中心设置

在程序主界面执行"设置"→"详细设置"命令，展开"瑞星设置"对话框左侧的列表，从中选择"瑞星监控中心"，在"瑞星监控中心设置"界面中可以指定启用何种监控，如选中"启用注册表监控"复选框，接着可以对该监控进行设置。

（3）注册表监控设置

以注册表监控设置为例，介绍对各种监控的设置。

注册表监控是对系统注册表的操作进行监控，当发现对于特定的注册表进行操作时将提示用户，以防止恶意网页和恶意脚本对注册表的修改。

在"瑞星设置"对话框左侧的列表中选择"注册表监控"，在"注册表监控"界面可以设置提示对话框的显示时间。在开启注册表监控的情况下，若有程序试图修改注册表项，则会弹出提示框，显示注册表相关信息和处理选项。在提示框可以选择"同意修改"或"拒绝修改"操作，如果不选择，注册表监控则会在设定时间后采取默认处理。

3. 升级

由于病毒不断推陈出新，所以杀毒软件也要不时升级。

（1）手动升级

连接到 Internet，启动瑞星杀毒软件，打开主界面，单击"软件升级"命令按钮，即可升级。如图 8-29 所示。

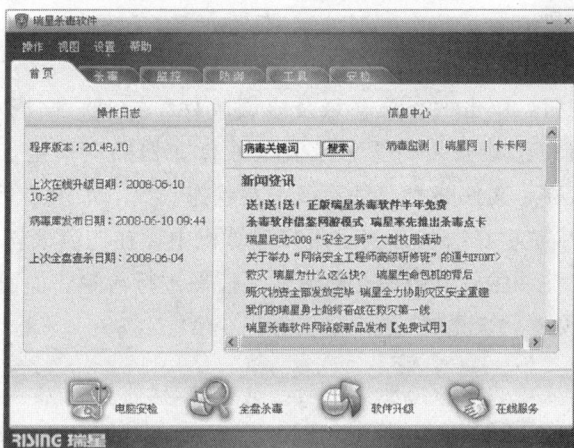

图 8-29　手动升级

（2）定时升级

使用定时升级能自动使软件升级到最新版本，以保证查杀各种新病毒。定时升级的方法是：

在瑞星杀毒软件主界面中，执行"设置"→"定时升级设置"命令，在弹出的"瑞星设置"对话框中进行必要的设置。如图 8-30 所示。

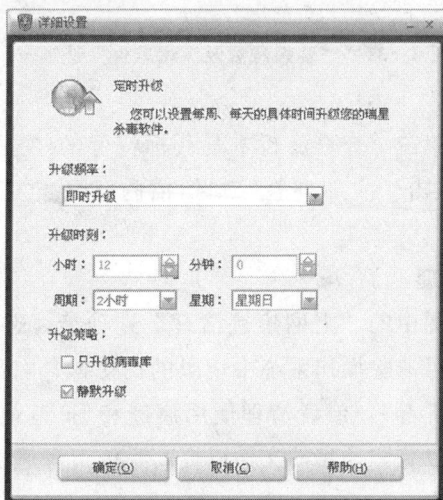

图 8-30　定时升级

8.4　瑞星卡卡上网安全助手的应用

　　瑞星卡卡上网安全助手具有清除流氓软件、IE 及系统修复等功能。以下介绍卡卡软件的主要操作。

　　打开瑞星上网助手，在程序界面上可以选择"首页"、"基本功能"等视图，而大部分视图下面有若干选项卡。

1. 查杀恶意及流氓软件

　　选择"常用"按钮，单击"查杀恶意及流氓软件"标签，选择"立即清理"则会自动扫描用户计算机中已被安装的恶意及流氓软件。扫描完毕后，会列出扫描结果，显示检测出的软件名称、文件路径、危险级别及状态。"活动"状态表示用户计算机上被安装有该恶意软件，"存在"状态表示用户计算机中存在该流氓软件残留信息。用户可以选定不需要的软件，然后单击"立即清除"按钮进行清除，如图 8-31 所示。

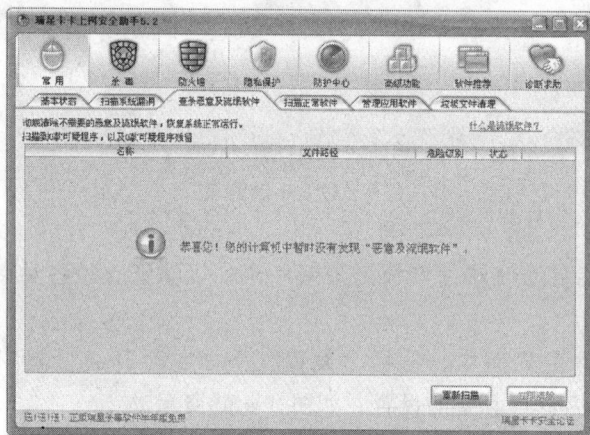

图 8-31　"查杀恶意及流氓软件"选项卡

2. 查杀流行木马

　　选择"常用"按钮，单击"查杀流行木马"标签旁的"立即查杀"按钮，则进入"查杀流行木马"标签，点击"立即查杀"则扫描内存。当发现病毒时，通知用户操作。如图 8-32 所示。

3. 计算机使用痕迹清理

　　选择"隐私保护"视图中的"上网痕迹清理"选项卡，选择需要清理的选项，单击"立即清理"按钮，即可清除操作系统中记录的历史操作（如曾经打开的各种文件、运行的命令、系统临时文件等），或者清理使用痕迹和 IE 地址栏等上网记入信息，可以有效地保护隐私，并可以删除无用的文件以提高系统运行速度。如图 8-33 所示。

4. 防护中心

　　选择"防护中心"按钮，可以根据需要进行设置。如图 8-34 所示。

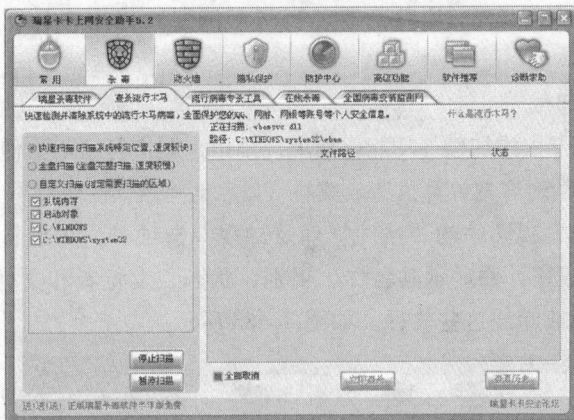

图 8—32 "查杀流行木马"选项卡

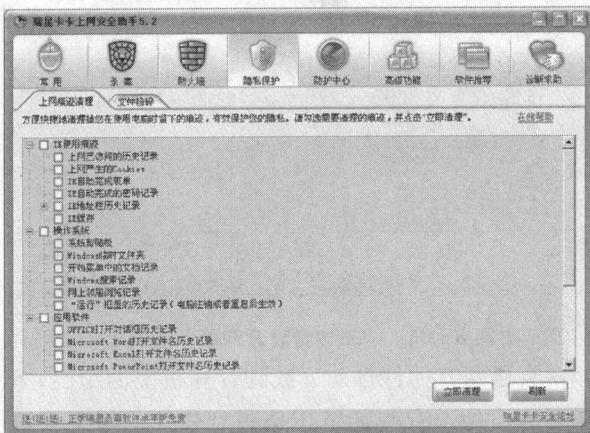

图 8—33 "上网痕迹清理"选项卡

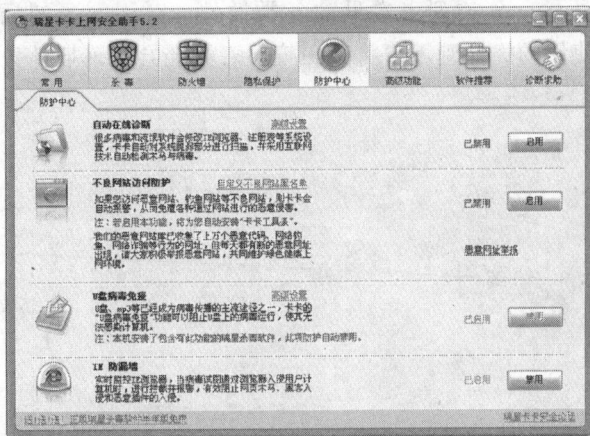

图 8—34 "防护中心"选项卡

- 自动在线诊断：采用互联网技术自动检测木马和病毒。
- 不良网站访问防护：当访问到恶意网站、钓鱼网站等不良网站时自动报警。
- U 盘病毒免疫：可以阻止 U 盘上的病毒运行。

· IE 防漏墙：实时监控 IE 浏览器，当病毒试图入侵用户计算机时，进行拦截并报警。

5. 插件管理及卸载

插件可以为浏览器中添加额外功能，如天气预报、股市行情等，使浏览网页更加高效，但同时也有一些插件会对客户计算机造成威胁（如启动间谍软件等）。

选择"高级功能"视图中的"插件管理及卸载"选项卡，可以检测用户计算机中已安装的所有 IE 插件程序，并显示其名称、类别、状态、发行者和文件的路径。用户可以根据需要禁用、启用或卸载这些软件。如图 8－35 所示。

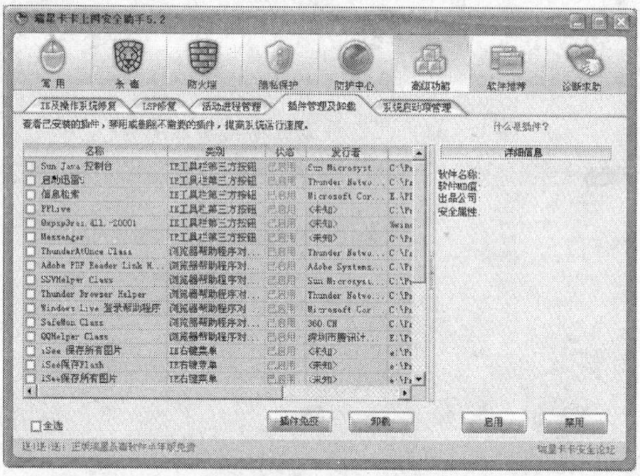

图 8－35　"插件管理及卸载"选项卡

浏览网页时，经常会遇到有插件自动下载到计算机上的情况，不仅影响上网速度，还被无端安装上不需要的插件，有些甚至还是恶意软件。如果想避免网上插件自动下载的干扰，则可以选择设置其为"免疫"。单击"免疫"按钮，则弹出"插件免疫"对话框，如图 8－36 所示，分类列出常见的各类插件，对不需要的插件，单击"免疫"按钮，如果有需要使用的插件则不要将其免疫，否则会导致该插件失效。

图 8－36　"插件免疫"对话框

6. IE 及操作系统修复

不少流氓软件会对用户的计算机系统进行篡改，锁定 IE 浏览器的首页，或在用户访问正常网站时自动链接到恶意网站。甚至有一些恶劣的流氓软件还会造成用户计算机无法上网。

选择"高级功能"视图中的"IE 及操作系统修复"选项卡，卡卡程序会自动对计算机进行扫描，并提示是否正常以及是否需要修复等。选择需要修复的项目后，单击"修复"按钮，可将系统恢复到正常状态。如图 8－37 所示。

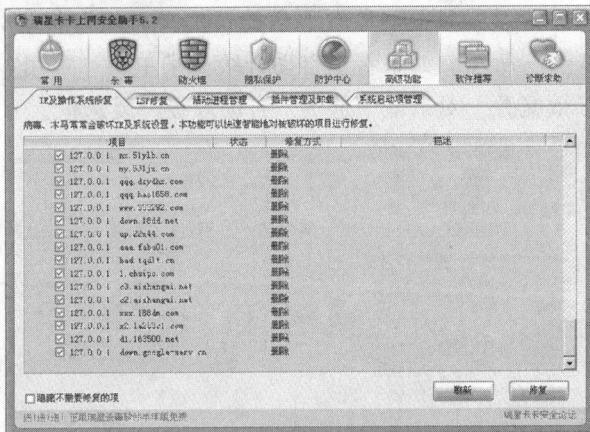

图 8－37　"IE 及操作系统修复"选项卡

7. 系统启动项管理

一些程序可能自动设置为计算机启动时自动运行，太多的自动启动项会影响开机时间，可以通过卡卡程序修改系统的注册表以及配置文件当中的启动信息。

选择"高级功能"视图中的"系统启动项管理"选项卡，卡卡程序会自动对计算机进行扫描。如图 8－38 所示。

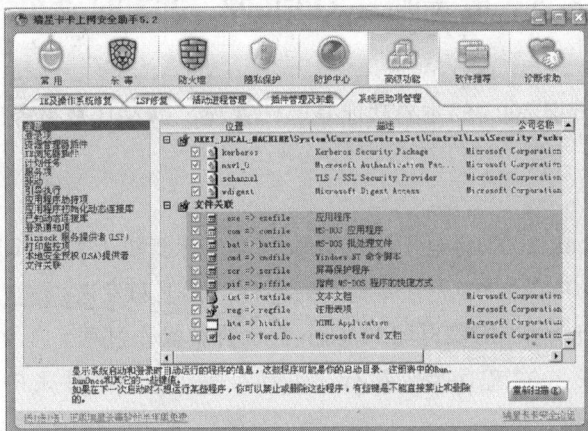

图 8－38　"系统启动项管理"选项卡

单击视图的左窗格可以查看不同类别的启动项目，在右窗格可以选择禁用或启动项目。禁用项目只要去除项前面的复选框即可。若要删除某一项目，则选定后右击，在弹出的快捷菜单中选择"删除当前选中的项"命令。注意：项目一旦被删除将不能被恢复。

8. 解除网页限制

在浏览一些网页时，有时不能对其进行某些操作，譬如鼠标右键被屏蔽，无法查看源代码、不能复制文字等。如果遇到有限制的网页，可以利用快捷键"Alt＋U"解除限制。

9. 升级

单击"常用"按钮，然后单击窗口右下角的"立即升级"按钮，则可以对卡卡软件进行升级。如图 8－39 所示。如果希望自动升级，则单击"常用"界面上的"设置"按钮，在弹出的"参数配置"对话框中选中"自动升级"复选框。

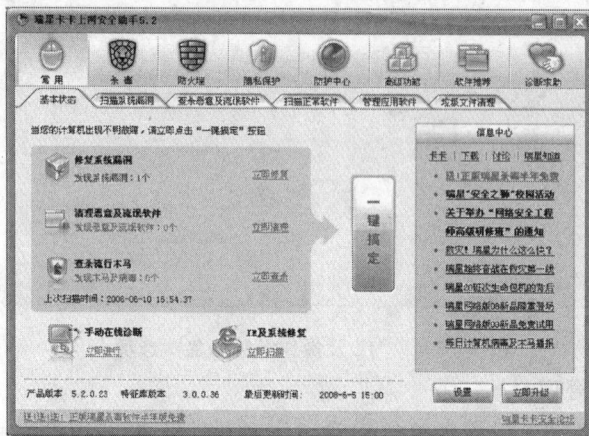

图 8－39　瑞星卡卡上网安全助手

8.5　电子邮件 Outlook 2003 的应用

Microsoft Outlook 2003 的主要功能是邮件管理，以及日常事务管理，相当于一位电子秘书。

1. 邮件管理

可以使用 Outlook 2003 将电子邮件收取到本地计算机上，离线后仍可继续阅读邮件；还可以使用 Outlook 2003 先在本地写好邮件，再上网发送。

现以邮箱的地址为：zjh1228@126.com 为例讲解操作过程。

①打开 Outlook 2003 程序后，执行"工具"→"电子邮件账户"命令。如图 8－40 所示。

②在弹出的"电子邮件账户"对话框中选中"添加新电子邮件账户"单选按钮，如图 8－41 所示，然后单击"下一步"按钮。

③在弹出的对话框中选取服务器类型为"POP3"，如图 8－42 所示，然后单击"下一步"按钮。

④在弹出的对话框中进行如下 Internet 电子邮件设置。如图 8－43 所示。

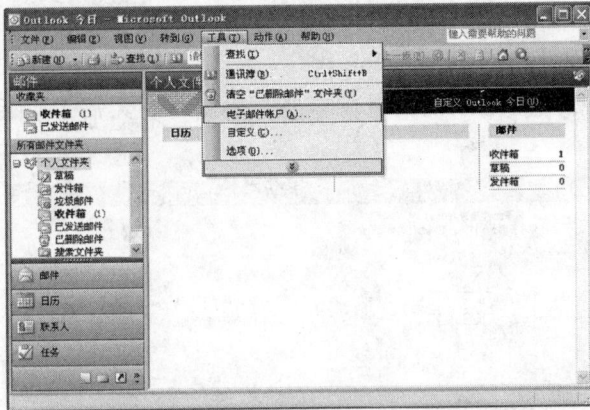

图 8—40　"电子邮件菜单"命令

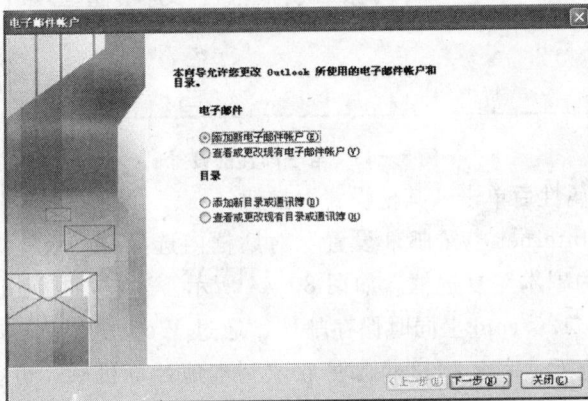

图 8—41　"电子邮件账户"对话框

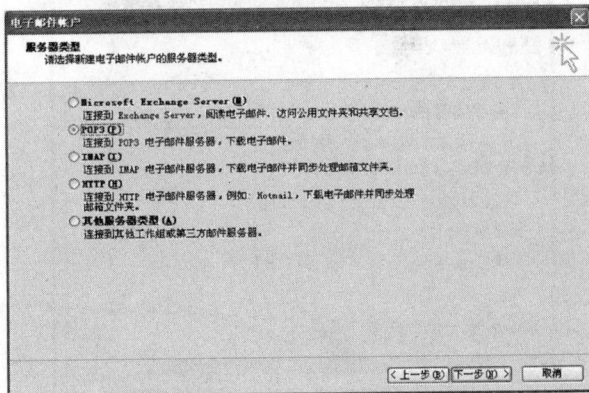

图 8—42　邮件服务器的类型

● 您的姓名：由于 Outlook 2003 可以设置多个账号，因此要在该文本框输入不同的内容来区分。

● 电子邮箱地址：输入电子邮箱地址。例如，zjh1228@126.com。

● 用户名：对应的邮箱用户名，例如，zjh。

● 密码：指的是在 www.126.com 登录 zjh1228@126.com 邮箱密码。

- 接收邮件服务器：pop.126.com。
- 发送邮件服务器：smtp.126.com。
- 记住密码：如果选定该项，则在本地收发邮件，无需手动输入密码进行账户验证。

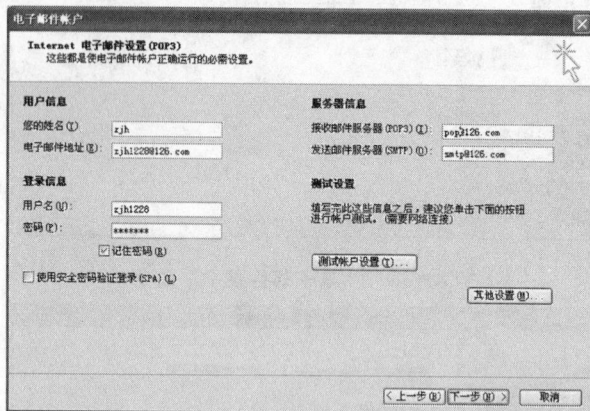

图8—43 电子邮件的设置

- 设置好账户属性后单击"其他设置"按钮。
- 在弹出的"Internet电子邮件设置"对话框内选择"高级"选项卡，选中"在服务器上保留邮件的副本"复选框。如图8—44所示。这样，在使用Outlook 2003收取邮件后，在www.126.com上同时保存邮件，通过Web方式登录邮箱时，还能看到这些邮件；否则，当Outlook 2003将邮件收取到本地计算机后，再登录到Internet上的邮箱就看不到这些邮件了。

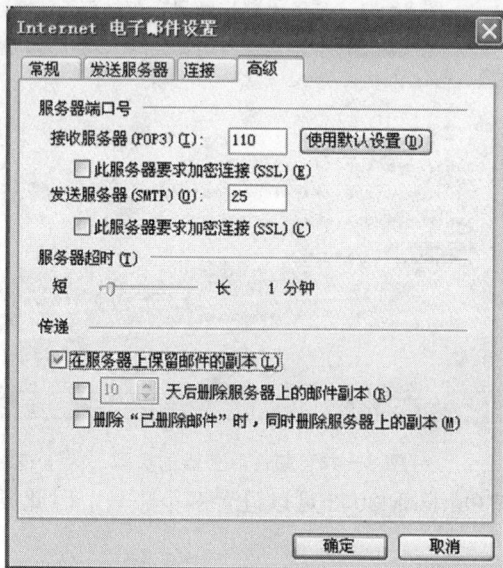

图8—44 "高级"选项卡

- 如果电子邮箱需要发送服务器验证，则选择"发送服务器"选项卡，然后选中

"我的发送服务器（SMTP）要求验证"复选框，如图 8－45 所示，之后单击"确定"按钮。

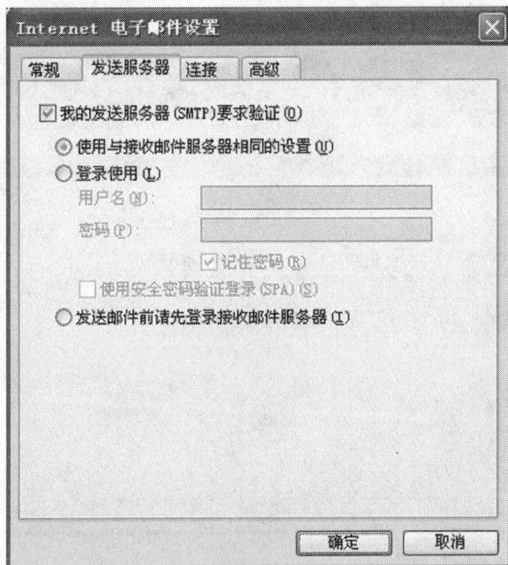

图 8－45　"发送服务器"选项卡

- 单击"测试账户设置"按钮，进行测试。
- 可以根据弹出窗口的提示，检测账号的各项设置是否正常，然后单击"关闭"按钮退出。
- 单击"完成"按钮后，便完成整个新账号的建立过程。

2. 日历

Outlook 2003 的日历可以进行约会、备忘和提醒，方便用户安排自己的日程。

在 Outlook 2003 任务窗格中选择"日历"，进入日历视图。如图 8－46 所示。

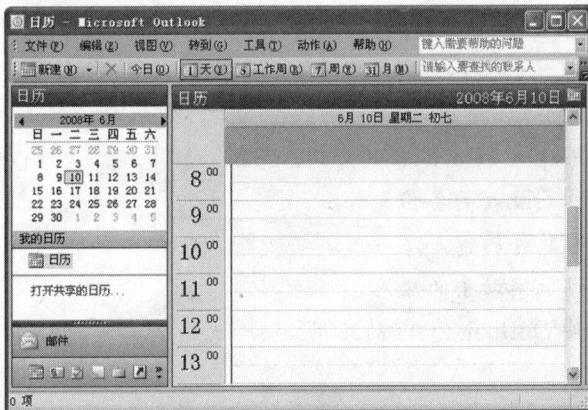

图 8－46　"日历"窗口

执行"文件"→"新建"→"约会"命令，在出现的"约会"窗口输入"主题"、"地点"、"开始时间"、"结束时间"、"提前"的内容，并选中"提醒"复选框，还可以输入备忘文字。如图 8-47 所示。最后单击"保存并关闭"按钮。回到日历界面，可以看见刚才设置的约会。当时间到了设置的提醒时刻，计算机的屏幕会弹出"提醒"对话框。

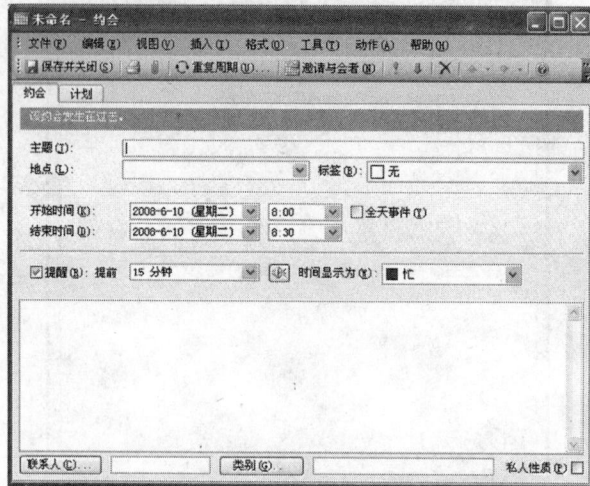

图 8-47　输入日历内容

小　结

　　本章简单介绍了一些在日常生活中较为实用的工具软件。实际上，相似功能的软件非常多，本章有选择地介绍了一些软件，只是希望能够让读者了解这些软件的应用，可以触类旁通，以便于学习其他软件。

习　题

1. 简述文件压缩软件 WinRAR 的应用。
2. 简述如何制作 Ghost 的备份文件。
3. 简述瑞星杀毒软件的作用及应用。
4. 简述瑞星卡卡上网助手的应用。
5. 简述电子邮件 Outlook 2003 的应用。

参考文献

［1］李秀安编著．计算机文化基础（第 5 版）［M］．北京：清华大学出版社，2005

［2］卜佳锐，周奇编著．计算机文化基础［M］．北京：冶金工业出版社，2007